Oskar Maria Graf:
Größtenteils schimpflich
Erlebnisse aus meinen Schul- und Lehrlingsjahren

Deutscher
Taschenbuch
Verlag

dtv

Von Oskar Maria Graf
sind im Deutschen Taschenbuch Verlag erschienen:
Kalendergeschichten (1384)
Die Chronik von Flechting (1425)
Unruhe um einen Friedfertigen (1493)
Die gezählten Jahre (1545)
Wir sind Gefangene (1612)
Der harte Handel (1690)
Anton Sittinger (1758)
Das Leben meiner Mutter (10044)
Die Flucht ins Mittelmäßige (10159)
Gelächter von außen (10206)

Juli 1985
Deutscher Taschenbuch Verlag GmbH & Co. KG,
München

Diese Ausgabe folgt der zweiten, von Oskar Maria Graf redigierten und zusammengestellten Fassung, die 1962 unter dem Titel ›Größtenteils schimpflich. Von Halbstarken und Leuten, welche dieselben nicht leiden können‹ im Feder Verlag, München, erschien. Die Erstausgabe wurde 1932 unter dem Titel ›Dorfbanditen. Erlebnisse aus meinen Schul- und Lehrlingsjahren‹ im Drei Masken Verlag, Berlin, veröffentlicht.
Umschlaggestaltung: Celestino Piatti
Gesamtherstellung: C. H. Beck'sche Buchdruckerei, Nördlingen
Printed in Germany · ISBN 3-423-10435-X

Das Buch

Der »widerborstige, durchtriebene Bengel«, dem ein Lehrer »größtenteils schimpfliches Betragen« attestiert hat, steckt voller Tatendrang. Hart kommt es den kleinen Oskar an, wenn er sich ordentlich und brav stellen muß – dann nämlich, wenn die Sommerfrischler das heimatliche Berg heimsuchen und einen guten Eindruck erhalten sollen. Doch die Lumpereien im Kopf des aufgeweckten Knaben wollen ausgeführt werden, auch wenn sie so manche Prügel nach sich ziehen. Arglos werden Streiche ausgeheckt, und zusammen mit seinen Geschwistern und Schulkameraden hat der Oskar, der »Hundsbua«, viel Spaß: ob im Sommer beim Baden oder im Winter als Nordpolforscher auf dem nicht immer ganz tragfähigen Eis des Starnberger Sees; ob als »Sitting Bull« beim Indianerspielen oder beim Läuten der Glocken in der Kirche. Diebisch ist die Freude, wenn wieder einmal die Erwachsenen hinters Licht geführt werden, süß die Rache, die an so mancher »Ratschkathl« verübt wird. – Herzerfrischend, humorvoll und mit einer gehörigen Portion Bissigkeit erzählt Oskar Maria Graf Schwänke und Schnurren aus seinen Kindheitsjahren und führt den Leser für ein paar Stunden zurück in die gute alte Zeit, als die Welt noch in Ordnung schien.

Der Autor

Oskar Maria Graf, geboren am 22. Juli 1894 in Berg am Starnberger See, gehörte zu den Kämpfern für die Revolution von 1918. Als engagierter Antifaschist ging er 1933 ins Exil. Über Wien und Prag gelangte er 1938 nach New York, wo er am 29. Juni 1967 starb. Graf gehört zu den beliebtesten und mutigsten Autoren der zwanziger Jahre und des deutschen Exils. In jüngster Zeit haben verschiedene Fernsehverfilmungen seiner Romane breiten Anklang gefunden.

Inhalt

Meinem Freund Max Kolmsperger gewidmet

Eine erklärende Geschichte anstelle eines Vorwortes

Warum dieses Bücherl so einen sonderbaren Titel hat, das muß ich für die Leute, welche nicht von unserer Gegend sind, schnell erklären, sonst kennen sie sich nicht aus. –

Nach den sieben Klassen Werktagsschule in unserem Pfarrdorf Aufkirchen haben wir dortselbst noch drei Jahre lang die Christenlehre und die Sonn- und Feiertagsschule besuchen müssen. Die erstere, wo immer gleich nach dem Hochamt in der Pfarrkirche stattgefunden hat, ist von unserem guten Pfarrer Johst geleitet worden und hat selten länger wie eine halbe Stunde gedauert. Alsdann haben wir in unsere alte Schule hinüber müssen, zum weltlichen Unterricht, welcher ungefähr um halb ein Uhr aufgehört hat. Diesen Unterricht hat immer der Hilfslehrer halten müssen, weil unser alter Hauptlehrer Männer, der wo schon lang einen Magenkrebs gehabt hat, auch einmal eine Sonntagsruhe haben hat müssen. –

Wir Bäckerbuben von Berg sind nie in das Hochamt gekommen, weil wir von der Früh um sechs Uhr bis zehn Uhr in die umliegenden Dörfer das Brot hintragen mußten, meistens sind wir auch viel zu spät oder gar nicht in die Christenlehre gekommen. Der Pfarrer Johst hat da nie was gesagt, aber später, wie er wegen seinem Fehltritt mit der Klostermaier-Kellnerin, der Zenzl, zum Leidwesen aller Leute strafversetzt worden ist und ein neuer, jüngerer Pfarrer mit Namen Friedinger seine Stelle bekommen hat, ist das anders und viel ekelhafter geworden. Das hinwiederum aber erzähle ich lieber extra und ausführlicher. Jetzt geht es mir um den Buchtitel, und damit jeder ihn richtig versteht, muß ich voreh' berichten, daß die Hilfslehrer bei uns in Aufkirchen bloß immer ein oder zwei Jahr praktiziert haben und dann woanders hingekommen sind zum Auslernen in ihrem Fach. Man kann sich also gewiß vorstellen, daß unsere Aufkirchner Hilfslehrer noch recht junge Spritzer gewesen sind, oft von der Stadt heraus und weiß Gott wie eingebildet und überspannt. Jeder ist sich wie ein besserer Mensch vorgekommen und meistens ganz gigerlhaft nach der Mode angezogen gewesen, hat beim Unterricht immer recht wichtig die Stirne gerunzelt und ist mit uns umgegangen, als wenn wir noch Abc-Schützen gewesen wären. Vor so einem spinnerten Kerl aber haben wir keinen Respekt gehabt und es ihm bei jeder Gelegenheit merken lassen, denn wenn wir einmal die sieben Klassen Werktagsschule hinter uns gehabt haben, hat es allgemein geheißen, »wir sind aus der Schule gekommen«. Der hat schon als Knecht daheim oder bei einem andern Bauern gearbeitet, der ist in der Lehre gewesen, wie wir in unserer Bäckerei, und hat in der Woche schon zwei oder drei Mark Lohn bekommen. Es hat nichts mehr ausgemacht, wenn wir hie und da in einem Wirtshaus etliche Halbe Bier getrunken, wir haben große Radtouren gemacht und sind schon langsam ins Mannsbilderische hineingewachsen. Da ist uns selbstredend die Sonntagsschule recht zuwider gewesen, besonders, wenn sich so ein Hilfslehrer gar so mausig gemacht hat wie zum Beispiel der Linhardt, der wo im letzten Jahr den Unterricht gehalten hat. Der ist immer stocksteif im Schulzimmer herumgegangen und hat ein strenges Gesicht geschnitten wie ein Unteroffizier oder unser Starnberger Wachtmeister Saur. Ganz besonders war er drauf aus, daß wir recht fein hochdeutsch geredet haben, wenn er was gefragt hat, und derweil hat er es selber nicht einmal richtig können, weil er von einem kleinen Bauernhof in Niederbayern her war.

»Man sagt nicht geschloffen, sondern geschlüpft, verstanden«, hat er immer gleich so ekelhaft korrigiert und gedroht: »Ich treibe enk schon das schlampige Daherreden aus, ihr Faulpelze!« – »Host es gehört? ... Enk sogt er, der damische Hengl ... Es heißt doch euch«, habe ich dem Pfisterer-Hans neben mir zugewispert, und da ist der Linhardt sofort zornig geworden und hat uns angefahren: »Schwätzen gibt's nicht, ihr frechen Flegel, ihr, verstanden!« So einen hohen, steifen Stehumlegkragen hat er immer umgehabt, daß er seinen Hals überhaupt nicht hin und her drehen hat können, und immer, wenn er sich aufgeregt hat, ist ihm die Patentkrawatte heruntergerutscht auf seine steifgestärkte Hemdbrust.

»Was lachst du denn so frech, du unverschämter Kerl?« hat er mich angekeift, und da habe ich mit dem Finger auf sein Krawattl gezeigt und gesagt: »Herr Lehrer, Eahna Krawattl ist abergerutscht.« Er hat schnell danach gegriffen, ist rot geworden und hat schon wieder geschimpft: »Wie oft muß ich noch sagen, daß es nicht Eahna, sondern ›Ihr‹ heißt, und abergerutscht gibt's überhaupt nicht, verstanden, du Dummkopf. ›Herabgerutscht‹ sagt man, sag's nach, marsch!«

»Ihr Krawattl –«, sage ich, und wiederum verbessert er giftig: »Ihre Krawatte, Herrgott noch mal.« Er ist an die große schwarze Holztafel gegangen und hat den Satz: ›Herr Lehrer, Ihre Krawatte ist herabgerutscht‹ hingeschrieben, und ich habe ihn zwanzigmal nachschreiben müssen. Zornig ist er hin und her gegangen und hat geschimpft: »Wenn so etwas passiert, das ist doch nicht zum Lachen, freche Flegel!« Alsdann ist er wieder in der »Gewerbelehre« fortgefahren, und weil ich im Schreiben einmal auf ihn hingeschaut und schon wieder das Gesicht verzogen habe, hat er mich plötzlich barsch gefragt: »Was hat zum Beispiel der Schreiner für hauptsächliche Werkzeuge, Graf, aber sage den ganzen Satz, verstanden!«

»Der Schreiner hat eine Säge, einen Hobel, einen Hammen, ei –«, habe ich mit Fleiß recht dumm wie ein Abc-Schütz' das Aufzählen angefangen, aber gleich hat er wieder korrigiert: »Halt, halt! Einen Hammen? Hammen, was ist denn das?«

»Einen Hammen halt«, habe ich hartnäckig und frech gesagt. Da hat er mich vor Wut krebsrot im Gesicht angeschrien: »Hammen ...? Es heißt doch Hammer! Hammerrr, du Schafskopf! Wie kommst du denn auf das ›n‹ am Schluß?«

»Weil ich gemeint habe, der Herr Lehrer möchte es recht fein hochdeutsch hören«, habe ich mich noch unschuldiger dumm gestellt: »Hammer – das ist vielleicht nicht so fein ...« Einen Augenblick lang hat es dem Linhardt das Wort verschlagen. Er hat mich ganz groß angeschaut, forschend, wie man so sagt, und gemeint hat er, bei mir kennt man sich nie aus, ich bin ein ganz »widerborstiger, durchtriebener Bengel«, aber ich werde schon sehen, was er mir ins Zeugnis schreibt.

Dieses Zeugnis hat uns bloß im ersten Moment, wenn wir es gekriegt haben, interessiert, die Hauptsache war, daß wir endlich auch die Sonn- und Feiertagsschule hinter uns hatten. Und bei unseren Eltern daheim ist es genauso gewesen, sie haben das Zeugnis überhaupt nie angeschaut. Ich habe recht gelacht, weil der damische Linhardt bei mir hinter dem gedruckten Wort »Betragen« hingeschrieben hat: »Größtenteils schimpflich.« Sogar unterstrichen war das. Wahrscheinlich hat er gemeint, die Strafe dafür folgt daheim auf dem Fuße und unser Vater haut mich recht, aber mit den Sprichwörtern, das stimmt auch fast nie. Gar nichts ist »auf dem Fuße gefolgt«, im Gegenteil, ich habe mit dem Vater in die Schloßwirtschaft vom Wiesmaier hinuntergehen dürfen, eine Halbe Bier allein gekriegt und vier dicke Würste mit einem Senf und Kartoffelsalat. Der Wiesmaier hat sich vor mich hingestellt, hat seine Arme in die Hüften gestemmt und gesagt: »Hmhmhm, essen mog der Bua, essen! Grod guat zum Zuaschaugn ist's eahm ...«

»Ja, dös is hoit, weil er froh is, daß er aus der Schul draußen is«, hat mein Vater gemeint, und da hat mir der Wiesmaier noch einmal ein Paar dicke Würste bringen lassen. Er und mein Vater haben sich über meinen Appetit gefreut. Alsdann habe ich heimgehen dürfen und nicht bei der Nachtarbeit mithelfen brauchen.

Zur selbigen Zeit ist mein Vater schon kränklich gewesen und unser ältester Bruder Max gerade aus dem Militär heimgekommen. Die zwei aber haben sich absolut nicht vertragen, weil der Max über den Kopf von unserem Vater weg gleich recht grob und militärisch zu regieren angefangen hat. Sie haben oft so gestritten deswegen, daß wir uns alle im Haus gefürchtet haben, und von da ab ist unser Vater immer mehr in die Wirtshäuser gegangen. Der Maxl hat gesehen, daß er ihm das Feld geräumt hat, und hat mit argem Schlagen und Prügeln unsere Erziehung ganz wie beim Militär angefangen. Da ist es nicht mehr schön gewesen, weil es immer Unfrieden und Haß gegeben hat. Kurzum, der Maxl hat eines Tages im

Schreibtisch mein Zeugnis vom Linhardt gefunden, mich in die Stube gerufen und – ich habe zuerst überhaupt nicht gewußt, warum – sofort furchtbar verprügelt. Wegen was hab ich erst halbwegs gespannt, wie er mir das Zeugnis mit dem »größtenteils schimpflich« hingehalten und gesagt hat, wenn so was später einmal in meinen Militärpaß hineinkommen täte, da wäre ich für mein Leben lang ein ruinierter Mensch. Für ihn hat bloß noch das gegolten, was man beim Militär getan hat, und mir ist dasselbige von da ab grundzuwider geworden. Unser Vater war da grad im Wirtshaus, und unsere Mutter hat mich schließlich vom Maxl weggerissen und zu dem gesagt, ob er denn narrisch ist, mich wegen dem dummen Zeug von dem damischen Lehrer so zu hauen, wenn es schon so lang her ist. »Zucht muß sein!« hat auf das hin der Maxl gesagt und sich wieder an den Schreibtisch gehockt. Jaja, hat unsere Mutter auf ihn hineingejammert, er soll nur schauen, wenn er einmal Kinder hat, ob die bei so einer Grobheit besser werden, und unser Herrgott wird dem Linhardt sein ekelhaftes Schreiben schon nicht vergessen, dem überspannten Gigerl, dem überspannten! Ich aber, mir wenn um die Zeit der Linhardt einmal in den Weg gekommen wäre, ich hätte ganz gewiß mit ihm gerauft, bis einer von uns hin gewesen wäre. Der Lenz und ich haben ihm Rache geschworen und in einem fort ausgedacht, was wir ihm alles antun, wenn wir auch aufpassen haben müssen, daß uns der Maxl nicht erwischt. Bei dem hätte unser Lügen und das Lügen von unserer Mutter keinen Pfifferling mehr geholfen. Leider aber ist auf den Spruch »Die Strafe folgt auf dem Fuße« in bezug auf den Linhardt kein Verlaß gewesen, und wir haben ihm bloß in einer Nacht, weil jeder Hilfslehrer in einem Zimmer im Schulhaus logiert hat, sein Fenster einwerfen können. Aufgekommen ist das nicht, aber schade ist es gewesen, daß ihn unsere Steine nicht getroffen haben. Sonst haben wir nichts mehr machen können, denn der Linhardt ist bald drauf weggekommen, und es hat geheißen, er gibt überhaupt die Lehrerei auf, weil er im Frühjahr die Obernetter-Amalie heiratet. Die ist zaundürr, arg schiach und dumm gewesen, aber ihre Eltern selig haben ihr eine schöne Villa mit großem Obstgarten und hübsch Geld hinterlassen. Auf das hat der Linhardt wahrscheinlich spekuliert, damit er den feinen Privatier spielen hat können, was er alsdann auch seiner Lebtag getan hat. Bei dieser Nachricht hat der rote Kaschpa zu uns gesagt: »Wart's nur, Buabn, wenn der bei uns heraußen heirat und d' Hochzeit hält, de werd i eahm richtig versalzen.« Der Kaschpa war immer auf unserer Seite, und wir haben uns schon gefreut. Hinwiederum auch da draus ist nichts geworden, denn der Linhardt hat mit der Amalie in der Stadt drinnen die Hochzeit gehalten, und die zwei sind hernach ganz hochnobel nach Venedig hinuntergefahren. Nach Berg ist das protzige Paar überhaupt erst im Herbst zurückgekommen, und da hat sich bei uns schon viel geändert gehabt. Der Lenz hat mit dem Maxl einmal furchtbar gerauft und ist als Bäckergeselle in die Stadt hinein, auch mit dem guten roten Kaschpa ist der Maxl nicht ausgekommen, und der ist nach fast acht Jahren von uns weggegangen, was unseren Vater so verdrossen hat, daß er fast jeden Tag einen Rausch heimgebracht hat. Unsere Mutter hat insgeheim oft geweint und vor sich hingejammert: »Mein Gott, mein Gott, bis jetz is a so a schöne Ruah und a Friedn gwesen, und jetz auf amoi konn ma nix mehr recht macha ... Jedn Tog werd bloß noch gstrittn und grafft ... Mein Gott, mein Gott, wo werd dös noch hinführn ...« Der Eugen, welcher im Alter nach dem Maxl gekommen ist, war beim dritten Infanterieregiment in Augsburg, unsere älteren Schwestern Resl und Emma sind als Schneiderinnen auch in der Stadt drinnen gewesen, und bloß meine jüngere Schwester Nanndl und ich waren noch daheim. Wir haben zwar, wie der Lenz weg ist, demselben einen Schwur gemacht, daß wir ihn rächen wie echte Indianer, aber seitdem der saugrobe Maxl daheim gewesen ist, haben wir nicht mehr soviel machen können, und es hat eine recht traurige Zeit angefangen.

Da haben wir uns wirklich nur noch darauf verlassen können, daß unser lieber Herrgott dem windigen Linhardt eine richtige Strafe antut. An den haben wir genauso wie unser Vater und unsere Mutter geglaubt, und auch deswegen, weil wir es in der Schule gelernt haben. Da gewöhnt man sich schließlich dran, wenn auch unser Vater, wenn er zufällig daheim bei seinem Bier am eschernen Tisch gesessen ist, immer in sich hineinsinniert und alsdann oft recht gotteslästerliche Sachen gesagt hat. Ich weiß es noch gut, wie nach dem Johst der Pfarrer Friedinger hergekommen ist und immer so gegen den Luther, der wo genau wie der Bismarck ein Liebling von unserem Vater gewesen ist, geeifert und uns erklärt hat, unser lieber Herrgott ist riesengroß, er sitzt mit seinem Sohn Jesus Christus und dem Heiligen Geist immer droben auf den Wolken und schaut herunter auf unsere Welt. Sehen tut er rein alles, sogar unser Inwendiges, und nichts kommt ihm aus, unserem lieben Herrgott.

»Geh, dös is lauter so dumms, kindisches Zeugs!« hat auf das hin unser Vater ärgerlich gesagt, und, sagt er, der Luther ist ein großer Mann gewesen und hat das in seiner Bibel viel ordentlicher erklärt, was weiß denn so ein bissel Pfarrer von Aufkirchen von solchernen Sachen, das brauchen wir durchaus nicht glauben. Wenn man annimmt, hat er gemeint, unser Vater, daß ein Mensch sogar hundert Jahr alt wird, da laßt doch alles bei ihm nach, die Kraft, das Hirn und sein Augenlicht. Und, sagt er, wenn das stimmen täte, daß unser Herrgott bloß ein riesengroßer Mensch wäre und noch dazu uralt, so alt, daß man es gar nicht mehr aufzählen kann, ja, da wäre es auch nicht mehr weit her mit seiner Kraft, seinem Hirn und seinem Augenlicht, und solcherne Augen, die wo alles sehen, die gibt's doch gar nicht! »Dös is a schöner Schmarrn von dem neu'n Pfarrer«, hat er wiederum räsoniert, und, sagt er, unserm Herrgott wird bei seinem ewigen Herumschauen auch allerhand auskommen, das kann ihm doch keiner übelnehmen.

»Geh, geh, aber Beck, geh! Wos redst denn jetz do wieda daher ... Fürchtst dir denn net Sünden vor de Kinder!« hat es unsere Mutter nicht mehr ausgehalten. Sie nämlich hat viel mehr geglaubt wie der Vater und wir alle, und ein Pfarrerwort war für sie ein heiliges Wort. Nebenbei gesagt, hat sie unseren Vater immer »Beck«

geheißen, vielleicht deswegen, weil sie vom Heimrath-Bauernhof von Aufhausen hergekommen ist und bloß das Bauernmäßige richtig geschätzt hat. Auf ihr Einreden ist unser Vater sofort zornig geworden und hat sie grob angefahren: »Sündn fürchtn ... Wenn's koa Sünd gibt, hobn doch deine gottseligen Pfarrer koa Arbeit nimmer ... An Vernunft host ja du nu nia ghabt, bloß in oan furt dei Betn und dei Rackerei ... Ma stirbt einfach und kimmt vor'm Herrgott, und der examiniert oan, basta! Is er zfriedn, nachher konn ma bei eahm an Himmi bleibn, und is er net zfriedn, nachher geht's einfach in d' Höll obi ... Gnauso hot's der Luther gschriebn ...« Er hat aber die Bibel nie gesehen, weil die in einem katholischen Haus nicht sein darf, sondern bloß beim Pfarrer, trotzdem hat er immer gesagt, so hat es der Luther gemeint.

Um aber langsam zum Schluß zu kommen: Wegen dem Linhardt und dem saugroben Maxl habe ich doch lieber an den Spruch von unserer Mutter geglaubt, daß dem ersteren unser Herrgott sein ekelhaftes Schreiben nicht vergessen wird, und dem Maxl habe ich natürlich auch eine unbändige Gottesstrafe gewünscht. Man freut sich ja immer, wenn einem Menschen, der wo einem einmal was recht Zuwideres oder Unrechtes angetan hat, irgend einmal was ganz Schreckliches und Schlechtes passiert. Freilich, wenn er dabei stirbt, alsdann macht man gleich ein recht unschuldiges, bedauerndes Gesicht, und genau wie die anderen Leute beklagt man alles recht scheinheilig.

Mit dem Linhardt seiner Heiraterei mit der Obernetter-Amalie ist es alsbald schiefgegangen, er hat das Geld haufenweise verpulvert, und wenn sie geklagt hat, hat er sie durchgehaut. Nach und nach hat er nichts als zu saufen angefangen, hat die Wassersucht und einen Leberkrebs bekommen und furchtbar leiden müssen, bis er gestorben ist.

Und den Maxl, der wo gemeint hat, mit seinem ewigen Schlagen und Prügeln werden wir ordentliche Menschen, den hat es im Ersten Weltkrieg erwischt. Vor lauter militärischer Eiferei nämlich hat er nach einer großen

Schlacht, nach welcher er Vizefeldwebel geworden ist und das Eiserne Kreuz bekommen hat, zum Hauptmann, der wo ihm gern einen vierzehntaglangen Urlaub gegeben hätte, stramm und fest gesagt: »Zu Befehl, Herr Hauptmann, aber wenn das Vaterland in Gefahr ist, muß jeder Mann bei seiner Pflicht bleiben ... Möchte Herrn Hauptmann melden, daß ich jetzt auf meinem Posten bleiben will, bis wir gesiegt haben.« Dafür ist er natürlich sehr belobigt und den anderen Soldaten als Beispiel vorgeführt worden. Siegen aber hat er nicht mehr viel können, denn am andern Tag beim Sturmangriff hat er drei Schüsse ins Rückenmark bekommen und ist, wie sie die Kugeln herausoperieren wollten, gestorben. Sicher ist das ein Tod gewesen, der zu ihm gepaßt hat, und ein verdienter auch. Ob wir mit oder ohne sein Schlagen jeweilig zu einer Existenz gekommen sind, das steht dahin. Sein Auskommen hat aber jeder.

Was ich aber im nachfolgenden erzähle, ist meistens schon voreh' er vom achten Infanterieregiment aus Metz heimgekommen ist, geschehen. Das ist unsere schönste Zeit gewesen, und wenn ich in meinen alten Tagen auch – um dem überspannten Linhardt noch einmal das Wort zu geben – ganz offen zugeben muß, daß vieles, was wir getrieben haben, »größtenteils schimpflich« war, Lumpen sind wir deswegen doch nicht geworden im späteren Leben. Deswegen grüße ich von da aus – wenn es mir auch überall verargt werden wird – alle sogenannten Halbstarken oder, wie sie in Amerika herenten heißen, alle »Juvenile Delinquents«, was soviel heißt wie jugendliche Verbrecher. Wenn es seinerzeit in unserer Jugend auch nicht immer mit Mord und Totschlag abgegangen ist wie jetzt, es war vielleicht bloß ein glücklicher Zufall, der uns davor bewahrt hat. Und es war auch noch eine recht solide, gesicherte Zeit dazumal. Jetzt schreit und klagt man überall, wie verwahrlost, niederträchtig und raffiniert grob die heutigen Jugendlumpereien ausfallen.

Wenn in einem fort die schrecklichsten Kriege geführt werden und dabei jeder, der am meisten andere Menschen abschießt oder Vernichtungsbomben auf die Städte hinabwirft, als Held gefeiert und mit den höchsten Ehren und Orden ausgezeichnet wird, da kann es doch keinen mehr wundern, wenn heute die Halbstarken genauso grob umtreiben und es diesen Helden nachmachen wollen ...

Die Mauer

Ich habe von meinen zwei älteren Brüdern Maurus und Lenz viel ertragen müssen. Die Launen der zwei sind immer an mir hinausgegangen, aber ich bin trotzdem sehr an ihnen gehängt.

Solang wir in die Schule gegangen sind, haben wir zu dritt in zwei aneinandergeschobenen Betten in der »warmen Kammer« geschlafen, die deswegen so geheißen hat, weil sie direkt über unserem Backofen war. Ich als der Kleinste habe immer in der Mitte auf der mit Wolldecken gepolsterten Bettkante liegen müssen, und das ist oft arg gewesen. Ich bin bald ins Bett vom Maurus, bald in das vom Lenz gerutscht. Da habe ich zwar mehr zum Zudecken erwischt, aber wehe, wenn ich einem von den Brüdern den Platz weggenommen habe oder wenn er grad nicht gut aufgelegt war! Da ist das Puffen, das Stoßen und Zwicken angegangen, bis ich mich wieder trübselig auf meine Kante zurückgezogen habe.

Der Lenz und der Maurus haben mich aber auch oft aus reinem Übermut schikaniert, und je wehleidiger ich dabei getan habe, um so grausamer sind sie geworden. Mit ihren Handflächen sind sie im Bett manchmal an meinem Körper auf und ab gefahren und haben genau geprüft, ob ich auch richtig grad liege. Sind sie nicht damit zufrieden gewesen, dann ist wieder die Pufferei und Zwickerei angegangen, bis ich weinend aus dem Bett bin und mich einfach auf den warmen Ziegelboden gelegt habe. Lang zum Aushalten war das nicht, denn nicht bloß, daß der Boden sehr hart gewesen ist, um die Zeit hat drunten im Backofen grad das Feuer gebrannt. Die Ziegelsteine haben alsbald gehitzt, daß man es nicht mehr ausgehalten hat. Verzagt und verdrossen hab ich gehorcht und gelauert, ob meine Brüder eingeschlafen sind, und wenn ich gemeint habe, es ist soweit, bin ich wieder vorsichtig ins Bett hinein, aber die zwei haben sich bloß verstellt gehabt, der eine hat meinen Fuß, der andere den Arm gepackt, und die Schikaniererei ist wieder angegangen, bis ich zuletzt damit gedroht habe, ich verklage sie beim Vater. Auf das hin haben sie bloß noch gesagt: »Wart nur, feiger Kerl, dös muaßt büaßn« und mich endlich in Ruhe gelassen. Wohl ist mir aber deswegen auch nicht gewesen wegen dem »feigen Kerl», und außerdem hab ich schon Vorangst gehabt auf morgen.

Dazumal ist bei uns die Weinzierl-Brauerei gebaut worden. Die Grundmauern sind schon gestanden. Herbst ist es gewesen, die Kartoffeln waren im Keller, die Herrschaften fort, es hat nicht mehr viel für uns zu tun gegeben. Einmal, nach einer recht unguten Nacht, sind auch den ganzen andern Tag meine Brüder noch feind mit mir gewesen, weil unsre Mutter auf mein lautes Jammern in unsre Kammer gekommen ist und die zwei arg geschimpft hat. Am Nachmittag nach der Schule sind die zwei in die Brauerei hinunter und auf den Gerüsten und Mauern herumgestiegen. Ich bin mit, aber sie haben mich absolut nicht mitspielen lassen, sondern mich vertrieben, und wie ich wieder aufgetaucht bin, haben sie Steine auf mich geworfen. Traurig habe ich ihnen von weitem zugeschaut und fast geweint. Es ist dämmerig geworden, und ich habe mich wieder langsam näher hingeschlichen. Tollkühn sind sie auf den Mauern herumgekraxelt, und die waren hübsch schmal. Der Maurus hat mich erspäht und gleich geschrien: »Hundsbua, dreckiga, bist schon wieder do!« und ist grad wieder glücklich über eine Mauer gekommen.

»Do, geh rum, wennst di traust, Feigling! Nacha san mir dir wieda guat!« hat er wiederum geschrien, samtdem daß er gewußt hat, daß ich nicht schwindelfrei war, weil ich voriges Jahr von unserer Schaukel in der Tenne heruntergefallen bin und seitdem meinen Kopf nicht mehr zusammenhalten konnte, wenn ich auf einem Baumast oder einem steilen Abhang war. Da hat es mich einfach ins Tiefe gezogen, wenn ich hinuntergeschaut habe. Diesmal aber habe ich meine Angst vor solchen Waghalsigkeiten und meinen Schwindel vergessen, weil ich um alles in der Welt bei meinen Brüdern was gelten wollte, und hab gleich meinen Fuß auf die Mauer gesetzt.

»I trau mir scho! Ich geh scho num, wennds mir nachher wieder guat seid's! Ganz gewiß ... Nachher geh i num«, habe ich den zwei zugeschrien, die drüben am End von der Mauer gestanden sind. Der Herbstnebel hat sich schon ziemlich angedunkelt. Bloß noch ganz undeutlich habe ich meine Brüder gesehen, aber schon hat der Maurus wieder geschrien: »Jaja, wennst umagehst, san ma dir wieda guat! Los, geh weita ... Do is doch nix dabei!«

»Ja, also, i kimm!« schrei ich, und vorsichtig hab ich einen Fuß vor den andern gesetzt. Aufpassen und immerzu nach unten hab ich schauen müssen, ob ich auch richtig auftrete. Da und dort hat sich der Mörtel abgebröckelt und ist ins Tiefe hinuntergerieselt, mitunter hat ein Ziegelstein ein wenig nachgegeben. Ganz und gar unsicher bin ich dahingetappt, knieschwach bin ich vor Angst und Schwäche geworden, hab meine Brüder drüben murmeln gehört, und alsdann hat der Lenz geschrien: »Geh weiter! Saus a bißl!« Wirr habe ich ein paar schnellere Schritte gemacht und gemerkt, daß ich das Gleichgewicht verliere. Grad noch zur rechten Zeit habe ich mich auf die andere Seite gebogen, aber auf einmal bin ich hilflos stehengeblieben, mitten auf der schmalen Mauer.

»Wos is's denn? Kimmst nimmer weita? – Geh hoit, Feigling!« hat der Maurus herübergespöttelt, aber ich hab keinen Schritt mehr machen können und auf einmal zu weinen angefangen: »Es ge-geht nimmer!« Schimpfend sind mir die zwei entgegengegangen auf der Mauer.

»So a Feigling! Ich hob mir's ja glei denkt!« nörgelte der Maurus: »Do san ma dir net guat! Geh hoit weiter, Hosenscheißer!« Ganz verzweifelt hab ich einen Schritt machen wollen, hab den Fuß gehoben und ins neblige Dunkel unter mir geschaut, in meinem Kopf hat sich's zu drehen angefangen, keinen Fuß hab ich mehr gespürt und aufgeplärrt. Die feuchte Luft ist um mein Gesicht gesurrt, und hart, mit einem stumpfen Kracher, bin ich drunten auf dem Sandboden aufgeflogen. Gewußt hab ich nichts mehr, es ist mir bloß immer so gewesen, als wie wenn ich mich fort und fort drehe und in der Luft schwebe, und auf einmal ist mir sehr schlecht geworden, und ich hab mich brechen müssen. Das warme Blut ist in meine Augen geronnen, und ich hab mich nicht gerührt und bloß geweint. Verschwommen und wirr habe ich die Stimmen von meinen Brüdern gehört, auch verstanden, daß sie meinen Namen schreien, aber nicht angeben können. Endlich sind sie vor mir gestanden. »Oskar? Oskar, is dir wos passiert? Oskar? Oskarl?« hat der Lenz aufgeregt gefragt, und alle zwei haben sich niedergebeugt und mich in die Höhe gezogen: »Oskar? Host d' dir weh do? Red hoit! Mach, red doch!« Gerüttelt und geschüttelt haben sie mich, gefragt und gefragt haben sie, aber ich hab bloß gewimmert und mich kaum gradhalten können: »Ä-äch, is's mir schlecht, ä-äch!« Und schon hab ich wieder brechen müssen. Da haben sie mich unter die Arme gefaßt und selber zu zittern angefangen.

»Hm, Herrgott, wenn i dös gwußt hätt! . . . Ich sog ja, du bist scho recht denngisch (linkisch) aa«, hat der Maurus verlegen gegrantelt, und wieder haben sie zu fragen angefangen: »Wo tuat dir denn wos weh? – Wo denn? – Hot's dir eppa an Arm oder an Fuaß obgschlogn? Sog's uns doch! Red hoit!« Der Lenz hat in mein Gesicht gegriffen und über meinem Aug' ein Loch ertappt.

»Du«, sagt er dasiger zum Maurus: »Du, do hot er a Loch! Do, an Kopf blüat't er . . .«

»Wo denn?« fragt der Maurus und ist auch in meinem blutigen Gesicht herumgefahren, hat das Loch genauer abgetappt und mich gefragt: »Tuat's denn so weh? So arg is's doch gor net, dös Loch, oder?«

»Na-na-nanana, mir is bloß so schlecht . . . so schlecht . . . U-äh-uoau . . . so-so schlecht!« habe ich bloß herausbringen können, weil ich auf einmal furchtbar müd geworden bin und gleich auf dem Platz einschlafen hätte können. Als wie wenn alles aus mir herausgelaufen wär, ist's mir gewesen.

Da müssen die zwei doch arg Angst gekriegt haben, weil sie immerfort bloß noch gesagt haben: »Hm, Herrgott, hm! Wos mach'n mir denn do? Herrgott, wos dean ma denn do?« Eine Zeitlang haben sie nicht aus und ein gewußt, und weil ich immer wie ein Schnappmesser zusammengeklappt bin, haben sie mich jedesmal hochgerissen und schließlich geschimpft: »So bleib doch steh! Nimm di doch z'samm! Geh weiter, mir gehnga jetzt hoam und füahrn die glei a's Bett auffi, daß koaner wos spannt ... Geh, nimm di doch z'samm, dös geht scho! Geh nur, geh weita!« So haben sie mich mit aller Müh' aus dem Bauplatz weggezerrt und sind auf die Wiese gekommen. Mir ist schon alles ganz gleich gewesen, bloß schlafen, schlafen hab ich wollen, und weil ich nichts mehr mit meinen Füßen hab machen können, sind sie vor Aufregung ganz durcheinandergekommen.

»Geh doch weiter, Oskar! Es geht scho! Konnst denn gor net geh?« keuchten sie vom Schleppen. Ärgerlich hat der Maurus in mich hineingebenzt, daß sie mir doch bloß helfen wollen, ich soll doch auch was dazu tun, sie bringen mich ja kaum vom Fleck. Und der Lenz ist ganz freundlich geworden: »Mir san dir aa wieder guat, Oskar ... Heut nocht derfst in mein'm Bett schlaffa. Ich lieg mi aufn Bodn. Mir sogn nix dahoam. Mir bringa di einfach glei ins Bett auffi, gell ... Und do waschn mir di und bindn di ei, gell.« Das Zureden aber hat ihnen nichts geholfen, ich bin immer noch matter geworden und hab mich einfach von ihnen dahinschleifen lassen.

Geschwitzt und gekeucht haben sie nicht schlecht, und auf einmal sind sie wieder kritisch geworden.

»Ja, Herrgott, du bist doch a rechter Hosenscheißer!« hat der Maurus zu räsonieren angefangen: »Mir machert a so a kloans Löcherl am Kopf gor nix aus ... Scham di ... Und do wuist oiwai mittoa mit üns!« Er hat mir einen Renner gegeben, und der Lenz hat grober gezogen, und wirklich, da habe ich etliche Schritte machen können.

»Gell, ös geht! Stell di doch net gor a so!« ist der Maurus zornig geworden: »Nur weiter! Es geht scho ... Mir san a so glei dahoam ... Damischer Kerl, damischer, waarst hoit net numganga über d' Maur, wennst gspannt host, daß d' es net konnst ... Jetz hamm mir wieder's Gfrett mit dir!«

So sind wir mit Ach und Krach bis an unsere hintere Haustür gekommen. Ich hab nicht mehr geweint, wenn es mir auch elendig schlecht gewesen ist. Die zwei haben gehorcht, und wie der Maurus gesagt hat: »Dö san oisamm in der Kuchi vorn. Do kemm ma scho auffi in ünser Kammer«, haben sie vorsichtig die Tür aufgemacht und sind mit mir hinein.

Grad da ist aber die Leni, die Dirn, aus dem Stall gekommen und hat gleich erschrocken laut gesagt: »Jaja, um Gottes willn, wos is denn do passiert? Wos is's denn mitm Oskar? Der schaugt ja gräuslig aus!« Auf das hin sind sie schon vorn aus der Kuchl heraus, unsre Mutter, die Resl und die Emma. Ein Jammern und Schimpfen ist angegangen, und man hat mich in die Kuchl getragen, wo der Vater im Kanapee gesessen ist.

»Ja, Herrgott! Wos is denn dös?« ist auch er fürs erste aufgeschreckt, weil mein Gesicht um und um voller Blut war, aber alsdann hat er mich doch bekümmert gefragt: »Wos fehlt dir denn, Buawei? Wos host du dir denn to?« Und wie mich die Mutter und die Schwestern aufs Kanapee gelegt haben, hat er den Lenz und den Maurus barsch gefragt: »Wos hobts wieder triebn, ha, ös Lausbuam, ös elendige?«

»Ja, mei ... Über d' Maur in der Brauerei is er obigfoin«, hat der Maurus gelogen. »Mir hobn's gor it gsehng, wia er drübergeht. Auf amoi hot er plärrt und is obigfoin ... Mir hobn's iahm net gschafft, daß er do drunten rumkraxelt ...«

»Soso, soso? ... Ös Saubuam, ös misrablige! Ös Hundsbuam, ös dreckige!« habe ich noch gehört, weiter nichts mehr. Erst zwei Tage drauf bin ich aufgewacht, und der Starnberger Doktor Penzl ist am Bett gestanden. Ich bin nicht mehr im Bett in der »warmen Kammer« gelegen, sondern in der vom Vater und von der Mutter.

»So? Na, wie geht's denn, Bürscherl? Hast noch Kopfweh?« hat der bartige Doktor gefragt und mein Augenlid mit dem Finger ein bissel hinaufgezogen. Vor dem Doktor hab ich immer eine versteckte Angst gehabt, weil der meistens von den Leuten erst geholt worden ist, wenn eins schon am Sterben war. »Na, Bürscherl, wie geht's?« fragt der Penzl wiederum.

»Gut, warum?« habe ich in Schuldeutsch Antwort gegeben. Pudelwohl ist mir gewesen, aber weil die Mutter, die Emma und die Resl mit so bekümmerten Gesichtern ums Bett gestanden sind, habe ich auf einmal eine sonderbare Angst gekriegt, mich halb aufgerichtet und ganz verdattert gefragt: »Was is's denn mit mir? Muaß i sterbn, Muatta?« Da hab ich wieder die schwere, fliegende Mattigkeit gespürt, und schmerzhaft, wie ein Eisenring, ist mir der Verband um den Kopf vorgekommen, weinend bin ich wieder ins Kissen zurückgesackt. »Nana, du muaßt net sterbn, Oskar, nana ...«, haben Mutter, Emma und Resl zu gleicher Zeit gesagt und mich gestreichelt, und zwischenhinein habe ich dem Doktor seine tiefe Stimme gehört: »Der wird schon wieder, Frau Graf. Das Ärgste haben wir hinter uns. Tja, das hätt' saudumm nausgehn können ...«

Die Emma hat meine eine Hand gehalten und drüber gestreichelt und zärtlich auf mich eingeredet, und die Mutter ist mit dem Doktor zur Tür gegangen.

»Do schaug, Oskar, sogar die oit Resl bsuacht di«, hat die Emma gesagt, und alsdann ist der Zwerg vor mir gestanden, hat sein Froschgesicht auf mich gerichtet und halb lachend herausgeplappert: »O-oka, it sterbn ... O-oka, it sterbn ... O-oka krank, it sterbn ...«

»Na, na, net sterbn!« hab ich aufgeschrien, und dann ist's auf einmal dunkel um mich geworden. In derselbigen Nacht soll ich phantasiert haben, aber am andern Tag hab ich langsam gespürt, wie die Kraft wieder in mich hineinkommt. Alsdann ist es schnell besser gegangen. Der Lenz und der Maurus sind sehr dasig gewesen die ganze Zeit, und wie sie nach etlichen Tagen mit der Mutter ans Bett gekommen sind und recht scheinheilig gefragt haben: »Wia geht's dir denn, Oskar?«, da ist mir auf einmal ganz wohl gewesen, vielleicht, weil sie jetzt so brav und klein vor mir gewesen sind, oder auch, weil ich jetzt kein Feigling mehr vor ihnen war.

»Mir? Wia's mir geht? I gspür nix mehr!« hab ich schon wieder fast frech gesagt: »I hob enk fei beim Vata net verklogt, gell. Und wenn's net so dunkel gwen waar, nacha waar i net obigfoin ...« Die zwei machten recht dumme Gesichter dabei, aber sie sagten weiter nichts drauf.

»Mein Gott, lauter so dummes Zeugs treibt's oiwai!« klagte unsre Mutter sie an. Mich aber hat auf einmal ein

Übermut gepackt. »Muatta, wenn derfi denn aufsteh?« habe ich sie gefragt und gelacht. Da ist auch ihr Gesicht leicht lustig geworden, und wie sie gesagt hat, in zwei oder drei Tagen, hab ich meine zwei Brüder recht gut angeschaut und gesagt: »Haut scho! Oh, bin i froh, wenn's soweit is! Mei Liaba, do werd's wieder lusti . . .«

Das Leben ist wieder in mich hineingeronnen, das schöne, junge Leben.

Die Eisscholle

Sobald der See zugefroren war, sind wir nicht mehr zum halten gewesen, und in demselbigen Winter, wo der Lenz zu Weihnachten ›In Nacht und Eis‹ von Fridtjof Nansen gekriegt hat, schon gar nicht. Die Warnungstafeln von der Starnberger Polizei und vom Fischer Liedl, daß das Eis noch nicht tragt und infolgedessen das Betreten verboten ist, haben uns durchaus nicht gekümmert, und versteckte Stellen, wo wir, ohne daß uns wer sieht, in den zugefrorenen See kommen, haben wir genug gewußt. Als richtige Nordpolforscher haben wir die Eisdecke schon selber untersucht.

Der Lenz war der Nansen und wir seine Hilfskapitäne und Mannschaften. Ich war der Swerdrup, aber der Maurus hat sich nie einen Namen geben lassen und überhaupt das romantische Spielen nicht recht leiden können. Er hat zwar immer mitgemacht, oft aber auch allerhand auf eigene Faust, und da ist er meistens so verwegen gewesen, daß wir uns geärgert haben und ihn alsdann übertrumpfen wollten. Der Lenz und ich haben immer umständliche Entdeckungsfahrten mit den Schlittschuhen gemacht, die Eisflächen untersucht und dann mit unseren spitzen Stöcken Linien gezogen. Diese Markierungen waren die Grenzen von Gebieten wie »Island« oder den »Nördlichen Spitzbergen«, der »Bismarckstraße« oder dem »Kaiser-Franz-Josephs-Land« und so weiter. Der Maurus hinwiederum hat nichts auf das gegeben, ist einfach über unsere Grenzen gesaust, hin und her auf dem krachenden, biegsamen Eis, und hat uns immer die ganze Nordpolentdeckung verpfuscht.

An einem späten Februarnachmittag sind der Lenz, der Maurus und ich wieder auf das Ufereis von Berg gesprungen und mit den Schlittschuhen seeeinwärts gefahren. Recht schnell sind wir dahingesaust, weil der Liedl und der Gerhaker uns gesehen und schon gepfiffen haben.

»Ös Lausbuabn, ös elendige! Geht's net glei raus aus'm See! 's Eis trogt doch nimmer! Ös dersauft's ja pfeilgrod!« haben wir den Liedl noch schimpfen gehört, aber wir haben bloß gelacht darüber.

Schon seit drei Tagen ist das Eis im Aufgleimen und der Zutritt zum See verboten gewesen, das haben wir schon gewußt, aber es ist arg spannend und wunderschön gewesen, wenn wir nach einem schnellen Anlauf mit Schwung über die oft meterbreiten Risse von einem Eisfeld auf das andere gesprungen sind. Das Eis hat sich gebogen, das Wasser ist zischend hochaufgespritzt, und wir haben uns immer richtig gefreut darüber.

»Fahr nur zua, nur zua! Auf Kempfenhausen obi. Do gehng ma nachher raus, do derwischns üns nimmer!« hat der Lenz dem voraussausenden Maurus zugeschrien.

»Do schaugt's um! Oiwai mehrer Leut kemma ans Ufer, und wia's schrein und jammern, dö Feigling!« hat der Maurus vorn sich umgedreht und zurückgedeutet. Wirklich, so war es auch, und ganz verschwommen haben wir das Rufen und Schreien gehört. Wieder ist ein Riß gekommen im Eis.

»Ho-hopp!« hat der Maurus gejuchzt und war drüben auf der anderen Platte. Der Lenz ist ihm nach, ich aber hab ängstlich auf das hervorquellende Wasser geschaut und mich nicht getraut.

»Weita! Mach an richtign Olauf und spring! Dös geht leicht!« haben die zwei mir zugeschrien.

»Ja, aber es is so broat«, hab ich kleinlaut angegeben und nach einer schmaleren Rißstelle gesucht. Der Lenz und der Maurus haben zu schimpfen angefangen und gedroht, sie lassen mich einfach stehn. Da hab ich Mut gefaßt und bin grad noch mit einem nassen Fuß drüben angekommen. Sie haben mich herausziehen müssen, und der Maurus hat gemeint, jetzt müssen wir uns aber schleunen, solang man noch die Richtung sieht, der Nebel kommt schon daher.

»Wart's a bißl. Bleibt's do stehn. Ich fahr' umanand und schaug, wo überoi Sprüng san und wo mir am besten weiterkemma«, hat er alsdann wiederum gesagt und ist davongesaust. Der Nebel ist schneller dahergekommen, als wir gemeint haben.

»Maurus, Maurus! Geh weiter, mir müassn macha, daß

mir aussikemma!« hat der Lenz gerufen, und weit weg hat der Maurus angegeben. Eine Zeitlang drauf ist er aufgetaucht und hat ein wenig dasig gesagt: »Du, dö Eisplatten, wo mir drauf san, hört glei do vorn auf. Do is nix mehr wia Wasser. Mir müassn wieder zruck und über dö Riß, daß ma hoamkemma.« Eilsam sind wir zurückgefahren, aber – jetzt ist der erste Riß schon drei oder vier Meter breit gewesen. Losgelöst sind wir auf unserer Eisplatte auf dem offenen See geschwommen, und die Nebelschwaden sind schon so dick gewesen, daß wir kaum noch soweit, wie unsere Stecken lang gewesen sind, gesehen haben. Und immer noch haben wir ganz von weitem Pfiffe und Schreie gehört, aber schon ganz verschwommen.

»Herrgott! Wos mach ma jetz?« sagt der Maurus. Wir haben einander recht ratlos angeschaut.

»Do, do, mir schwimma dahi! Schaugt's wia d' Welln treibn. Dös muaß auf Starnberg zuageh«, hat der Lenz gesagt und auf das treibende dunkle Wasser gedeutet.

Meine Füße sind bis auf die Haut naß gewesen, gefroren hat mich, mein Magen hat rumort vor Hunger, und vor Angst hab ich mein Herz schlagen hören, und auf einmal, weil meine zwei Brüder sich auch nicht mehr ausgekannt haben, hab ich jammernd gesagt: »Schrein mir recht! Schrein ma, daß üns helfa solln.«

»Ah!« hat der Maurus gemeint: »Dö kinna doch aa nix macha! Mit'n Schiff kinna's doch net rei. Wia solln s' üns denn so helfa kinna!« Und hat den Vorschlag gemacht, er und der Lenz sollten noch einmal die Eisplatte umfahren, vielleicht finden sie doch noch einen schmaleren Riß.

»Bleib du derweil do, mir kemma glei wieda«, sagten sie. Aber dagegen hab ich mich arg gestemmt und durchaus mitwollen. Sie sind grob geworden, ich bin ihnen nicht nachgekommen und hab angehalten, und da sind sie im Nebel verschwunden. Bloß das Kratzen von ihren Schlittschuhen hab ich noch eine Weile gehört. Ich habe geschlottert und gefroren und mir ausgemalt, wie das sein wird, die ganze Nacht auf dem Eis. Der kühne Nansen ist mir eingefallen, und genauso ist es dem gegangen – aber wir haben keine Decken, keine Schlitten, und wir können kein Feuer anmachen, das ist schon ärger. Auch auf das Ertrinken bin ich auf einmal gekommen. Ganz deutlich habe ich mir vorgestellt, wie man untergeht, immer wieder schwimmen will, aber wie dann der Kopf bloß immer an die Eisdecke rennt, wenn man hinauf will. Und die schwimmt über einem; man schaut im dunklen Wasser herum und sieht nichts und kriegt auf einmal keine Luft mehr, Herrgott, ja, und dann zieht es einen hinunter, immer tiefer, tief, am tiefsten – und schreien kann man nicht, und kein Mensch weiß, wo man ist. –

»Oskar! Oskar!« haben der Lenz und der Maurus jetzt geschrien: »Wo bist denn?«

»Jaja, do bin i, do!« Ihr Schlittschuhkratzen ist näher gekommen, endlich sind sie vor mir aufgetaucht. Nirgends war eine schmalere Rißstelle. »Mir müassn scho dobleibn. Do hilft oi's nix«, hat der Lenz gar nicht mehr recht mutig gesagt, und der Maurus hat gemeint: »Ünser Eisplatten is wia a Floß. Ruader wenn mir hättn, kunntn mir dahinfahrn und waarn schnell wo draußn.«

»Vielleicht gehnga ünserne Stecka«, sag ich.

»Ah! Dummer Kerl, saudummer! Dö dünna Stecka!« hat der Maurus gespöttelt und alsdann gesagt: »Mir müassn jetz ganz einfach dobleibn und aus. Wenn wir wohin triebn werdn auf a anders festers Eis, nacha kemma vielleicht naus.«

Verdrossen und unruhig hockten wir uns aufs Eis. Eine Zeitlang sagte keiner was.

Nichts ist mehr um uns gewesen als wie der feuchtkalte Nebel und die schwarze Nacht. Mir ist eingefallen, wie es jetzt daheim in der Kuchl so schön warm und gemütlich wäre. Da hat mich erst recht gefroren, und ich habe das ganze Schlittschuhfahren verwünscht, aber natürlich nicht laut. Einen rechten Zorn habe ich auf meine Brüder gekriegt, und immer wieder ist mir das Ertrinken in den Sinn gekommen. Es war arg schauerlich.

»Der Nansen hot oft wochalang a so auf'm Eis zuabringa müassn«, hat der Maurus wieder zu reden angefangen: »An Nordpol drobn gibt's überhaupts koa Land, bloß lauter Schnee und Eis ...« Aber keiner hat was drauf gesagt. Hie und da hat man das grollende Ineinanderschieben vom Eis von irgendwoher gehört.

»Der Liedl werd's bestimmt scho dahoam gsogt hobn«, hat nach einer guten Weile der Maurus gemeint, und wiederum sind wir stumm geblieben.

»Mi friert a so«, habe ich einmal gewimmert. Eiskalt ist mir um und um gewesen, und meine Zähne haben aufeinandergeklappert, aber der Maurus und der Lenz haben nicht drauf achtgegeben, und jetzt haben wir wieder ganz dünnes Pfeifen und Schreien gehört.

»Mir müassn also doch scho vom Fleck kemma sei, weil ma's jetz wieda hört«, hat der Maurus gemeint. Er hat seinen Rotz in die Nase hinaufgezogen und seine Hände gerieben. Der Lenz ist aufgestanden und hat gesagt: »Nana, mir derfa net oiwai auf oan Fleck hocka ... Do werd's Eis warm unter üns, und mir brecha durch.« Er hat sich seine Schlittschuhe abgeschnallt und wiederum gesagt: »Weitafahrn kinn ma jetz ja doch nimmer. I geh jetz a bißl hin und her ...«

»Ja, um Gottes willn, wenn kemma denn aussi. Müaß ma denn do dö ganz Nocht dobleibn?« hab ich weinerlich gefragt: »Mi friert a so.«

»Üns friert aa!« hat mich der Maurus angefahren: »Damischer Kerl, damischer. Jetz is's scho, wia's is. Do hilft dei Jammern aa nix mehr!« Wieder haben wir alle drei nichts mehr zum Sagen gewußt.

»Hm«, hat endlich der Maurus wieder gemeint: »Wenn's Tog waar, müassert dös eigentli ganz schö sei. A so dahinschwimma. Passieren ko üns ja nix.«

Die Zeit ist immer länger geworden, immer länger. Brummig und verdrossen sind wir dagehockt und schließlich alle drei hin und her getappt.

»I schrei jetz amoi!« hat der Lenz auf einmal gesagt, und: »Ja, schrein ma!« hat ihm der Maurus zugestimmt. Alle drei haben wir uns hingestellt und in die stumpfe, neblige Nachtschwärze geschrien und alsdann gehorcht. Nichts hat sich hören lassen. Noch lauter haben wir geschrien. Nichts.

»Herrgott, wos mach ma jetz? Hm, wenn ma üns einfach ausziagn und vielleicht schwimma?« hat der Lenz vorgeschlagen.

»Ah! Mir wissen doch gor it, wo mir san!« hat der Maurus dagegengeredet: »Nana, dös geht net. 's Wasser is doch eiskoit. Do san ma glei hi, wenn ma einispringa und – und ganz leicht kinn ma unters Eis kemma, nacha san ma verlorn. Hörst ös denn et, wia's treibt. Nana, schwimma geht net ...«

»Herrgott, aba mir müassn doch aussi!« hat der Lenz gedrängt. Ich habe gemerkt, wie die zwei immer unruhiger geworden sind und den ganzen Mut verloren.

»Waard's hoit net einiganga an See ... Hu-k-hu-hu, jetz san ma hi, hu-k-hu-hu!« hab ich jetzt gradhinaus zu weinen angefangen, und meine Brüder sind gar nicht mehr grob geworden, im Gegenteil, sie haben sogar angefangen, mich zu trösten.

»Mut, Swerdrup!« hat der Lenz gesagt, weil er gewußt hat, daß ich das gern mögen hab, wenn er mich als Nansens besten Kameraden angesehen hat. Aber das hat bloß eine ganz kurze Weile angehalten. Ich habe jede Hoffnung verloren und immer gottesjämmerlicher geweint.

»Laaf hoit a bißl rum, nachher werd dir glei warm«, wollte mir der Maurus raten.

»Mi friert gor it, aber aussi mächt i, aussi!« hab ich geplärrt. »Ja, Herrgott, mir kinna doch aa nix dafür! Mit dein'm Blecka werd's aa net besser!« ist der Maurus wieder zornig geworden.

»Ja, wennds net rei waards, war oi's net passiert. I mog nimmer!« hab ich ihn angeplärrt.

»Di nehm ma nimmer mit. Dös woaß i ganz gwiß«, hat der Lenz gesagt. Der Maurus hat sich einen Ruck gegeben und zum Lenz gesagt: »Jetzt schaugn ma noch amoi umanand, geh weiter.« Grad wollten sie losgehn, da auf einmal hat es einen furchtbaren Krach gegeben, und das Eis unter uns hat gezittert, als wie wenn es jeden Augenblick auseinanderbricht, alsdann hat ein splitterndes Schieben eingesetzt, und vor Schreck sind wir starr stehengeblieben. »Auf! Jetz san ma auf wos gsteßn, Oskar, auf!« hat der Maurus geschrien, und wir sind in die Richtung gelaufen, wo es gekracht hat. Kaum zehn oder zwölf

Meter waren wir von unserer Stelle weg, da hat es wieder gekracht, und zu unserem Schrecken haben wir gemerkt, daß das Eis hinter uns gesprungen sein mußte. Wir sind gerannt, was wir konnten, bloß der Maurus hat immer seinen Stock vor sich hin und her geschoben und gewarnt: »Hoit. Hoit's stad. Langsam geh! Do is a Loch!« Schon ist das Eis vor ihm eingebrochen, und grad noch hat er sich zurückschmeißen können: »Zruck! Zruck, do dersaufn mir!« Wir rannten zurück und blieben schnaufend stehen. Das Wasser war sehr wellig bewegt und rann auf uns zu. Unser Eisfloß war unter eine andere Platte gestoßen und schwamm drunter hinein. Das Wasser ist uns schon fast bis zum Knie gegangen. Ich hab geschrien wie am Messer, und meine Brüder haben mich einfach mitgerissen. Jetzt hat es abermals einen Kracher gegeben, und mit furchtbarer Gewalt schob sich der Eisboden unter uns immer weiter. Jeder hat seine Schlittschuhe und den Stecken fallen lassen, jeder ist vornüber gefallen und hat Schwimmübungen gemacht, und jeder hat geschrien wie ich. Der Maurus hat sich auf einmal einen festen Schwung gegeben und mich mitgerissen – sst – sind wir alle zwei auf einem festen schneerauhen Ufereis gelegen, sind ängstlich weitergekrochen, aber flink wie Wiesel, und haben uns aufgerichtet.

»Lenz? Lenz!« hat der Maurus keuchend geschrien.

»Jaja, do bin i«, hat der angegeben.

»Bist aufm Eis?« fragt der Maurus und: »Jaja, i kimm scho!« haben wir den Lenz ganz in der Nähe gehört, alsdann ist er rechter Hand von uns aufgetaucht.

»Gott sei Dank! Herrgott, do hättn mir oi drei hi sei kinna«, hat der Maurus aufgeschnauft, und ich habe gemerkt, daß er am ganzen Körper zittert.

Patschnaß tropften wir alle drei, und jeder hat sich das Gesicht und die Hände blutig gekratzt gehabt, unsere Schlittschuhe und Stecken sind weg gewesen, aber froh, unbeschreiblich wohl ist uns auf einmal gewesen, wie wir wieder den festen Boden unter unseren Füßen spürten. Wie wir uns halbwegs nach dem schneerauhen Ufereis auf den verharschten Steinen aufgerichtet haben, ist uns aufgegangen, daß wir auf dem Kempfenhauser Ufer waren. Wir haben zu laufen angefangen und nicht mehr eingehalten, bis wir daheim angekommen sind. Da sind unsere Mutter, unsere Dirn Leni und unsere drei Schwestern betend in der Kuhl um den Tisch gesessen und haben geweint, weil ihnen der Liedl bereits die Botschaft gebracht hat und gesagt hat, er kann da keine Verantwortung übernehmen, wenn wir nicht mehr aus dem See herauskommen. Alsdann ist er zum Vater nach Leoni hinaus, weil er dort beim Bier gewesen ist. Wie wir zur Kuchltüre hinein sind, hat es den Betenden gleich das Schnaufen und das Wort verschlagen, aber dann hat unsere Mutter aufgeklagt: »Tja, um Gottes, Himmi, Christi willn, und mir hobn schon gmoant, es seid's dersuffa ... Jajaja, Annananananana, an so an Verdruß! Glei macht's daß'tz ins Bett kemmts, ös Lausbuabn, ös rotzige!« Aber wir haben schon herausgehört, wie froh sie gewesen ist und wie die Leni gesagt hat, Kinder haben eben doch einen Schutzengel, da hat sie bloß noch gemeint, der Vater, wenn er heimkommt, der wird es uns schon zeigen.

»Weiter, ins Bett mit enk!« hat sie noch mal gesagt, und gleich haben wir gefolgt. Vom überstandenen Schrecken sind wir ganz dasig gewesen.

Nicht recht viel später ist der Vater heimgekommen, und wie sie ihm gesagt haben, daß wir schon im Bett sind, ist er gleich herauf zu uns. Wir haben noch nicht geschlafen und gedacht: »Auweh, jetzt geht's uns schlecht!«

Aber was passiert da. Herein ist er in unsere Kammer, hat das Elektrische angeknipst, und wie er uns so aufgerichtet sieht, hat er schon fast lobend gesagt: »I hob's ja glei gsogt, ös seid's net umzbringa. Enk muaß ma amoi extra derschlogn.« Und gelacht hat er und hat uns über den Kopf gestreichelt ...

Der Hund

Unser kalbgroßer brauner Bernhardinerhund, der »Nero«, war sehr faul, fast schon zu faul zum Fressen, und gebellt hat er kaum einmal; er war grundgut, und man hat machen können, was man wollte, er hat dabei höchstens etliche Male gegraunzt. Die größten Schindereien von uns Buben hat er ertragen, es ist, scheint es, nichts durch sein dickes Fell bis auf seine Haut gedrungen.

Ich habe einmal an einem schulfreien Mittwoch im Winter nach Starnberg hinüber müssen, weil man den Maurus und den Lenz daheim für die Weihnachtbäckereien gebraucht hat. Um damit, daß ich schneller und kurzweiliger vorwärts gekommen bin, habe ich den Nero vor meinen Schlitten gespannt, bin eine Zeitlang neben ihm hergelaufen und habe mich alsdann geschwind auf den Schlitten gehockt. Nicht um alles in der Welt hat mich der stinkfaule Hund gezogen, mein Schmeicheln und mein Schlagen hat nichts geholfen, er ist einfach bokkig im Schnee stehengeblieben. Im Kempfenhauser Holz drinnen habe ich mir eine lange Rute geschnitten, und wie ich in Starnberg beim Tresch die Schachtel mit Marco-Polo-Tee und das kleine Kistl mit Andreas-Hofers-Feigenkaffee geholt gehabt habe und fertig war, bin ich auf eine feine Idee gekommen. Ich habe beim Roßmetzger Guggl ein paar Roßwürste gekauft und dieselben ganz vorne an der Spitze meiner Rute angebunden, dann bin ich auf den Schlitten gesessen und habe die Rute mit der Lockspeise über den Rücken und den Kopf vom Nero, ungefähr zwei oder drei Hände breit, vor seine Schnauze gehalten. Weißt, wie der gleich zu rennen angefangen hat! Grad schön war es. Eins, zwei, drei sind wir aus Starnberg draußen gewesen, und wie der Wind, über Stock und Stein, ist der Nero, weil ich meine angebundenen Würste bald näher, dann wieder weiter vor seine Schnauze gehalten habe, dahingesaust. »Such's, Nero! Faß's, Nero!« habe ich ihn in einem fort aufgemuntert. Er hat gekeucht, hie und da aufgebellt und immer wieder zum Sprung angesetzt und ist den vor ihm schlenkernden Würsten nachgerast wie der reinste Renngaul. »Soso, brav, brav, Nero! Such's! Such's!« lobe ich ihn und freue mich unbändig. Durch Percha sind wir wie der Blitz und aufs freiere Feld gekommen, immer wieder ist der Nero nach vorn gestoßen, hat gebrüllt vor lauter Gierigkeit, fest hab ich meine Schachtel und das Kistl halten müssen, hin und her ist der Schlitten geflogen, gesaust ist der Hund, daß der Schnee grad so aufgestaubt ist, er saust und saust, und – krach – auf einmal reißt ein Zugstrick, und – krach – es wirft mich samt Schachtel und Kistl mit einem Riesenschwung in den Schnee, weg ist der Schlitten unter mir und weg der Nero samt meinen Würsten. Wie ich mich aufgerichtet habe, hat mein Kopf gebrummt, die Rippen haben mir weh getan, den Hund hab ich nicht mehr gesehen. Elendiglich bin ich schließlich mit dem Kistl und der Schachtel dahingehumpelt und im Kempfenhauser Holz auf den kaputten Schlitten gestoßen. Daheim ist der Nero, immer noch mit den Stricken um Brust, Rücken und Bauch, lechzend vor seiner Hütte gelegen. Daß ich ihm eine Faust hingemacht habe, hat ihn gar nicht geniert, aber wie ich ihm meine zwei anderen Roßwürste, die ich noch gekauft gehabt habe, hingehalten habe, wollte er gleich wieder freundlich auf mich her. Ich habe ihm aber bloß einen Renner gegeben und bin ins Haus. Für die Würste habe ich am andern Tag vom Pfisterer-Hans von Farchach in der Schule einen Kapselrevolver eingetäuschelt, und der Hans hat mir auch noch die Kapseln dazugegeben. –

Das Ärgste haben der Maurus, der Lenz und ich im nächsten Sommer beim Baden mit dem Nero mitgemacht. Schwimmen habe ich dazumal schon können, aber noch nicht so weit wie meine Brüder, die oft bis in die Seemitte geschwommen sind. Da hat man ihre Köpfe kaum mehr auf dem Wasser gesehen.

Der Nero, den wir manchmal mitgenommen haben, ist meistens auf dem sonnenwarmen Steg gehockt und kurz aufbellend hin und her gelaufen, wenn wir ihn angespritzt haben. Ins Wasser ist er nie von selber gegangen, aber wenn wir ihn hineingeschmissen haben, ist er ziemlich gut geschwommen.

An einem brandheißen Sommertag ist's recht lebhaft am Seeufer zugegangen. Drüben vor den Badehäusern der Herrschaftsvillen und in der Badeanstalt vom Fischer Liedl haben die Sommerfrischler lustig gelärmt, herüben in den Schiffhütten wir Dorfbuben. Jeder Uferfleck hat gewimmelt von Badenden. Unser Nero auf dem Steg hat hie und da ein kurzes Bellen herausgestoßen, weil ihn aus dem Wasser der Maurus und der Lenz immer gelockt haben. Weil er ihnen nicht gefolgt hat, bin ich auf den Steg und habe ihn ins Wasser gestoßen. Er ist kurz untergegangen, dann aufgetaucht und gradwegs auf meine Brüder zugeschwommen. Die sind immer weiter in den See, ihm voraus, und er hinter ihnen nach. Sie haben sich manchmal umgedreht und ihm geschrien, und er ist schneller geschwommen, schneller und schneller. Sie haben ihn gelobt und lustig gewinkt. Wir und alle am Ufer haben gelacht und uns gefreut, und wie der Nero endlich den Lenz erreicht hat, haben viele Herrschaften »bravo« geschrien und geklatscht, und wir haben auch recht lustig gelärmt, weil der Hund gleich seine Vordertatzen aus dem Wasser gehoben hat und sie laut bellend dem Lenz immer auf die Achseln geschlagen hat.

Recht drollig hat das ausgesehen, aber plötzlich hat der Lenz, den der schwere Nero fort und fort untergetaucht hat, fürchterlich zu schreien angefangen, und mit aller Schnelligkeit ist der Maurus auf ihn zugeschwommen. Der Nero, der sich wahrscheinlich gefreut hat, ist aber vom Lenz nicht wegzubringen gewesen, hat sich an ihn geklammert, und alles Schimpfen und Stoßen vom Maurus hat nichts geholfen. Immer und immer wieder ist der Lenz unterm Hund untergegangen, wieder aufgetaucht, hat mit ihm gerungen und gekämpft und jedesmal schrecklicher geschrien. Der Maurus hat den Nero am Halsband erwischt, sich hochgeschwungen und mit der Faust auf ihn eingehauen, aber der Nero hat auch ihn untergetaucht, und wie er wieder aufgetaucht ist, haben er und der Lenz in einem fort halb erstickt »Hilfe – helft's – helft's!« geplärrt und ganz verzweifelt manchmal mit einem Arm gewinkt. Jetzt sind die Herrschaften und Sommerfrischler erschrocken durcheinandergelaufen, wir Buben haben zu schreien und zu weinen angefangen, die Arme in die Höhe geworfen und dem Nero geschrien. Ich bin ganz entsetzt zum Liedl in die Schiffshütte hinübergelaufen und habe furchtbar laut aufgeweint: »Helft's, dö dersaufa!« Aber Gott sei Dank sind der Liedl und der Jakl schon in einem Schiff gewesen und haben abgestoßen. Mit aller Kraft ist der Jakl losgerudert, und auch etliche Herrschaften sind in ihre Schiffe und mit hinaus. Der Martl und ich sind mit dem Flachboot vom Kramerfeicht aus der Schiffshütte, und immer gräßlicher haben Maurus und Lenz geplärrt, daß ich in einem fort angstschlotternd zum Martl gesagt habe: »Ruadert schneller, fahr, fahr! Mei Gott, dö san scho dersuffa!« Zum Glück aber sind der Liedl und der Jakl noch zur rechten Zeit draußen angekommen. Ein Herr in einem gestreiften Badeanzug ist mutig ins Wasser gesprungen und hat den Maurus gepackt, der Liedl hat dem erschöpften Lenz, der aufgetaucht ist, ein Ruder hingehalten, der Lenz hat sich fest drangeklammert, und der Liedl hat ihn ans Schiff hingezogen, auf das auch der Nero zu ist. Dem hat der Jakl mit aller Wucht sein Ruder auf den Kopf gehaut, einmal, noch einmal und diesmal quer über seine Schnauze. Der Nero hat gurgelnd aufgebrüllt – das Blut spritzte, der Hund zuckte, streckte auf einmal die Füße gradaus, und eine ganz kurze Weile ist er mit dem nassen Fell flach wie ein Bettvorleger im blutigen Wasser gelegen, dann hat es gegurgelt, und das große Vieh war weg.

»Tja-hja, der is hoit jetzt hi«, hat der Kramer-Jakl, wie wenn er was Unrechtes gemacht hätte, gesagt: »Tja-hja, aber anderst is's net ganga.«

»Nana, Jakl, is scho recht gwen. Ganz recht«, hat der Liedl gesagt, und die Herrschaften haben gesagt: »Schnell, schnell ans Ufer, Herr Liedl, sehr schnell bitte, Jakl!« Auf dem sonnigen Badeplatz haben sie den Maurus und den Lenz hingelegt, weil sie bloß noch gezittert und sich kaum noch gerührt haben. Alsdann haben zwei Herren ihnen in einem fort die Arme und die Beine gehoben und manchmal auf ihren nackten Bauch gedrückt, und wie ich geplärrt habe: »U-uh, dö san tot, dö san tot!«, hat mich der eine Herr im gestreiften Badeanzug barsch angeschrien: »Macht, daß ihr weiterkommt. Das ist noch gut abgegangen. Die leben schon noch!« Ich hab ihn kurz und dumm angeglotzt und bin mit dem Martl in die Kramerfeicht-Schiffshütte hinüber.

»Tot wenn s' gwen waarn, der Maurus und der Lenz«, habe ich ernst und fromm gesagt, »nachher hätt i jedn Tog an Vaterunser für sie bet ...«

»Nana, dö san net tot. Der Herr im Badeanzug is ja a Doktor«, hat der Martl gemeint, ihn hat mehr dem Jakl sein Zuhauen auf den Nero interessiert: »Wenn er glei's erstemoi richti zielt hätt, waar der Sauhund scho do hingwen. Mei Liaba, host ös gsehng, wia dös zwoatmoi 's Bluat aufgspritzt is? Do hot er'n richti troffa.«

Bald darauf sind der Maurus und der Lenz zu uns gekommen und haben schon wieder halbwegs gelacht, aber sie sind doch recht dasig gewesen. Sogar einen Schnaps haben sie von den Herrschaften gekriegt, haben sie erzählt, wie wir uns angezogen haben. Wir haben sie fast stolz angeschaut, und der Martl hat zu ihnen gesagt, auf dem Land hätten sie dem Nero nicht Herr werden können, und für uns sind sie jetzt richtige Helden gewesen ...

Daheim haben sie es schon gewußt. Die Mutter hat geklagt, daß wir nichts wie lauter Sachen im Kopf haben, die Verdruß bringen. Der Vater hat geschimpft, aber Watschen haben wir nicht gekriegt. Einen Hund, der wo keine Vernunft hat, nimmt man nicht zum Baden mit.

Zwei Tage drauf ist der tote Nero hinten am Hofgartenrand angeschwemmt worden. Der Kramer-Jakl hat ihn verscharrt.

Auf meinen besten Freund, den Kramerfeicht-Martl, da hab ich mich immer absolut verlassen können. Wir zwei – und hier und da auch noch meine Schwester Nanndl –, wir wenn was gemacht haben, da ist nie was aufgekommen, das heißt, wenn wir zwei allein es gemacht haben. Saudummerweis' aber hat der Martl in der letzten Zeit immer den dappigen Baron Reddelin-Alfred mitgezogen, und der wenn ins Kreuzverhör genommen worden ist, der hat alles brühwarm erzählt.

Der Baron-Alfred ist ja soweit nicht zuwider gewesen. Gefolgt hat er uns aufs Wort, das ist schon wahr. Das hat aber auch seinen guten Grund gehabt. In der Schule nämlich ist er saudumm gewesen und hat nie was gewußt, wenn der Lehrer Männer ihn was gefragt hat. Darum haben wir ihm immer eingesagt, aber bloß deswegen, weil er uns meistens seinen Lebkuchen oder ein Zehnerl geschenkt hat. Freilich haben wir ihn dabei erst eine Zeitlang zappeln lassen müssen, weil er manchmal recht gebockt hat, indem daß er ja gewußt hat, ihm als Baronbuben tut der Männer nicht zu weh.

Darum haben wir hie und da auch richtig Rache genommen und ihm schon so was Falsches eingesagt, daß auch der Lehrer wie ein bäriger Gockel gestiegen ist.

»Alfred«, hat er zum Beispiel einmal gefragt, »mache einen Satz vom Hahn.« Der Alfred hat ein Gesicht bekommen, als wie wenn ihm der Ochs hineingetreten wäre, hat hinum und herum gedrückt, und gewußt hat er nichts. Der Martl, welcher neben ihm gesessen ist, hat unter der Schulbank in den Alfred seinen Ranzen gelangt und einen Lebkuchen herausgezogen.

»Na, Alfred, was tut zum Beispiel der Hahn?« fragt der Lehrer geduldig und geht zum Katheder. Schnell stoßt der Martl den Alfred. Der schaut hinab unter die Bank und sieht den Lebkuchen im Martel seiner Hand. Der Martl wispert geschwind was, und der Alfred nickt. Wie der Lehrer sich umgedreht hat, sagt der Alfred: »Der Hahn ist ein Gockel.«

»Und was tut der Gockel?« will der Lehrer wissen.

Schon wieder stockt der Alfred und schieggelt zu mir herab, weil ich rechter Hand von ihm gesessen bin. Ganz bitthaft schaut er mich an.

»A Zehnerl«, habe ich geflüstert, und gleich drauf hat der Alfred gesagt: »Der Gockel springt auf die Henne und zwickt sie hinein.«

Da hat sogar der immer ernste, strenge Lehrer Männer lachen müssen, und wir natürlich auch.

Wie aber der Alfred jeden Tag hungrig heimgekommen ist und einmal geflennt hat, weil wir ihm immer alles abgepreßt haben, da sind der Baron und die Baronin von Reddelin persönlich zum Lehrer hinauf, und von uns hat jeder vier Tatzen bekommen.

»Ich werde euch euren Schwindel austreiben, ihr Lausbuben, ihr frechen!« hat der Männer geschimpft, und von da ab hat der Alfred jedesmal beim Schulanfang sein Zehnerl und seine Lebkuchen auf den Katheder legen müssen. Gewußt hat er aber von dem Tag an auch nichts mehr. –

Das war der erste Vorfall, wo ich zum Martl gesagt habe: »Do host ös jetz mit dein' Alfred, mit dem Herrschaftsbürscherl! Der verrot ois! Wenn der noch amoi wo mit tuat, nacha mog i nimmer. Der Hammi, der ratschert!«

Gerade um dieselbige Zeit hat der Gärtner Forstner vom Baron Reddelin im hinteren Schloßgarten wunderschöne Ananaserdbeeren gepflanzt gehabt. Die haben uns schon lang angeweigt, und der Martl, der wo sie zuerst entdeckt hat, hat gemeint, die müssen uns gehören.

»Ja, scho, aber dem Baron sein Spitzl? Dös Sauviech bringt uns glei auf. Der is doch den ganzn Tog an Gartn hintn«, habe ich gesagt, und das hat auch dem Martl zu denken gegeben.

Am andern Tag ist mir aufgefallen, daß der Martl schon wieder mit dem spinnerten Alfred zusammengesteckt ist. Vor lauter Wut hab ich gar nicht hinschauen mögen und bin sofort in unser Haus gegangen.

Der Tag drauf ist ein schulfreier Mittwoch gewesen. Da ist der Martl nach dem Mittagessen in unsre Tenne geschloffen, und ich bin ihm gleich nach. Wir sind auf den

»Juchhee« (Getreideboden unter dem Giebel) hinaufgestiegen, und da droben hat der Martl aus seinem rechten Hosenbein den Lauf und aus dem linken den Schaft von einem Flobertstutzen gezogen.

»Der ghört an Baron-Alfred. Kügerln hot er mir aa dazua gebn«, hat er erzählt und den Stutzen zusammengesetzt: »Do paß auf, wia schnell der Sauspitzl weg is. Und kracha hörst es aa kaam ...«

»Wos? Scho wieder mit dein' Alfred!« habe ich ärgerlich gesagt. »Do kemma mir ganz gwiß wieder auf!« Aber der Martl war ganz anderer Ansicht.

»Ah. Aufkemma«, hat er mich beruhigt, »wenn dös Sauviech hi' is, nachher werfn ma einfach an Stutzn weit weg, daß's ausschaugt, ois wia wenn der Alfred oder der Gärtner gschossen hättn. Do konn üns nachher koa Mensch wos macha.« Und, hat er gesagt, eingeschossen hat er sich auch schon, er trifft den Spitzl ganz sicher.

»An laffa triff i dös Hundsviech! Koan Muckser derf er mehr toa, der Sauspitzl!« hat er sich geprotzt. »Nachher wartn mir a bißl, ob koana daherkimmt, und nachher nix wia nei in d' Erdbeern. Wenn mir üns recht tummln, derwischn mir hübsch oa.«

Es hat sich auch alles ganz gut angelassen. Wir sind im Enztalholz, scharf am Gartenzaun vom Reddelinschloß, auf einen hohen Feichtbaum gestiegen und haben zuerst einmal herumspekuliert. Der Gärtner Forstner hat vorn im Gemüsegarten gearbeitet, ganz weit weg hat der Spitzl einmal aufgebellt, ist aber dann ganz ruhig gewesen. Bald drauf ist der Forstner zur Brotzeit gegangen, wir sind schnell vom Baum herunter und indianerhaft weitergeschlichen bis zu den langen Glashäusern. Gleich davor waren die Erdbeerbeete. Der damische Spitzl hat einen Heidenlärm gemacht, ist aber immer so ziemlich auf seinem Fleck geblieben.

»Schön bleibt er! Haut scho!« hat der Martl gekeucht und ist ums Eck vom Glashaus. Ich hab gewartet und grad weiterwollen, da hat es leicht gekracht. Zum Hören ist es wirklich kaum gewesen, aber so gut, wie er geprotzt hat, hat der Martl doch nicht getroffen. Der Schuß ist dem Spitzl durch die Hinterbeine gegangen, er ist aufgesprungen und laut winselnd auf den Vorderbeinen aufs Schloß zugetrippelt. Der Martl hat den Stutzen weggeschutzt, aber dabei ist, weil er ihn zum zweiten Mal geschwind geladen hat, der Schuß losgegangen. Gott sei Dank ist die Kugel bloß in eine Scheibe vom Glashaus gesaust, hingegen schon ist der Forstner dahergelaufen und uns nach. Erwischt hat er uns nicht, aber erkannt.

Das hat ein furchtbares Durcheinander gegeben. Die Baronin Reddelin ist in unseren Laden gekommen und hat zu unserer Mutter gesagt, solche rohen Bengel gehören exemplarisch gestraft, und gemeint hat sie, unser Ende wird im Zuchthaus sein. Den Gendarm, sagt sie, holt sie auf der Stelle. Der Herr Baron ist zum Lehrer hinauf und hat uns verklagt. Der Gärtner Forstner hat verlauten lassen, die Ohrwascheln reißt er uns aus, wenn er einen erwischt, und zur Kramerfeichtin hat wiederum die Baronin gesagt: »So was Verrohtes! Ein wehrloses Tier! Da hätte man lieber auf uns selber geschossen!« Ganz hoch hat dabei ihre Stimme geflötet.

»Tja«, hat auf das hin die Kramerfeichtin gesagt, »dös waar ja nachher dengerscht noch irger ausganga. Do bin i scho froh, daß de Lakln bloß aufn Hund gschossn hobn.«

»Soso, froh! Froh sind Sie auch noch, pfui, pfui!« ist da die Baronin ganz außer Rand und Band gekommen und zum Haus hinaus. Dieses Übertreiben und Aufbauschen hat den Kramerfeicht und die Kramerfeichtin, unsere Mutter und unseren Vater geärgert, und wie Baron und Baronin noch mal zu uns gekommen sind, hat der Vater sie grob angeschrien: »Ja, Herrgott, holn S' hoit nacha an Schandarm! Bei üns und beim Kramerfeicht is doch koa G'wehr im Haus! Wia solln denn do dö Buabn gschossn hobn? Himmiherrgottsakrament-sakrament, do muaß i nacha doch dengerscht Verwahrung eilegn! Räuba und Lumpn san s' nacha doch scho net, dö zwoa Buabn!« Ein Gewehr hat der Gendarm auch nicht gefunden.

»Man sagt ja nicht, daß Schußwaffen bei den Tätern sind, aber geschossen haben Ihre Buben. Das Gewehr war von unserm Alfred!« wollte die geifernde Baronin den Gendarm aufklären, und das hat wiederum eine Verwicklung gegeben.

»Wenn keine Schußwaffe nicht da ist, ist es auch ausgeschlossen, daß die zwei Buben geschossen haben. Das ist doch das wichtigste Alibi! Pflicht ist Pflicht. Ich muß beim Graf und beim Andrä (so hat sich der Kramerfeicht geschrieben) Haussuchung machen. Was da rauskommt, ist maßgebend, nix andersts«, hat der Starnberger Gendarm gebieterisch mit seiner fetten Stimme geschrien, und weil die aufgeregte Baronin immer weiter auf ihn hineingeredet hat, ist er auf einmal windig geworden und hat noch mordialischer geschmettert: »Als eigentlicher Urheber kommt alsdann Ihner Lausbub in Betracht. Da kann ich kein Pardon nicht geben! Wenn er den Tätern kein Gewehr nicht gegeben hätte, wäre auch nicht geschossen worden!«

»Mein Alfred ein Lausbub? Das ist eine Beleidigung! Da geh ich zu Gericht. Das verbitt ich mir!« hat ihn die Baronin angezischt, und da ist das Hinundherstreiten erst recht angegangen. Der Gendarm hat geschmettert wie ein General beim Manöver, mein Vater hat geflucht, unsere Mutter hat gejammert, und ich habe in einem fort wie beleidigt und ganz unschuldig geplärrt: »Is gor it wohr! Ich habe gar nicht geschossn, u-und da Martl aa net!« Hochdeutsch reden, habe ich gemeint, das klingt ehrlicher, aber es ist mir nicht gelungen. Schon hab ich weitergeplärrt: »Dös is der Dank dafür, daß mir an Alfred in der Schui oiwai eisogn ... Ü-ü-uff! Is gor net wohr! Mir san gor net an Barongarten drent gwen. Wenn i und da Martl it waarn, nachher hätt der Alfred jeds Johr sitznbleiben müassn. Is gor net wohr! Mir hobn gor it gschossn! Dös is lauters Lug!«

Kurz und gut, es wurde immer verzwickter, und zuletzt hat mich unser Vater über den Haufen gehaut, weil er mein Plärren und Weinen nicht leiden hat können, und am andern Tag hat uns der Lehrer Männer übergelegt, und der Martl und ich haben in der ganzen Schulzeit neben den Katheder knien müssen. »Zuchthauspflanzen« hat uns der Männer genannt und erzählt, daß es mit dem Schießen immer so anfängt: Zuerst wird ein wehrloses Tier getötet, alsdann gehen solche Verbrecher auf die Menschen.

Der Martl hat den Alfred einmal mit einer Nadel in den Arsch gestochen, und ich habe ihm insgeheim Juckpulver ins Genick gestreut. Der Martl ist aufgekommen und vom Lehrer abermals übergelegt worden, ich aber nicht, und weil sich der Alfred immer gekratzt hat, bin ich aufgestanden und habe gesagt: »Herr Lehrer, der Alfred hat Läus und Fleeh. Mir graust es.« Weil der Lehrer das Kratzen gesehen hat, ist ihm nichts übriggeblieben, wenn auch der Hundsalfred recht geweint hat – ganz allein hat er in der leeren letzten Bank sitzen müssen, der Verräter.

Es ist fast eine ganze Woche verlaufen, bis ich den Martl wieder allein erwischt habe.

»Do host ös jetz!« habe ich ihm vorgeworfen. »I hob dir's oiwai gsogt, daß der Hundling, der Alfred, ois verrot ...« Der Martl hat mir recht gegeben, und, sagt er, der Sauspitzl ist auch nicht draufgegangen, die Tierarztrechnung, hat die Baronin gesagt, müssen unsere Eltern bezahlen.

»Ois hot er gsogt, der Feigling«, hat er auf den Alfred geschimpft und ist immer zorniger geworden: »Herrgott, wenn mir'n nur glei odackln kunntn wia an Gockl, den eklhaftn Kerl, den! Aber dös geht jetzt net glei. Dös müassn mir gnau überlegn.«

Genauso haben wir dem Forstner, der Baronin und dem Baron Rache geschworen, aber gegen die ist nicht recht aufzukommen gewesen, da hat bloß unsere Indianerlist was geholfen. Leider ist uns nichts Rechtes eingefallen. In der Schule aber haben wir es doch so weit gebracht, daß jeder den Alfred verspottet hat: »Jetz kommt der Baronbua – hot Läus und Fleeh grod gnua!« Wenn es dafür auch immer wieder Tatzen gegeben hat, der Spruch hat sich gehalten. Plötzlich haben die Barons ihn nach Starnberg in die Schule gegeben, und der Forstner hat ihn jeden Tag hinüberfahren müssen. Solang kein Schnee gefallen ist, mit dem Landauer oder der gedeckten Chaise, alsdann mit dem Schlitten. In der ersten Zeit ist sogar die Baronin manchmal mitgefahren. Dem Alfred muß es aber in der Starnberger Schule gar nicht recht gefallen haben, weil er nach und nach wieder versucht hat, sich zu uns herzumachen, um damit wir wieder gut mit ihm werden und ihn mitspielen lassen.

Aber der Martl hat bloß gesagt: »Wart nur! Vergessn werd iahm nix ... Ois muaß er büaßn.«

Vorläufig haben wir den Alfred immer saukalt abfahren lassen und immer getan, als wie wenn wir ihn überhaupt nicht kennen. Langsam ist über unsere Spitzlanschießerei nichts mehr geredet worden. Der Herbst ist verlaufen und der Winter. Den Schnee hat es weggewaschen im Frühjahr, und wärmer ist es geworden.

Um dieselbige Zeit hat die Forstnerin, die wo überall als Ratschn bekannt gewesen ist, unserer Mutter im Laden erzählt, daß der Herr Baron und die gnädige Frau wegen dem Alfred sehr bekümmert sind, weil er auch in Starnberg so schwer lernt. Halb hochdeutsch hat sie geredet, und wenn sie einmal angefangen hat, ist ihr der Schnabel gegangen wie geschmiert.

»Und, gelln S' Frau Graf, Sie sagn nix weiter dadrüber. Das bleibt ganz unter uns, net wahr?« plappert sie, wie sie es immer gemacht hat, wenn sie was ausgeratscht hat, und selbstredend hat es unsere Mutter versprochen.

»Sogar den Starnberger Lehrer haben sie schon eingeladen, die Herrschaften«, hat sie weiter erzählt. »Es steht nämlich dahin, ob der Alfred überhaupt in die andere Klaß aufrückt. Der Starnberger Lehrer hat gesagt, er will tun, was er kann. Wie gsagt, recht absorgn tun sie sich, die Herrschaften, bsonders die gnädige Frau Baronin. Sie fahren sogar zur Prüfung.«

Das alles hat unsere Mutter beiläufig beim Mittagessen erzählt, und da bin ich nachher gleich zum Martl hinüber. Lang haben wir hin und her überlegt, wie wir das ausnützen können.

»Du«, hat endlich der Martl gesagt, »i hob's. Do paß auf, dös werd eahna sauber versoizn, dös Numfahrn auf Starnberg.« Schon lang hat er ausspioniert gehabt, daß die Wagenremise beim Reddelin immer sperrangelweit offen war den ganzen Tag über und daß man vom Buschwerk am Moargarten, der wo dran grenzt, leicht hineinkommt in sie. Günstig für uns war auch, daß man vom Schloß aus nicht aufs offene Tor, sondern bloß auf die Seitenwand gesehen hat.

»Ja, aber der Spitzl?« habe ich gefragt.

»Ah! Der schiniert üns jetz nimmer. Den loßt doch d' Baronin seitdem nimmer aus'm Schloß und nimmt'n überoi mit, bloß daß dem Hundsvieh ja nix mehr passiert«, sagt der Martl, und gleich fangt er das Überlegen an: Wenn der Baron und die Baronin mitfahren, alsdann muß der Forstner die schöne, gedeckte Chaise mit den Fenstern nehmen, bis zur Prüfung am ersten Mai sind bloß noch vier Tag, da müssen wir genau einen Tag vorher alles machen.

Am dritten Tag, wie der Forstner bei der Brotzeit gewesen ist, sind wir vom Moargarten hinüber in die Remise. In der Nacht nämlich ist das Tor verschlossen worden. Keiner hat uns gesehen, und es ist alles recht schnell und leicht gegangen, weil das ganze Werkzeug in der Remise war. Da haben wir also von der schönen Chaise ein Hinterrad locker geschraubt. Auf und davon sind wir, und wieder hat uns kein Mensch gesehen.

Schad ist es bloß gewesen, daß auch wir am andern Tag in der Aufkirchner Schule Prüfung gehabt haben, aber gut war es hinwiederum auch, denn da ist kein Verdacht auf uns gefallen. Wie wir endlich von der Prüfung heimgekommen sind, hat schon das ganze Dorf geredet, daß die Barons schon kurz nach dem Herausfahren aus dem Schloßeingang, wie die zwei Rösser bereits im Trab waren, ganz gräuslig umgeschmissen haben. Den Forstner hat es vom Bock vorne direkt über den niederen Zaun vom Moargarten auf den Misthaufen geschmissen, und ein Glück ist's gewesen, daß ihm dabei die Zügel aus der Hand gefallen sind. Die aufgescheuchten Rösser haben die umgeschmissene, demolierte Chaise noch fast bis vor unser Haus geschleift, bis der Bauleser und der rote Kaschpa sie aufhalten haben können. Alle zwei Fenster waren kaputt, und Baron und Baronin und der Alfred haben blutig aufgerissene Gesichter und Hände gehabt. »O Gott, o Gott, meine Rippen!« hat die Baronin gewimmert und ihre Hüften gehalten. »Schre-schrecklich. Gleich den Doktor holen!« hat der Baron herausgestottert, und der Bauleser ist auf sein Radl und losgefahren. Der Alfred hat sich mit allen zwei Händen den Kopf gehalten und gottesjämmerlich laut geweint. Auch den Fuß muß er sich verstaucht haben, weil er gehinkt hat. Hübsch arg muß es die drei beim Dahinschleifen herumgeschüttelt haben, wie Bresthafte haben sie geschwankt und gewankt, wie sie die Leute ins Schloß gebracht haben. Hinterher ist der Forstner, um und um voller Mist in seiner schwarzen Uniform, und wie man die Chaise aufgerichtet hat, ist ihm fast das Weinen gekommen. Die eine Lederseite war abgerissen, der Rahmen vom eingeschlagenen Fenster und die eisernen Streckstangen verbogen. Ganz zertrümmert hat er zum Kaschpa gesagt, der wo seine zwei Rösser in den Stall geführt hat: »Ich bin da net verantwortli. Do hot wer am Hinterradl wos gmacht. I bringn raus, und's Zuchthaus blüaht eahm für sei Lumperei.« Fast zwölf Jahr ist er beim Baron Reddelin gewesen, und jetzt hat ihm derselbe gekündigt. Gebittet und gebettelt haben die zwei Forstner-Leute, und das ganze Dorf ist zu ihnen gestanden, bis schließlich sogar der Bürgermeister ins Schloß ist und für sie angehalten hat. Da endlich hat sich der Baron umstimmen lassen.

Alle Leute sind verschreckt gewesen über den Unfall, sogar unser Vater hat gesagt: »Dös hätt arg ausgehn könna. Lebnsgfährlich hot's ausgschaut. Gott sei Dank ist's no guat oglaufa ...« Das hat auch mir einen Stich gegeben, aber samtdem daß mir und dem Martl das Gewissen geschlagen hat, gesagt haben wir nichts, und keiner im Dorf ist auf uns gekommen.

Die Baronin hat sich gleich niedergelegt, und auch den Baron hat man nicht mehr gesehen. Jeden Tag ist der Doktor Penzl von Starnberg gekommen, und wie er dem Alfred den verstauchten Fuß wieder eingerenkt hat, hat der geplärrt, daß man es bis zu uns herüber gehört hat. Sonst aber sind sie beim Baron ohne größeren Schaden davongekommen. Für den Alfred war das ein Glück auch noch, weil er infolgedessen die Prüfung nicht mitgemacht hat. Der Starnberger Lehrer, welcher über den ganzen Vorfall einen herzerweichenden Artikel im Land- und Seeboten hat drucken lassen, ist eigens ins Schloß herübergekommen und hat dem Baron und der Baronin die Nachricht gebracht, daß ihr Sohn auch ohne Prüfung in die nächste Klasse aufrücken kann. Samtdem, daß der Alfred recht bald gesund war, ist er bis zum Anfang der Ferien nicht mehr in die Starnberger Schule gegangen und hat jeden Tag daheim im Schloßhof gespielt. Dieses Ausnahmemachen mit ihm hat uns gewurmt und wieder gegen ihn gestimmt. Wenn wir auch gemerkt haben, daß er sich oft und oft langweilt so allein, für uns ist er Luft gewesen. Es war seltsam: Wenn er auch noch so deutlich gemerkt hat, daß wir ihn nicht leiden können, nach und nach hat er uns manchmal angelacht und immer mehr gezeigt, daß er drauf aus ist, bei uns mitzumachen. Einmal, wie wir von der Schule heimgegangen sind, ist er ans Schloßtor gekommen, ganz wunderbar aufgemacht als Indianer, mit einem dichten, farbigen Federschmuck auf dem Kopf, einer braunen, angemalten Trapperjacke, einem Tomahawk am breiten, verzierten Gürtel, einem Köcher mit Pfeilen und einem Bogen.

»Da«, hat er gesagt, »jetzt bin ich auch ein Indianer.«

»Du?« sag ich grob. »Bild dir bloß nix ein, gell, für uns bist du ein Bleichgesicht, ein Weißer. Dös san unsre Todfeind, du Feigling.«

Wir haben ihn stehengelassen und sind weitergegangen. Weißt, wie ihn das geärgert und wie uns das gefreut hat!

Zwei Tag drauf hat er den Martl allein erwischt und angewinselt, er gibt ihm sein Flobertgewehr und Kugeln, er kriegt zu seinem Geburtstag einen neuen und viel schöneren.

»I pfeif auf dei Gwehr! Du tatst uns ja doch wieder verrotn, wenn mir wos schiaßn«, hat ihn der Martl abfahrn lassen, und wenn ihm auch der Alfred fast bitthaft nachgeschrien hat: »Nein, nein! Ich schwör, ich sag nichts mehr. Ich schwör!« – nichts hat es ihm geholfen.

Insgeheim aber haben der Martl und ich doch in einem fort hin und her getüftelt, erstens, weil wir auf das Flobertgewehr doch sehr scharf waren, und zweitens, weil wir seit dem Wagenumschmeißen Angst gehabt haben, mit dem Alfred was anzustellen, was für uns gefährlich auslaufen hätte können. Da wäre vielleicht der Verdacht von dieser Lumperei auf uns gefallen, und dann Gnade uns Gott.

Die Schulferien sind schon angegangen, und wir haben

allerhand Indianertaten im Sinn gehabt, zum Beispiel einen Überfall auf die Unterberger, diese niederträchtigen weißen Bleichgesichter, die wo immer gleich haufenweise Steine auf uns geworfen haben, wenn wir drunten aus dem Enztalholz auf die Roßweide vom Müller gekommen sind, weil wir die Rösser immer herumgejagt und alsdann ausgelassen haben. Oft hat man sie stundenlang suchen müssen.

Auch an den Oberapothekers Schneidseder, die jeden Sommer beim Fischer Liedl logiert haben, wollten wir Rache nehmen. Einmal nämlich sind wir durch ein Loch vom Hofgartenzaun geschloffen und wollten aus dem Bassin vom Liedl Fische stehlen, haben aber nicht gesehen, daß der Oberapotheker und seine dicke Frau hinter dem Buschwerk auf einer Schattenbank gesessen sind. Grad hat der Martl das erste Brett vom Bassin weggehoben und ist mit dem großen Kartoffelseiher ins Wasser gefahren, da steht der Oberapotheker auf und schreit uns an: »Ja, ihr Lausebengel, was treibt ihr denn da? Fischegrabschen, was? Wartet, ihr Lümmel, ich werd euch kommen!« Seinen Stock hat er geschwungen und ist auf uns zu. Da sind wir aber gesaust wie die Wiesel!

Die Medizinalrats Siebenhüter mit ihren zwei schon halbgroß gewachsenen Buben, den Erich und den Kurt, die haben ihre Villa mit dem großen Garten neben dem Reddelinschloß gehabt. Der Erich und der Kurt sind recht überspannte, hochnasige Stadtbürscherl gewesen, haben sich überhaupt nicht mit uns abgegeben und uns immer angeschaut, als wie wenn wir bloß dreckige Zigeuner- oder Bettelbuben gewesen wären. Ein eigenes Ruderschiff haben sie gehabt im See drunten, und im Garten haben sie mit ihren Luftgewehren immer auf farbige Scheiben geschossen. Bloß den Alfred haben sie mitspielen lassen und sind oft auch bei ihm im Schloßgarten gewesen. Aber der hat sich nicht bloß, weil er viel jünger wie sie gewesen ist, sondern auch, weil sie ihn wegen seiner Strohdummheit oft ausgelacht und verspottet haben, gar nichts aus ihnen gemacht, im Gegenteil, er hat sie genausowenig leiden können wie wir. Er hat der Nanndl einmal eine halbe Tafel Schokolade geschenkt und zu ihr gesagt, sie soll mir und dem Martl ausrichten, er ist uns wieder gut, er macht alles, was wir ihm anschaffen, und sagt kein Wort nicht mehr, wenn er bei uns ein Indianer sein darf.

»Holla«, hab ich zum Martl gesagt, »dös haut! Aber zerst müassn mir scho richti ausprobiern, ob er net wieder feig werd und ois verrot.«

Der Martl und die Nanndl sind ganz erstaunt gewesen, daß ich jetzt auf einmal für den Alfred war, und haben gefragt, ob wir ihm denn jetzt nichts mehr antun wollen.

»Nana, dösmoi machn mir an ganz extrign Indianerschwur mit eahm. Wenn er den aushoit und koa Wort drüber sogt, nachher is er uns sicher, dös woaß i ganz gwiß«, habe ich ihnen erklärt, aber mich sonst nicht weiter darüber ausgelassen. Die Nanndl hat dem Alfred ausrichten müssen, er soll übermorgen nach dem Mittagessen in den Kornacker vom Goldner hinter dem Dorf draußen kommen, da »schwören wir ihn ein zum Indianer«.

»Ganz alert is er! Grod gfreut hot er si«, hat die Nanndl zurückgebracht. Wir haben, wie wir es bei Indianerberatungen immer gemacht haben, drei Stangen »Andreas-Hofer-Feigenkaffee« von unserm Laden gestohlen. Der ist zähweich gewesen und hat bittersüßlich geschmeckt. Er war unsere Urwaldspeise, und wir haben ihn, weil das immer auf unseren Zigarrenschachteln gestanden ist, »Claro fino« geheißen. Alsdann haben wir in vier Bierflaschen kleingeschnittene grüne, wilde Kastanien getan, Wasser drauflaufen lassen, Zucker hineingeschüttet, die Flaschen zugemacht und eine Zeitlang geschüttelt, bis der Kastaniensaft sich mit dem Wasser vermischt hat. Das ist unser »Feuerwasser« gewesen. Jeder hat eine Flasche austrinken müssen, und alle haben wir dazu eine gestohlene Zigarre geraucht als »Friedenspfeife«, wenn es uns auch oft schlecht geworden ist und wir arg drauf husten haben müssen. In den Alfred seine Flasche habe ich von dem Rizinusöl, das wo mir der rote Kaschpa gegeben hat, eine hübsche Portion hineingeschüttet.

»Jeder nimmt jetz sei Flaschn. Paßt's genau auf, dö kriagt der Alfred«, habe ich gesagt. Die Wirkung vom

Rizinusöl habe ich vom Kaschpa erfahren, dem nämlich hat vorige Woche der Kramer-Jakl fast seine ganze Maß Bier insgeheim ausgetrunken, wie der Kaschpa zum Wasserlassen hinausgegangen ist, und wie ihn derselbe gestellt hat, hat der Jakl ganz einfältig geleugnet, worauf sich der Kaschpa mit der Wiemaier-Kellnerin verschworen hat, und ganz grundgut zum Jakl gesagt: »Jakl, i siech, du host an argn Durst. Do, dö Maß zoi i für di.«

»Jajaja, vergelt's Gott, Kaschpa, vergelt's Gott. Jaja, i hob scho an festn Durscht, hjahja«, hat der Jakl gesagt, gierig nach dem vollen Krug gegriffen und ihn in einem Zug fast ausgetrunken.

»Recht dick is's dös Bier, aber dös gibt a Kraft«, sagt er wiederum und gurgelt den Rest hinunter: »I muaß wieda obi zum Liedl, sunst schimpft er, daß i so lang aus bin.« Auf ist er und weg. An demselbigen Nachmittag, in der Nacht und noch am andern Tag ist er kaum vom Häusl herausgekommen vor lauter Bauchgrimmen und Durchfall. Aber das bloß nebenbei.

Dem Alfred, welchem wir den Indianernamen »Roter Pfeil« gegeben haben, ist es genauso gegangen, nachdem ihm schon vom Feigenkaffee-Essen und Zigarrenrauchen sauschlecht geworden ist. Trotzdem hat er da noch durchgehalten, aber wir haben gemerkt, wie froh er war, wie wir ihn nach einem feierlichen Handschlag heimgehen haben lassen und gesagt haben, erst in drei oder vier Tag gilt der Schwur, da ist er alsdann ganz und gar unser »roter Bruder«. Wir sind noch eine Zeitlang im Kornakker liegengeblieben und haben hinausgelugt und gesehen, wie er auf einmal zu laufen angefangen und immer mit seinen zwei Händen auf seinen Hosensitz gelangt hat.

»Jetz bin i neugierig, ob er wos verraten hat«, habe ich gesagt: »Macha konn ma üns do nix. Mir hobn eahm ja nix weita to.«

Und wirklich – wenn auch die Barons sofort den Doktor kommen haben lassen, er hat kein Wort gesagt, der Alfred.

»Jetz is er üns sicher. Der muaß üns dö zwoa Luftgwehrer von dö Siebenhüter-Buabn stehln«, habe ich zur Nanndl und zum Martl gesagt, aber leider hat der Alfred eine ganze Woche ins Bett müssen und hat hernach nicht mehr zu uns rumkommen dürfen, das heißt, vorläufig überhaupt nicht mehr allein sein dürfen, weil die Reddelins einen Hauslehrer angestellt haben, um damit er in der Schule nachkommt. Wir haben ihn bloß hie und da zu sehen bekommen, ihm freundlich zugelacht und manchmal gewinkt. Ganz traurig ist dabei sein Gesicht immer geworden.

Die verdorbene Primiz

Dieses ist passiert, wie ich schon manchmal im Sommer bei der Nacht in der Bäckerei mithelfen habe müssen. Dazumal hat von unserem pensionierten Lehrer Strasser der älteste Sohn, der Kajetan, ausstudiert gehabt, und zwar auf Geistlichkeit. Das war wirklich ein großes Ereignis im Dorf und in der ganzen Pfarrei, das heißt, eigentlich nicht das, daß der Kajetan jetzt endlich fertig gewesen ist, sondern daß er die Erlaubnis erhalten hatte, in seinem Heimatdorf die erste Messe, die Primiz, zu feiern, war das Großartige dabei.

Damals hat unser Vater schon lang nicht mehr beim Backen mitgeholfen, weil er schon kränklich war. Er ist bloß in der Woche etliche Male in die Wirtshäuser gegangen, die bei uns Kundschaft waren, und hat dort die üblichen Zechen gemacht. Spät in der Nacht ist er manchmal in unsere Backstube gekommen, hat das Brot angeschaut und sich mit uns, bevor er ins Bett gegangen ist, noch ein wenig unterhalten. Da ist er meistens recht gut aufgelegt gewesen, und allgemein haben die Leute gesagt, er ist der beste Wirtshausunterhalter, aber wenn ihn was geärgert hat, alsdann hat es – wie man bei uns sagt – »geraucht« bei ihm. Geraucht, und das wie!

Ich kann mich noch gut erinnern, wie er mit dem Nachfolger vom Strasser, mit unserem späteren Hauptlehrer Männer, einmal zusammengestoßen ist, weil der mich und meine kleine Schwester Nanndl nicht mitlassen hat wollen zur »kleinen Kirchweih« nach Deining, wo unser Vetter, der Hintermaier-Bauer, seinen Hof hat. In Deining ist die »kleine Kirchweih« immer am vierten Dezember, am Barbaratag, gewesen, wo es meistens arg viel Schnee gegeben hat.

Unser Vater hat den Gaul vor den Schlitten gespannt, ist vor das Aufkirchner Schulhaus gekommen, hat angehalten, ist ins Schulzimmer hinauf, hat angeklopft und hat, wie der Lehrer herausgekommen ist, ganz freundlich gesagt: »Geh, Herr Lehrer, ich möcht meine zwoa Kinder gern in'n Kirta mitnehma. Morgn kemmas' schon wieda. San S' so guat, Herr Lehrer.«

Der Männer hingegen, wenn er nicht gut aufgelegt gewesen ist, der hat oft recht ausfallend sein können, und auf unseren Vater – ich weiß nicht mehr, warum – war er überhaupt nie gut zu sprechen. Der Männer war an dem Tag saugrantig, er macht eine barsche Handbewegung und sagt auffallend grob: »Babberlabab! Für Ihre Kinder gibt's auch keine Extrawurst!«

»Wos? Babberlabab? Babberlabab? Is dös vielleicht eine Antwort für an Feldzügler und zahlenden Bürger?« kracht es da schon aus unserem Vater: »Babberlabab! Kreuzherrgottsakrament-sakrament, Sie Federfuchser, Sie! Für wen san denn Sie do? Wer erhoit Iahna denn, Kreuzkruzifix? Bin i für Iahna do oder Sie für mi? Ja, Herrgottsakrament, jetz dös is doch scho direkt a Schikaniererei und sonst nix ...«

Weiter ist er aber nicht gekommen. Der Männer hat einfach die Schulzimmertür zugeschlagen, hat mir und meiner Schwester Nanndl zugerufen, wir sollten machen, daß wir weiterkommen, unser Vater sei draußen. Fuchsteufelswild hat er uns angeschaut, aber wir haben schon gewußt warum und recht scheinheilige Gesichter gemacht. Grad haben wir unseren Vater drunten noch erwischt, wie er allein weiterfahren hat wollen. Bis nach Deining hinüber, welches über der Isar drenten liegt, hat er in einem fort mordsmäßig über den hochnäsigen Lehrer Männer geschimpft und schließlich zu uns gesagt: »Kinder, dös merkt's enk! So was is mir meiner Lebtog no net vorkemma.«

Auf der kleinen Kirta war es sehr schön. Ich habe mich dreimal brechen müssen, weil mir unser Vetter in einem fort den Maßkrug hingeschoben und dabei gesagt hat: »So, trink nur, Buawei, daß d' a Flaxn (Kraft) kriagst.«

Meine kleine Schwester konnte beim Heimfahren das Wasser nicht mehr halten und hat in den Rock genäßt. Es war wirklich sehr schön und lustig. Aber der Lehrer hat auf das hin unseren Vater wegen Beleidigung verklagt, und von daher datierte seine Feindschaft gegen den Männer.

Damit ich aber nichts durcheinanderbringe, also das mit der Primiz vom Lehrer Strasser-Kajetan ist so gewesen:

Die ganze Woche war das Dorf tätig, um bloß ja alles recht feierlich zu machen. Auf dem Bürgermeister seiner Lende, hinten beim Dorf draußen, ist ein Feldaltar aufgestellt worden. Halbmondförmig rahmten denselben Palmen aus der königlichen Hofgärtnerei, Blumenstöcke und sonstige Pflanzen, und die große Lende selber hat wiederum einen künstlichen Girlandenzaun als großes Viereck gehabt. Dadrinnen sollten die Beter knien. Am Eingang war ein großer Triumphbogen aus Tannenzweigen, mit weißblauen Fahnen und Blumen besteckt. So wunderschön ist alles gewesen, daß man in der ganzen Pfarrei drüber geredet hat. Auch das Wetter ist gnädig gewesen, jeden Tag himmelblau und voller Sonne.

Der Lehrer Strasser und der Männer plagten sich schier Tag und Nacht, um dem Gesangverein eine deutsche Messe beizubringen, und aus unserem Feuerwehrhaus sind die vier Böller herausgeholt worden, welche alsdann drunten – ziemlich weit weg von der Primizlende – neben der Straße postiert wurden, damit nichts passiert. Der Hofbauer als Veteranenhauptmann hat dem Friedl-Xaver und dem Schmied Leibfinger den Befehl gegeben, in der Früh um fünf Uhr die Primiz »anzuschießen«, und ganz mordialisch hat er gesagt, der Hofbaur: »Und kurz, voreh' d' Primiz ofangt, schiaßt's noch moi, verstanden? Der Veteranenverein konn sich do net oschaugn lossn. In der Religion müassn mir Kriaga vorausgeh.«

Unserm Vater hat das gar nicht gefallen, aber er hat sich nicht weiter eingemischt und bloß zum Schmalzer-Hans, wie er seinen Kornschnaps bei uns in der Kuchl getrunken hat, brummig gesagt: »Jetz der is ja guat. Der werd ja jetz glei gor bigottisch. Der will am End gor noch, daß mir Feldzügler Klosterkutten trogn.«

Am Abend vor dem Primiztag haben der Xaverl und der Leibfinger die Böller angepfostet, geladen und zugedeckt und sind von da ab als Nachtwache aufgezogen, ganz wie beim Militär.

So um zwölf Uhr in der Nacht ist unser Vater vom

Wirtshaus heimgekommen, hat auffallend eilsam die hintere Tür zugezogen und ist zu uns in die Backstube herein. Voller hinterlistiger Fidelität war er.

»Kaschpa«, hat er zu unserem Schießer gesagt und auf den neuen Mischer und uns Buben geschaut. »Buam, also wennds dösmoi den gspreiztn Kajetan sei Primiz verpfuschts, nachher kriagt jeder a Markl vo mir, und trinka könnts ös zwoa Gselln sovui wia'sd mögt's, aber aufkemma derf nix ... Mit'm Altar und der verziertn Lendn braucht's ja koan Unfug macha, nana, dös net. I bin a religiöser Mensch, aber so wos, daß ma bei oana Kirchaangelegenheit schiaßt wia bei Sedan, dös ghört sich net! Dös is doch noch nia dogwesn! Wos braucht denn a angehender Pfarrer a Schiasserts, wenn er doch seiner Lebtog nix mit'm Militär wos ztoan hot? Dös hat der sell scheinheilige Hofbaur gmacht, bloß daß er beim Pfarrer recht gut bsteht. Also Buam, treibts wos, daß eahna dös Militärspieln vergeht, dö bigottischn Brüader. Macht's eahna an Strich durch d' Rechnung! Wos i versprocha hob, Kaschpa, dös hoit i.«

Wenn er so was wollen hat, da hat er ausgezeichnet freundlich sein können, unser Vater. Und selbstredend sind wir gleich Feuer und Flamme für seinen Plan gewesen. Ich habe vom Keller herauf gleich noch zwei Maßflaschen Bier für die Gesellen holen müssen, und er ist ins Bett.

»Hm, tja, hm, dös will gnau überlegt sei«, hat der rote Kaschpa recht nachdenklich gesagt, wie er sein Bier getrunken hat: »Dö Wachpostn, der Xaverl und der Schmied –« Und – wie es oft das Glück will – in dem Augenblick torkeln die zwei schon hübsch bierschwer hinten bei der Tür herein und kommen zu uns in die Backstube.

»Daß d' Zeit ehnder vergeht, Kaschpa«, hat der Xaverl gemeint und gerülpst, als wie wenn ihm schon das viele Bier herauskommt. Ganz glasige Augen hat er hergemacht, und der Leibfinger hat sich gleich auf die Bank hingehockt und geschnauft wie ein Roß: »A so a Nocht konn fei lang sei, mei Liaber ...« Wie wenn es ihm schwindlig ist, ist er mit seiner Hand über seine schwitznasse Stirn gefahren. Alsdann hat er gegähnt, daß gleich seine Kieferknochen gekracht haben: »Direkt schlaffa kunnt i.«

»Tja, ös seid's ja guat«, hat sie der Kaschpa angegrantelt: »Sauft's enk ois Wachpostn an Rausch o! Dös wenn der Hofbaur erfahrt, der macht enk an schönen Krach.«

»Ah, du werst uns schon net verrotn, oder?« plappert der Friedl-Xaverl und steht da, hin und her wankt er und kann jeden Augenblick in die noch teigigen Semmeln auf den Brettern fallen.

»Nana, von Verrotn is koa Red net, aber do stehts uns im Weg. In der Backstubn könn ma enk net braucha«, hat da der Kaschpa resolut gesagt: »Do, geht's weiter. In der Mehlkammer vorn könnt's a poor Stund schlaffa. Mir wecka enk schon zur rechtn Zeit, geht's weita, marsch!« Er und der Mischer haben die zwei unterm Arm genommen und vorn in die Mehlkammer geführt. Mein Bruder Lenz und ich haben grad noch gehört, wie der Xaverl den Kaschpa gelobt hat: »Du-hu, du bischt a guater Mensch, Ka-Kaschpa. A ganz a-a gua-guata Mensch«, und haben uns lustig angeschaut. Gleich drauf sind der Kaschpa und der Mischer wieder zurückgekommen.

»Sie liegn scho. Und schlaffa werns aa glei«, hat der Kaschpa aufgeweckt gesagt und die Semmeln geprüft: »Geht schon noch. Also jetz los, los. Dös muaß schnell gehn, weita, weita!«

Hinten von der Holzhütte haben wir das kleine Handwagerl mitgenommen, aber nicht gefahren, sondern getragen, daß keiner was gehört hat. Auf der Straße ist es mondhell gewesen, nichts hat sich rundum gerührt. Wir haben unsere Pantoffeln in den Kerngarten gesteckt, sind eilsam hinter dem Goldner seinem Stadel vorbei und hinunter auf die Straße, auf die Böller zu. Gearbeitet haben wir und geschwitzt dabei, nicht zum Sagen. Der Kaschpa und der Mischer haben mit Pickel und Brecheisen die Pfosten losgemacht und immer einen Böller auf das Handwagerl, der Lenz und ich sind damit im Laufschritt über die leicht moorige Wiese bis zum kleinen Weiher. Der war eigentlich bloß ein ziemlich umfängliches, verschlammtes, überall gleich tiefes Loch, ungefähr so groß wie unsere Backstube. Wir haben das Handwagerl umgekippt und einfach den Böller hineinfallen lassen. Es hat leicht gegurgelt, wie wenn Wasser und Schlamm die schweren Trümmer verschlucken wollten, und weg waren sie. Erst beim Heimschleichen hat der Hund vom Goldner angeschlagen, sonst ist alles gut abgelaufen. Leider aber sind die Semmeln vergangen gewesen. Dafür sind uns die Bretzen um so schöner gelungen.

Es ist drei Uhr geworden, es wird vier Uhr. Wir haben hinausgehorcht. Bei unserm Nachbarn, dem Moarbaurn, haben sie im Stall schon Licht gemacht, etliche Fensterläden haben geklappert, die alte Schreinerin in der Nachtjacke hat zu ihrem Fenster rausgeschaut, beim Kramerfeicht ist es auch schon lebendig geworden, und der Kramer-Jakl ist schon zum Gebetläuten gegangen. Es ist schon überall rundum rebellisch geworden, die Leute haben sich gewundert und schon zu fragen angefangen, was es denn mit dem »Primizanschießen« ist. Wir sind in die Mehlkammer und haben den Xaverl und den Schmied aus dem Schlaf getrieben, sie sind voller Mehlstaub auf und davon und hinunter zum Böllerplatz.

»Tja? Ja warum kracht's denn net? Tjaja, wos is denn mit'm Schiaßn? Tja, ja, hm, ist doch schon Zeit«, haben wir von draußen rein überall gehört, und schließlich ist der reine Aufruhr angegangen. Ganz nüchtern und verdattert sind der Xaverl und der Schmied zu uns dahergerennt gekommen und haben schier weinerlich wehleidig gefragt, warum wir sie denn nicht geweckt haben zur rechten Zeit und ob wir denn gar nichts gehört haben, die Böller sind weg. Da aber ist der Kaschpa ärgerlich geworden und hat sie grob hinausbugsiert. Dem Xaverl hat der Brandl glatt eine hineingehaut, wie sie wieder aufgetaucht sind, und sie sind ins Raufen gekommen. Der Schmied ist wie ein Wiesel auf den Festplatz zu, aber die Leute sind hinter ihm her und haben geschimpft und geplärrt und gedroht. Ganz kopflos ist der Schmied auf den Altar zu, aber es hat ihm gar nichts geholfen, der Goldner hat ihm einen Blumenstock auf den Kopf gehaut, und schließlich ist ein allgemeines Handgemenge draus geworden, und dummerweise ist dabei der ganze schöne Altar durcheinandergekommen. Die seidene Decke mit dem goldenen Kreuz, die wo die Kramerin und ihre Marie gestickt gehabt haben, ist zwischen den umgestoßenen oder zertretenen Blumenstöcken gelegen, die Palmen waren umgeworfen, kurzum, der ganze hochfeierliche Aufputz hat der fürchterlichen Aufregung nicht standgehalten. Die Kramerin und ihre Marie weinten und wollten die Dekke retten. Dabei ist es ihnen schlecht gegangen, denn schon hat es kein Halten mehr gegeben, die Weiber haben geweint, gekreischt und gejammert über eine solche Schande, die Männer geschimpft und geflucht und sind aufeinander los. Auf nichts mehr haben sie aufgepaßt und rein alles in ihrer Wut demoliert. Nachdem es endlich dem Bürgermeister gelungen ist, halbwegs Herr über die gräuslige Unordnung zu werden, hat man wieder das Böllersuchen angefangen und dabei ganz vergessen, den Altar wieder herzurichten. Der Kramer-Jakl hat schon zum ersten Mal geläutet, und der Kajetan, wie er alles gesehen hat, ist ganz und gar aus der Fassung gekommen und hat auf einmal wie ein Kind zu schluchzen angefangen, indem daß er in einem fort herausgeweint hat: »Ich hab kein Glück nicht! Ich hab kein Glück nicht! Himmlischer Vater, erbarm dich ...« Und wenn sich auch das ganze Dorf darangemacht und alles halbwegs passabel in Ordnung gebracht hat, die Primiz ist sehr trübselig verlaufen. Vor lauter Grämen ist auch noch der Kajetan bei der Predigt zweimal steckengeblieben, und alle Leute haben gesagt, das ist ein schlechtes Zeichen, gut gehe das nicht hinaus.

Unser Vater war an dem Tag, trotzdem daß die Semmeln verpfuscht gewesen sind, auffallend gut aufgelegt, und wenn wer in den Laden gekommen ist, hat er scheinheiligerweis ein recht teilnehmendes Gesicht geschnitten und gesagt: »Nana, jetz so was! Dös is doch einfach scheußlig, scheußlig, hmhmhm ... Es muaß doch rechte Lackln bei üns gebn. Hmhm, den arma Kajetan sei Primiz a so verhunzn, hmhm, direkt schandbar so was!«

Der rote Kaschpa und der Mischer sind an dem Tag nach Starnberg hinüber und alle zwei mit einem Rausch heimgekommen, aber das Backwerk ist samtdem gut geworden.

Die Böller hat man erst viele Jahre später, wie der Weiher einmal ausgetrocknet ist, gefunden. So verschlammt und verrostet waren sie, daß sie nicht mehr zum Brauchen gewesen sind. Wenn nicht der Graf Rambaldi von Unterallmannshausen damaligerzeit bei der Kriegerdenkmalsenthüllung für die Gefallenen des Ersten Weltkriegs zwei neue Böller gestiftet hätte, könnte heute noch nicht bei Veteranenbegräbnissen und ähnlichen Feiern geschossen werden...

Unsere Freundlichkeit

Wir Berger Schulkinder haben von jeher als die feineren und gescheitesten gegolten. Unser Dorf liegt am See, ist Dampfschiffstation, hat das königliche Schloß mit seinem Park, und seitdem der König Ludwig II. bei uns ertrunken ist, heißt die Wiesmaier-Wirtschaft »Gasthof zum König Ludwig«.

Ein Seehotel haben wir bekommen, und seit Königszeiten haben sich die vielen, schönen Herrschaftsvillen ziemlich vermehrt, die feinsten Leute sind da, und im Sommer kommen haufenweise Sommerfrischler.

Darum sind wir zur Freundlichkeit angehalten worden, grüßen jeden Fremden, und wenn sie uns was fragen, geben wir ihnen beflissen Antworten.

Ein dummes Anglotzen der Herrschaften, auch wenn sie oft noch so neumodisch und sonderbar angezogen sind, gibt es bei uns nicht wie bei den »Drenteren«.

Dieses sind die Kinder von Kempfenhausen, Harkirchen, Farchach, Bachhausen und Mörlbach, welche alle weit weg vom Seeufer oder hinter dem Hügelbuckel von unserem Pfarrdorf Aufkirchen liegen und wo es bloß Bauern oder Kleinhäusler gibt. Da kommen höchstenfalls einmal etliche Ausflügler hin, aber ständige Sommerfrischler sind dort nicht.

Wegen unserem Feinersein haben wir beim Hauptlehrer Männer auch immer den Vorzug gehabt. Das ist aber auch ein Nachteil für uns gewesen, denn wenn von uns einer was Unrechtes getan hat oder sehr dumm gewesen ist, mit dem ist der Lehrer viel strenger umgegangen, oder er hat ihn einfach verachtet. Nicht selten hat er einen, dem wo er Tatzen gegeben oder übergelegt hat, auch noch eine Strafpredigt gehalten. Dieses hat natürlich die »Drenteren« immer sehr gefreut, und in der Pause haben sie alsdann gespöttelt:

Hälepätsch, Hälepätsch!
Siebngscheite Berger,

enk haut der Lehrer alle Täg
und mir kriagn koane Schläg.

Was wir deswegen schon gerauft haben, ist gar nicht abzuzählen. Ich habe dem Neuchl-Peter von Farchach einmal einen auf der Straße angebackenen Kuhfladen mitten ins Gesicht geschmissen, daß er fast erstickt wäre. Aber das ist in der Aufkirchner Schule passiert, bei uns daheim in Berg sind wir in der Sommerfrischenzeit die freundlichsten und sittsamsten Kinder gewesen, was die Herrschaften oft gesagt haben. Wir haben uns diese feinen Leute immer genau angeschaut, besonders die Damen. Wenn wir einer solchen die Hand gegeben, oft auch noch einen Knicks gemacht und »Grüß Gott, gnädige Frau« gesagt haben, da ist meistens ein Fünferl, ein Zehnerl oder ein Schokolad für uns herausgesprungen.

Besonders geschätzt haben wir das Fräulein Knecht. Das ist eine große, hochbusige, immer recht auffällig in Samt und Seide gekleidete Dame gewesen, die schon von weitem geduftet hat wie ein ganzer Rosengarten. Sie hat immer einen großen Sommerhut mit allerhand Blumen aufgehabt, blitzende Perlenketten um den Hals und die Hände voller Ringe. Jeden Tag ist sie mit ihren zwei kleinen, braunen, langhaarigen Schoßhunden durchs Dorf stolziert, und manchmal hat sie ein grauhaariger Herr mit einem steifen Hut, einem Zwicker, einem schönen grauen Vollbart und einem dunklen Gehrock begleitet. Unser Vater hat gesagt, der Herr ist ihr Galan, die zwei leben im »Konkubinat«, und die Dame ist dem Herrn seine »Matresse«. Diese sonderbaren Wörter haben wir nicht verstanden, aber sie sind für uns ein Zeichen gewesen, daß das Paar ganz was Hochfeines sein muß und womöglich vom Ausland ist, wenn sie auch eine prachtvolle Villa am See gehabt haben.

Wenn wir dem Fräulein Knecht die Hand gegeben haben, hat sie uns immer recht freundlich und geschmeichelt angelächelt, gleich ihre silberne Handtasche aufgemacht und uns meistens zwanzig Pfennig und oft sogar ein Fufzgerl geschenkt, und wenn der Herr bei ihr gewesen ist, der ist genauso splendid gewesen. »Egon«, hat sie da meistens zu ihm gesagt, »gib du für mich. Ich hab kein Kleingeld.«

Diese Freigebigkeit vom feinen Fräulein Knecht hat den Martl auf die Idee gebracht, daß wir da schon extra was bieten müssen. Auf das hin haben wir ihr meistens ein Büschel Schlüsselblumen oder Anemonen gegeben. Das hat sie sehr gefreut, sie hat recht freundlich auf uns herabgeschaut, mit ihrer weichen Hand über unseren Kopf gestreichelt und zu ihrem Herrn Egon »was für reizende Kinder, so herzig« gesagt.

Von da an haben wir das Blumenbrocken eifrig betrieben, weil auch andere Herrschaften von unserer Aufmerksamkeit sehr eingenommen waren. Freilich, die Freigebigkeit wie das Fräulein Knecht haben sie nicht gezeigt, ja oft haben sie sogar bloß recht schäbig gedankt. Die bissige Frau Hauptmann Retter, welche sich immer über das Singen unserer Bäcker bei der Nachtarbeit beschwert hat, die hat auch bloß recht süßmäulig gedankt und alsdann gleich gar noch gesagt, ob wir ihr nicht für ihr Wohnzimmer noch einen recht schönen Strauß bringen könnten, wir kriegen dann was Schönes. Wie wir aber die Blumen gebracht haben, hat sie jedem bloß zwei steinharte von ihren selbstgebackenen Plätzchen gegeben.

»Herrgott«, habe ich da gesagt, »ist dir dös aber a Geizkrogn, a windiger!«, und die Nanndl und der Martl haben gemeint, derer müssen wir auf die Seite gehen, sonst hält sie uns womöglich noch mal an, für ihr Wohnzimmer Blumen zu brocken. Aber wie der Teufel sein wollte, schon etliche Tage drauf ist sie uns wieder begegnet und hat wirklich einen solchen Wunsch vorgebracht. Nein sagen haben wir nicht können. Da hätte sie sich gleich wieder bei uns im Laden und beim Kramerfeicht über unsere Rüpelhaftigkeit beschwert. Also haben wir ihr samt unserer Wut gefolgt und wieder etliche von ihren altbackenen Plätzchen gekriegt, aber zum Glück hat uns der rote Kaschpa, der schon lange einen Hock auf sie gehabt hat, einen Rat gesagt, wie wir ihr beikommen. Ihre schieche, zaundürre Tochter nämlich hat oft den halben Tag Klavier gespielt und sehr falsch, aber furchtbar laut dazu gesungen, so daß unsere Bäcker nicht schlafen haben können. Die Retter-Vera ist überhaupt eine recht kindische, spinnerte alte Jungfrau gewesen und hat sich bloß immer mit unserer Nanndl abgegeben, als wie wenn die ihre einzige und allerbeste Freundin wäre. Einmal ist sie dahergekommen, weil sie sich in die Hand geschnitten hat, und hat gewimmert: »Ach, Annchen, was soll ich denn da tun? Das blutet ja schrecklich, schau doch! Gar nicht aufhören will's.«

»O, da müssn S' Salz neitun, Fräuln Vera. Das hilft. Da heilt's auch recht schnell«, hat ihr die Nanndl geraten, und nachher haben wir sie furchtbar plärren hören. Gleich ist die Frau Hauptmann zu uns herüber und hat weiß Gott wie geschimpft, aber da ist es sogar unserer Mutter zu dumm geworden, und sie hat gesagt: »Ja no, das Fräuln Vera ist doch eine ausgewachsne Person! Wos frogt's denn do Kinder? Dö wissen's doch net.« Da ist die Frau Hauptmann beleidigt abgezogen. Wir sind froh gewesen, daß sie sich eine Zeitlang nicht mehr sehen gelassen hat. Und wie wir uns also über ihre Schäbigkeit bei unserem Blumenbringen gewurmt haben, hat der Kaschpa uns eine große Flasche Baldrian gegeben und gesagt, die sollen wir insgeheim nach dem Gebetläuten rund um das Retterhaus herum ausgießen. Das hat aber vielleicht jede Nacht so eine Katzenmusik da drüben gegeben! Kein Wassergießen und Steinwerfen, nichts, radikal gar nichts hat die bremsig gewordenen Katzen vertreiben können. Die ganzen Retters, der Herr Hauptmann und sie und die Vera, haben gesagt, rein nervenkrank sind sie, und auf das hin sind sie auf drei Wochen ins Gebirg zur Erholung gefahren.

Um dieselbige Zeit ist in der Wirtschaft neben uns, dem »Tutzinger Hof«, eine Pächterin aufgezogen mit Namen Frau Selzle. Geheißen hat es, daß sie eine Witfrau ist, aber geschäftstüchtiger wie der beste Wirt. Stramm und gut rund um und um ist sie gewesen, und jeden Tag hat sie sich recht sauber herausgeputzt. Sehr leutselig war sie, reden hat sie können wie ein Wasserfall, ihr Bier und ihr Essen ist überall gelobt worden, und weil sie mit jedem Mannsbild ausnehmend gut umgehen hat können, ist in ihre Wirtschaft schnell ein richtiger Schwung hineingekommen.

Auch zu uns Kindern war die Frau Selzle sehr nett und hat einmal gesagt: »Geh, Kinder, brockts mir doch auch einmal ein paar Büschel Blumen.«

»O ja, jaja«, haben wir gesagt, und sie wiederum sagt: »Ich geb euch auch was dafür.« Sofort sind wir hinterm Dorf in die Goldnerwiese, und jeder hat gleich zwei Büschel Blumen gebracht. Hingegen, wie man sich doch oft täuschen kann! Wir haben gemeint, die nette Frau Selzle laßt sich nicht lumpen und ist vielleicht genauso freigebig wie das Fräulein Knecht, und was gibt sie uns? Jedem bloß eine einzige dünngeselchte Wurst, wo bloß fünf Pfennig gekostet hat und kaum so lang war wie ein kleiner Finger von einem Weiberts! Nicht nur hundsknniggerisch ist das gewesen, es war auch direkt grausam. Wo wir doch geselchte Würste über alles gern mögen und, wenn wir einmal einen Geschmack davon gehabt haben, gleich hundert essen hätten können!

Der Frau Selzle ist gar nichts aufgegangen, wie wir noch stehengeblieben sind und sie sonderbar angeschaut haben. »So, Kinder, brav seid ihr gewesen«, hat sie bloß gesagt und sich gleich wieder an ihrem großen Herd zu schaffen gemacht. Draußen auf der Straße hat der Martl als erster gesagt, sie ist ein ganz geiziges Luder, der bringen wir nichts mehr. Eher werfen wir unsere Blumen vor ihr weg, wenn sie uns drum anbettelt, hat die Nanndl gemeint.

Wie wir so dastehen und uns von dem würzigen Geschmack der Wurst schier das Wasser im Maul zusammenlauft, sehen wir, daß die Frau Selzle die Blumen in hohen Gläsern an die offenen Wirtshausfenster stellt. Wir haben eine Zeitlang gewartet, bis sie wieder hinten in ihrer Kuchl war, sind hingeschlichen und haben unsere Blumen wieder genommen.

»Herrgott!« schlage ich tollkühn vor, weil ich noch voller Gier auf eine weitere Wurst gewesen bin, »wißt's wos? – Jetzt tragn mir s' ihrer wieder nei in d' Kuchl, nachher gibt s' üns vielleicht noch oane.« Doch die Nanndl und der Martl haben gesagt, das bringt uns ganz bestimmt auf, weil sie die Blumen gleich wieder in die Wirtsstube tragt und dann sieht, was passiert ist.

Auf das hin haben wir es uns anders überlegt. Wir sind ans Seeufer nach Unterberg hinunter und haben, wenn die es auch gar nicht gewollt haben, ganz fremden Ausflüglern die Hand gegeben und sie freundlich gegrüßt. Verschiedene sind ganz baff gewesen, weil wir ihnen ganz frech die Blumen hingehalten und gesagt haben: »Ein Zehnerl bloß. Bloß ein Zehnerl.«

»Hochmut aber«, haben wir in der Schule gelernt, »kommt zum Fall.« Dieses alte Sprichwort ist leider schon ein paar Tage drauf an uns hinausgegangen. Nämlich wie wir der Frau Selzle wieder die Blumen vom offnen Fenster wegstehlen haben wollen, ist dummerweise ein Glas umgefallen. Es hat einen Kracher getan, und das hat uns verraten. Schon ist die Frau Selzle von ihrer Kuchl in die Wirtsstube gekommen und hat laut aufgeschimpft: »Ja, ihr Saubengel, ihr lausigen! So eine Frechheit ist mir doch noch nie vorgekommen!« Gleich haben wir Reißaus genommen, aber dummerweise bin ich dabei gestolpert und hingefallen. Die Frau Selzle hat mich erwischt, mir eine Watschen gegeben und drauflosgeschrien: »Da bleibst, du Lauser, du frecher!« Ich habe sie recht wehleidig angeschaut und ganz unschuldig gelogen: »Mir haben ja gor net dö Bleamin wolln, sondern den schöna Schmetterling, der wo aufm Fensterbrett gwen is.«

»Also da hört sich doch alles auf!« ist sie noch zorniger geworden: »So frech lügn! Was hast denn dann in der Hand?« und gleich ist sie mit mir zu uns hinüber.

»Bäckervater, also so was Freches«, hat sie angefangen und auf unseren Vater eingeredet, daß der gar nicht zum Wort gekommen ist.

»Saubua!« hat er bloß gesagt und mir eine einzige Watschen gegeben, denn dieses viele Reden von der Frau Selzle hat seinen schnellen Zorn weggewischt, und er hat zum Ärger der Wirtin bloß noch gesagt: »Ja no, es san hoit Lausbuabn und macha lauter so Dummheitn.« Er hat mich halbwegs verwarnt, aber, komisch, wie die Frau Selzle draußen und weg war, haben er und unsere Mutter doch ein bißl lachen müssen und den Kopf geschüttelt: »Hm-ha, dö Dümmern seid's ja ös noch lang net... Wia enk bloß dös wieda eigfoin is.« Fast hat es ausgeschaut, als wie wenn ihnen unsere Idee, der Selzle die Blumen zu bringen, sie ihr wieder zu stehlen und ganz frech von neuem bringen, ein klein bißl imponiert hätte. Trotzdem aber hat es mir der Vater alsdann doch streng verboten. Leider aber hat der Martl hübsch Prügel gekriegt daheim. Wegen dem haben wir der Frau Selzle an einem Samstag, wie sie grad die Wirtsstube blitzblank herausgeputzt gehabt hat, durch die offenen Fenster ganze Haufen nasse Mistbatzen hineingeschmissen und sind in größtem Galopp auf und davon. Hinten draußen, wie wir durchs Enztal nach Unterberg hinuntergelaufen sind, haben wir sie klagen und plärren hören, aber machen hat man uns nichts können, weil wir erst nach ungefähr zwei Stunden vom Baden heimgekommen sind und getan haben, als wie wenn wir da die ganze Zeit gewesen und überhaupt nicht am »Tutzinger Hof« vorbeigekommen wären.

Wie eine Furie, haben sie beim Kramerfeicht und bei uns erzählt, ist die Frau Selzle dahergekommen und hat gesagt, das können bloß wir Lausbuben gewesen sein, kein Mensch im Dorf sonst will ihr was Böses; geweint, geklagt, geschimpft und gedroht hat sie, daß es schon fast ekelhaft geworden ist. »Mei Liaba, dö hot Hoor auf dö Zähn, wenn s' a noch so oft recht süaß und freundli tuat«, hat unser Vater über sie gesagt: »Dö is imstand und hoit an Schandarm wega jedn bißl.«

Über das, daß sie uns gleich verdächtigt hat, haben wir uns geärgert und immer wieder gesagt: »Ja, Herrgott, wos will denn dö vo üns? Mir san doch den ganzn Tog beim Bodn gwen. Und jetz tat sie ois auf üns schiabn! Mir wolln dera Madam ganz gwiß nix mehr!« Hinwiederum etliche Wochen später haben wir hinten in ihrem Garten ihre aufgehängte Wäsche vollauf mit Ruß angestaubt und sind in unseren Heustock hinauf. Da haben wir ihre Jammertation gehört. Wahrscheinlich aber, weil ihr beim letzten Mal das Aufhetzen nicht hinausgegangen ist, ist sie diesmal nicht mehr zu uns und zum Kramerfeicht gekommen.

»So«, hat der Martl gesagt, »jetz is s' gstraft gnua. Jetz konn's üns gern ham, dös damisch Luader.« Und ich habe unserem Vater recht gegeben und gesagt, freundlich ist die gar nicht, drum verdient sie auch von uns keine Freundlichkeit nicht.

Die Firmung

Wie der Baron Minor die »Maxhöhe« gekauft hat und dort eingezogen ist, haben wir Fünftklaßler in der Religionsstunde gerade Unterricht über unsere Firmung gehabt. Die »Maxhöhe« ist eine ziemlich große Villa zwischen Siebichhausen und unserem Pfarrdorf Aufkirchen gewesen, fast schon ein Schloß, bloß ein Turm hat ihr gefehlt. Ganz einschichtig ist sie in einem umfänglichen Park mit dicht zusammengewachsenen alten Tannenbäumen gestanden, daß man gar nichts von ihr gesehen hat. Der hohe Gitterzaun mit der undurchsichtigen Hecke dahinter ist schon arg verrostet gewesen und hat da und dort Löcher gehabt. Da sind wir oft durchgeschloffen, haben im Park Indianer gespielt oder sind aufs Dach gestiegen und da droben herumgekraxelt, aber sonst haben wir nichts weiter machen können, denn die drei weißen Kamine sind sehr hoch gewesen und waren mit glatter Ölfarbe gestrichen, daß wir immer ausgerutscht sind, wenn wir hinaufsteigen haben wollen. Drunten herum ist's auch nicht anders gewesen: Alle Fenster und Türen der Villa waren mit festen Fensterladen geschlossen, die Stallung und Wagenremise und das Brunnenhaus sind genauso abgesperrt gewesen, sogar mit starken Eisengittern an den Fenstern.

In der »Maxhöhe« hat schon lange kein Mensch mehr gewohnt, und man hat überhaupt nicht gewußt, wem sie eigentlich gehört. Der Minor hat da sehr schnell Leben hineingebracht und alles neu herrichten lassen, den Zaun, die Wege, Stallung und Brunnenhaus und das Inwendige von der Villa. Er ist ein Junggeselle oder vielleicht auch ein Witwer gewesen, und wenn er auch hochdeutsch geredet hat und jeden Tag städtisch angezogen gewesen ist, gleich hat er sich beliebt gemacht, weil er alles von Einheimischen richten hat lassen. Hübsch reich muß er sein, hat es geheißen, und der Maurermeister Himsel, der Zimmermann Strobl von Bachhausen, der Spengler Hoschka von Starnberg und unser alter Schreiner Wammetsberger haben alle gesagt, kniggerisch ist er durchaus nicht, im Gegenteil, schon eher hochnobel, barzahlen tut er, und abhandeln gibts's bei ihm nicht, und wenn einer mit der Rechnung kommt, kriegt er etliche Glas Schnaps und eine hochfeine Zigarre. So was von einem legeren, handsamen Menschen wie der Baron, hat der Himsel bei uns im Laden gesagt, das trifft man ganz selten. Den Much-Girgl von Mörlbach und seine zaundürre, bissige Alte hat er als Gärtner und Hausmeister genommen, und der Jachim-Jakl vom Kreuzweg, der wo bei der Kavallerie gedient hat, ist dem Baron sein Stallbursch und Kutscher geworden und hat wunderschöne Reitstiefel und eine dunkle Uniform bekommen. Bloß seinen alten, steifen Leibdiener, die faßdicke Köchin und die Jetti, das Küchenmädchen, hat er selber mitgebracht, der Minor. Alsbald hat man ihn mit dem Jakl herumreiten sehen, oder der Jakl hat ihn im Landauer spazierenfahren müssen. Dieses ist selbstredend dem Jakl schnell in den Kopf gestiegen, und er hat auf einmal angefangen, hochdeutsch zu reden und überhaupt recht fein getan, als wie wenn er gar nicht von unserer Gegend gewesen wäre, aber dem Baron ist es durchaus nicht auf dieses komische Feinsein angekommen, sondern auf ganz was anderes. Er ist beim Herumreiten meistens vor einem Wirtshaus abgestiegen und mit dem Jakl in die Stube gekommen, hat Brotzeit mit ihm gemacht und sehr interessiert zugehört, wenn sich Einheimische unterhalten haben, und alsdann den Jakl immer gefragt, was das und das heißt. Die am andern Tisch haben schnell gemerkt, was er will und recht einladend zu ihm und dem Jakl hinübergeschaut und geblinzelt und leicht gelacht, kurzum, der Baron hat für die Leute etliche Maß Bier bringen lassen, und man ist zusammengehockt.

»Bitte, nur nicht genieren, Herrschaften«, hat er gesagt, der Baron, und dem Jakl aufgetragen, er soll sagen, die Leute sollen ganz so reden, wie ihnen der Schnabel gewachsen ist. Gemeint hat er, der Baron, er ist bloß für den Bauernstand und für das Unverfälschte, Echte und Brauchmäßige. Dieses sonderbare Wirtshauseinkehren und splendide Bierzahlen hat sich natürlich schnell herumgesprochen.

»Hmhm, auffällig so was, auffällig«, haben verschiedene Mißtrauische gesagt und gemeint, ob er vielleicht gar was Bestimmtes damit im Sinn hat, der Baron, so mir nichts, dir nichts zahlt einer doch nicht Bier für Leute, die wo er gar nicht kennt. Es hat sich auch schnell gezeigt, daß man das Richtige gerochen hat. Nämlich damaliger Zeit ist, wie uns der Vater erzählt hat, Reichstagswahl gewesen, und der Minor war drauf aus, daß er da hineingewählt wird. Immer auffälliger hat es ihn herumgetrieben. Mit unserm hochwürdigen Herrn Pfarrer ist er oft beisammen gewesen, und an jedem Sonntag, beim Hochamt, ist er ganz vorn in seinem Betstuhl gekniet und hat so ein ernstes und frommes Gesicht geschnitten, als wie wenn er überhaupt nichts kennt wie die Andacht. Auch bei unserm Bürgermeister und bei verschiedenen großen Bauern ist er gewesen und hat – wie es bei uns heißt – für seine Interessen um gut Wetter angehalten. Nichts, hat er gesagt, liegt ihm so am Herzen als wie die Hebung und Besserstellung des Bauernstandes, und wenn er gewählt wird, sorgt er ganz energisch dafür. Sogar in zwei Versammlungen hat er mit einem anderen fremden Herrn gesprochen, und gesagt ist worden, er macht es ausgezeichnet. Recht lustig ist es gewesen, haben die Leute erzählt, wie er hie und da ein paar bayerische Brocken in seiner Rede gesagt hat. Gerade das hat gezogen. Rundherum in der Gegend hat man von ihm geredet, und wenn er in ein Wirtshaus gekommen ist, hat sich jeder ungemein freundlich zu ihm hinaufgelassen und gefragt, wann er wieder eine Versammlung macht, er bringt alles so schön daher, und sicher wählen sie ihn.

Auch ich habe vom Herrn Baron einen schönen Vorteil gehabt, denn jede Woche hat mir die Köchin für das Brothinbringen fünfzig Pfennig gegeben, und wenn er mir zufällig mit dem Jachim-Jakl begegnet ist, hat er mich von seinem Gaul herab freundlich gegrüßt und gesagt, ich bin ein strammer Kerl, das gibt einmal einen guten Soldaten, vielleicht komm ich zur Kavallerie und kann auch einmal so herumreiten. »Meinst net auch, Jakl?« hat er den gefragt, und der hat ein recht protziges, ernstes Gesicht gemacht und gleich drauf geantwortet: »Jawohl,

Herr Baron! Möglicherweis ...« Mich hat er dabei überhaupt nicht angeschaut, der hochnasige Depp, daß man schier gemeint hat, er ist der Baron. Wie ich das daheim erzählt habe, hat unser Vater gemeint, der Jakl hat doch bloß beim Militär was getaugt, daheim bei der Arbeit aber keinen Pfifferling, und er wundert sich, daß der Baron mit ihm so zufrieden ist, hinwiederum gegen dem seine Freundlichkeit ist er mißtrauisch gewesen.

»Freundlich sind andere Herrschaften auch«, hat er gesagt, und er wählt ihn nicht, weil er nie was von den Geschäftsleuten verlauten laßt. Doch der Sattler von Siebichhausen, der wo dazumal grad bei uns auf der Stör gewesen ist, hat gleich dagegen geredet und sich für den Baron ins Zeug gelegt. »Freundlich vielleicht schon, Beck«, sagt er, »aber net so hochnobel und leger wie der Herr Baron.« Und alsdann hat er erzählt, daß er insgeheim vor drei Wochen den Jachim-Jakl einmal gefragt hat, ob er vielleicht meint, daß der Herr Baron seinen zwei Buben den Firmpaten machen täte.

»Und wos sog i, Beck? Scho am drittn Tog sogt der Jakl zu mir, i konn ungeniert kemma zum Herrn Baron. I bin in d' Maxhöh in mein schönen Gwand. Der Fingerl, der Leibdiener, hot mi grod net arg freundlich ogschaugt, aber gmeldt hot er mi nachher doch, und glei drauf is der Herr Baron daherkemma und hat gsogt: ›Aber natürlich, Herr Holzinger, natürlich, sehr gern mache ich den Paten für ihre Jungs!‹ Wos sogst jetz do, Beck, ha?«

Das hat auch unseren Vater baff gemacht, und weil der Sattler überall als abgefeimter, pfiffiger Tropf bekannt war, hat er ihn belobigt: »Du bist doch a ganz a durchtriebner Bazi, Hansgirgl, hmhmhm. Aber mich freut's, weil sich die ganzn Bauern net schlecht ärgern drüber.« Das hat auch gestimmt. Aber eine Dummheit ist dem Sattler doch bei seinem Glück unterlaufen. Er hat auch überall erzählt, daß sich der kreuzgute Herr Baron bei ihm erkundigt hat, was bei so einer Firmung alles zu machen ist. Auf das hin haben die Bauern verlauten lassen, er ist vielleicht gar kein Katholik nicht, der Baron, er hat vielleicht einen ganz falschen Glauben und ist ein Lutherischer, und er stellt sich bloß so, daß er gewählt wird. Dieses ist dem guten Herrn Baron zu Ohren gekommen und hat ihn sehr verschnupft. Er hat sich beim Hochwürdigen Herrn Pfarrer und beim Bürgermeister beschwert und alsdann auch noch einen Artikel im Starnberger ›Land- und Seeboten‹ drucken lassen, daß er und seine Vorfahren immer Katholiken gewesen sind, und wenn wer noch einmal was anderes behauptet, den zeigt er an. Da hat das hinterlistige Herumreden aufgehört, aber insgeheim ist doch ein Mißtrauen hängengeblieben, und der Schmaunzbaur hat gesagt, bei der Firmung stellt sich schon heraus, ob es mit unserem Glauben beim Baron weit her ist.

So, und alsdann ist also der Firmtag gekommen. Da haben aber die protzigen Bauern Augen gemacht. Da hat der Baron ihren ganzen aufwendigen Glanz übertrumpft. Nämlich, wie sie mit ihren frisch gewichsten Chaisen an der Klostermaier-Wirtschaft von Aufkirchen vorbeigefahren sind, ist der Baron gleich vierspännig in seiner nagelneuen, geschlossenen Chaise dahergesaust, die wo brandrot lackierte Gummiräder gehabt hat. Vorne auf dem hohen Bock ist der Jachim-Jakl gehockt in seiner schwarzen Uniform und hat sogar einen Zylinder aufgehabt. Die Chaise ist außen herum mit Girlanden geziert gewesen, und aus den blanken Fenstern haben die zwei Holzingerbuben ganz frech geschaut und gelacht, weil der Jakl alle überholt hat. Voller Wut hat der Müller von Bachhausen dem Jakl zugeschrien, ob er vielleicht meint, die Firmung ist ein Maschkererzug, aber der Jakl hat ihn gar nicht angeschaut und ist noch schneller vorbeigesaust.

Als allererster ist der Baron von Wolfratshausen angekommen und hat nicht ausspannen lassen beim Humpelbräu, sondern ist wie der König langsam herumgefahren, bis die anderen gekommen sind. Überall sind die Leute zusammengelaufen und haben das hochfeine Fuhrwerk angestaunt. Erst nachdem alle dagewesen sind, ausspannen haben lassen und mit ihren Firmlingen dahergekommen sind, ist auch er mit den Holzingerzwillingen zum Vorschein gekommen und militärisch stramm und würdig mit ihnen in die volle Kirche gegangen. Bei der ganzen prachtvollen, feierlichen Firmung hat alles bloß Augen gehabt für den feinen Herrn, dem sogar der alte, weißhaarige Bischof freundlich zugenickt hat. Gesagt ist worden, der Bischof und der Baron sind miteinander bekannt, und da haben die Bauern einen Respekt bekommen, aber einen ganz und gar grimmigen. Direkt mit Luchsaugen haben sie alles verfolgt, was der Baron tut, aber er hat absolut nichts falsch gemacht. Es ist auch alles sehr schnell gegangen, weil der hochwürdige Herr Bischof vielleicht besser gewesen ist wie ein Junger und weil soviel Firmlinge dagewesen sind. Wie der Baron nachher mit seinen Firmlingen im Betstuhl hingekniet ist, haben sich aber doch etliche Bauern zugeblinzelt, wahrscheinlich, weil er seine Hände so spitzig zusammengefaltet hat, wo es doch bei uns der Brauch ist, daß man die Finger leger ineinander verschränkt und den Rosenkranz dabei hat. Hingegen der Baron hat auf einmal ein ledergebundenes rotes Gebetbuch gezogen, andächtig hineingeschaut und lispelnd gebetet. Wiederum ist ihm also wegen seiner Andächtigkeit nichts Schlechtes nachzusagen gewesen, im Gegenteil! Jeder hat gemerkt, daß die Weiberleut drüben in den Betstühlen sehr eingenommen waren von dem feinen, frommen Herrn. Deswegen vielleicht hat sich der Bürgermeister, wie man aus der Kirche gegangen ist, mit seinem Firmling, dem Neuchl-Franzl von Farchach, dem Baron angeschlossen und ist mit ihm zum Humpelbräu hinein. Da ist schon fast jeder Tisch voll gewesen, und es ist bereits recht esserisch zugegangen, aber der Humpelbräuwirt hat sehr kulant dafür gesorgt, daß der Baron und der Bürgermeister mit ihren Firmlingen Platz gekriegt haben. Dem Baron ist es ganz recht gewesen, daß er mitten unter die Leute gekommen ist, und er hat sehr leutselig gegrüßt und zum Bürgermeister gesagt: »Na jetzt fängt also das Beste an, was, Herr Bürgermeister?«

»Jaja«, sagt der, »jetzt werd amoi gessn und trunka, wia's der Brauch is.« Und, meint er, die Buben werden schon hübsch Appetit haben.

»Na, also. Nun, Jungs, nun greift man tüchtig zu«, hat auf das hin der Baron freundlich gesagt, wie die Kellnerin eine gehäufte Schüssel mit dampfenden Weißwürsten und drei volle Maßkrüge in den Tisch geschoben hat, aber er ist doch ein wenig stutzig geworden über das viele Bier, wodrauf die Wally gleich gesagt hat: »Für drei Personen, net wahr? Für Sie und dö Bubn?«

»Jajajaja, natürlich, natürlich«, hat der Baron ein wenig verlegen gestottert, sich aber gleich wieder erfangen und mit einem gefrorenen, kulanten Gesicht gesagt: »Aber, bitte, kann ich Teller und Besteck haben?« Alsdann hat er sich zwei Weißwürste von der Platte gegabelt, sie zerschnitten und langsam gegessen. Jeder hat sehen können, daß sie ihm gar nicht schmecken.

Ich kann mich noch gut erinnern, wie neidisch und verdrossen ich auf die Holzingerbuben geschaut habe. Mein geiziger, ekelhafter Firmpate Roßkopf aus München nämlich hat bloß eine Halbe Bier kommen lassen, wo ich mittrinken habe dürfen, und für sich und mich hat er je ein windiges Paar Weißwürste bestellt. Etliche am Tisch haben mich deswegen fast mitleidig angeschaut, und ich habe mich halb totgeschämt und gegiftet. Die Holzingerbuben dagegen, der Franzl und der Beni, die haben gleich tellergroße Augen gekriegt, und ohne weiter auf den Baron aufzupassen, sind sie her über den Berg Weißwürste. Gebampft und geschmatzt haben sie auf Hautsdrein und schon ganz alert und frech wie Mannsbilder ihre vollen Maßkrüge angesetzt. Schier die Augen hat es ihnen beim Trinken herausgetrieben, und ihre Gesichter sind vom schnellen Hineinwürgen der Würste und Laugenbrezen schwitzglanzig geworden. Recht herabmindernd spöttisch und protzig haben sie einmal von ihrem Platz aus auf mich geschaut. Wenn es möglich gewesen wäre, hätte ich am liebsten sie und meinen schundigen Paten in die Luft gesprengt vor lauter Wut und Genieren. Ganz besonders hat es mich gewurmt, daß der Baron, scheint es, das Essen und Trinken vom Franzl und Beni sehr gern gesehen hat und ihnen auch noch immer zugeredet hat, wahrscheinlich, weil ihm der Bürgermeister und die Bauern gesagt haben, daß es so Brauch ist. Seit ewiger Zeit heißt es nämlich, daß sich bei einem Buben nach der Firmung das Mannsbildersein anzeigt, und das sieht man am besten daran, was für einen Haufen Weißwürste und für ein Quantum Bier er vertragt.

»Interessant, sehr interessant!« hat der Baron freundlich genickt und gleich wieder etwas lauter davon angefangen, daß er durchaus für echtes Bauern- und Brauchtum ist.

»Und so Jungs im Heranwachsen, die vertragen ja auch allerhand«, sagt er, und ganz aufgegleimt hat er den Holzingerbuben schon wieder zugeredet: »Was, Benno, was, Franz? Schmeckt's? Ja?«

»Ja, Herr Baron, und wia!« hat der Franzl gelacht, hat den Brocken von seiner Brezen hinuntergewürgt und zum Maßkrug gegriffen wie ein Alter, und der Beni hat gerade die letzte Weißwurst ins Maul geschoben, hat die Lippen fest aufeinandergepreßt und gebissen, daß der Wurstsaft dem Lechner von Aufhausen ins Gesicht gespritzt ist. Der hat gelacht und hat lustig gesagt: »Jaja, Buabn, freßt's und sauft's nur, daß z'a Flaxn kriagts!«

»Fl-Flachxen? – Flachsen, was ist das? Was meint man da?« hat sich der Baron geschwind erkundigt und gefreut: »Soso, Kraft! Muskeln, soso? Ausgezeichnet, sehr interessant!« Ein wenig baff aber hat er doch auf die leere Platte geschaut, sich aber schnell wieder gefaßt, indem daß er die Holzingerbuben belobigt hat: »Donnerwetter, Jungs! Respekt vor eurem Appetit! Noch eine Ladung, ja!« Statt den Buben hingegen hat der Lechner gesagt: »Jaja, Herr Baron, do geht schon noch guat a so a Plattn voll. Ganz guat!« Und schon hat die Unterbräu-Wally wiederum eine volle in den Tisch geschoben. »So, eßt nur, Jungs, eßt!« hat der Baron ein bißl seltsam gesagt. Vielleicht war er auch verlegen und hat nicht recht gewußt, ob er sich noch einmal dazu zwingen soll, wenigstens ein Paar Weißwürste zu essen. Wahrscheinlich um darüber wegzukommen, hat er ein leutseliges Zuprosten angefangen und mit gewaltsam fidelem Gesicht seinen Maßkrug an den vom Bürgermeister, vom Lenzbauer von Siebichhausen und den anderen Bauern am Tisch gestoßen, indem daß er das schöne Firmungsfest und wiederum den Bauernstand gelobt hat. In dem Augenblick aber hat sich der Firmling vom Lechner, der dicke Demmler-

Wastl von Bachhausen, erbrochen und schon gleich so arg, daß seine ganze Ladung über dem Herrn Baron seinen feinen dunklen Anzug gespritzt ist. Das ist demselbigen denn doch zu bunt geworden. Er ist wütend weggerückt und aufgesprungen, hat ein ganz ekelhaftes Gesicht gemacht und bloß herausgebracht: »A-Aber, aa-aber, Herrschaften! Wa-was ist denn das ...?« Fuchsteufelswild hat er auf den Lechner geschaut, und der hat sich schon halbwegs entschuldigen wollen, aber da hat vom dritten Tisch her der Schmaunzbaur, der wo seinerzeit das mit dem Lutherischsein vom Baron aufgebracht hat, saugrob herübergeschrien: »So geht's hoit zua bei ara christkatholischen Firmung, Sie feiner Herr, Sie! Do braucha S' net so schrein!« Da ist es rundherum recht ungemütlich und krawallerisch geworden. Der Bürgermeister ist aufgestanden und auf den streitsüchtigen Schmaunzbaur zugegangen, die Wally hat den verärgerten Baron mit einem dampfenden Spüllumpen abgeputzt, und der Demmler-Wastl ist unter den Tisch gerutscht und hat hundselendiglich gewimmert.

»Das geht denn doch zu weit, meine Herrn!« hat der Baron auf die am Tisch hineingeschimpft und es ganz besonders auf den Lechner abgesehen: »So eine unsinnige Völlerei! Das ist doch gesundheitsschädlich!« Keiner hat einen Muckser verlauten lassen, die Wally hat gewischt und gewischt mit ihrem warmen Lumpen, und vorne hat der Bürgermeister den Schmaunzbaur kurz und streng zurechtgewiesen, und weil derselbe immer wieder geplärrt hat, was der Brauch ist, ist einfach der Brauch, hat er ihn grob auf seinen Sessel niedergestoßen, was hinwiederum bloß Aufregung gemacht hat. Schon deswegen, weil der Baron auch sein Maul nicht gehalten hat und noch schauriger geschimpft hat: »Ich bin gewiß für echte Bräuche, aber so was kann doch nicht im Sinne einer so schönen, heiligen Handlung wie der Firmung sein. Das – das –« Weiter ist er nicht gekommen, und ich habe gerade noch gesehen, wie mich mein geiziger, ängstlicher Firmpate aus der Humpelbräustube gezogen hat, daß es den Holzinger-Franzl vornüber in den Tisch geworfen hat, und alles ist aus ihm heraus. Hinter uns hat es schon gelärmt und gepoltert wie bei einer Rauferei oder einer Feuerwehrübung.

»Abscheulich! Abscheulich!« hat mein schundiger Pate gemurrt und mich auf der Straße weitergezogen: »Da siehst du's, wohin so was Unmäßiges führt! So ein junger Magen vertragt doch so was nicht!« Mir aber hat dabei der Magen geknurrt. Schier umbringen hätt' ich ihn können, den windigen Zwei-Weißwurst-Knigger, und wenn es auch geheißen hat, der Heilige Geist ist in der Firmung in uns hineingezogen, ich hab keinen Pfifferling davon gemerkt.

»Und so was Unkultiviertes, wie sie mit dem Herrn Baron umspringen, pfui Teufl!« hat der Schundniggl von einem Paten gebenzt: »Geh weiter, geh! Geh weiter, sonst versäumen wir den Zug auch noch!« Mich hat er nämlich nach München mitgenommen, zum Bundesschießen, wie er gesagt hat. Aber ich bin trotzdem, wo er so getrieben hat, am Straßeneck noch kurz stehengeblieben, denn grad ist der um und um besudelte Baron Minor aus der Humpelbräustube gerennt, auf seine Chaise zu und hinein. Gleich hat der Jachim-Jakl die vier Rösser angetrieben, und losgefahren ist er im schärfsten Trab.

»Ah, und an Franzl und an Beni hot er gor net mitgnomma!« hab ich noch gesagt und mich darüber gefreut: »Grad recht geschiechts eahna, weils so protzt hobn.«

Wie es der Brauch war, haben die zwei Holzingerbuben vom Baron auch je eine Uhr bekommen, sogar die schönsten sind es gewesen, zwei goldene Sprungdeckeluhren, aber sonst hat ihr Herr Pate sich nicht mehr hören und sehen lassen seitdem. Gesagt soll er haben, er hat alle Einheimischen satt, und gewählt ist er auch nicht worden. Dieses wiederum hat unseren Vater sehr gefreut.

»Do hot er's jetzt, der noble Herr, weil er sich gor a so ogschleimt hot bei ünserne Herrn Baurn. Mir Gschäftsleut san eahm ja zu minder gwen, dem hirnvernogltn Postenhengst«, hat er zum Sattler gesagt, der wo einmal ganz zertrümmert zu uns gekommen ist, und gemeint hat er, was er denn so saudumm daherklagt, der Holzinger, er ist doch der Gescheitere von allen gewesen und hat doch bei der ganzen Gaudi den schönsten Profit gemacht.

Die zwei schwer vergoldeten Sprungdeckeluhren sind doch unter Brüdern ihre zweihundert Mark wert. Das hat dem Sattler sofort eingeleuchtet, und er hat vollauf zufrieden gesagt: »Jetz du, Beck, host ebn an richtigen Verstand. Überoi kimmt's bloß aufn Profit o, auf sunst gor nix!«

Warum man den Johann Roßkopf, einen Vetter von uns, der in München eine Zigarrenhandlung en gros und en détail gehabt hat, als meinen Firmpaten genommen hat, weiß ich nicht. Denselben hat nämlich keiner von uns besonders mögen, weil er ein ungemein kniggerischer Geizhals gewesen ist. Abschlagen hat er das Patenmachen nicht können, weil wir eine sehr gute Kundschaft von ihm gewesen sind, aber man hat es ihm von seinem muffigen Gesicht ablesen können, daß er sich schon insgeheim ausgerechnet hat, wie er dabei am billigsten wegkommt, denn jeder Firmling hat von so einem Paten eine Uhr bekommen und ist in Wolfratshausen ausgespeist worden von ihm.

Mir ist der Roßkopf grundzuwider gewesen, und das nicht bloß wegen seinem Geiz. Bei so städtischen Leuten hat man sich immer gleich recht ordentlich und brav stellen müssen. Das ist mich immer hart angekommen.

Alles hat schon recht ungemütlich angefangen. Mein Herr Pate ist aus der Stadt herausgekommen zu uns, ist über Nacht geblieben, und am andern Tag in aller Frühe um fünf Uhr hat mich meine Mutter schon aufgeweckt, und wie ich frag, wie jetzt das?, da hat sie gesagt, der Roßkopf geht mit mir nach Wolfratshausen. »Er geht? Ja, hm – mir fahrn nicht?« hab ich gefragt, denn damaligerzeit sind die einheimischen Firmpaten, ganz gleich ob Häusler, Handwerker oder Bauer, immer mit ihren schönsten Chaisen zum Firmort gefahren. Keiner hat sich dabei lumpen lassen. So, und ich – ich? Schon hat mir gegraust, denn wenn auch der Herr Roßkopf recht süßmäulig versprochen hat, ich darf gleich nach der Firmung mit ihm nach München zum »Großen deutschen Bundesschießen« hinein, von Berg nach Wolfratshausen geht ein ausgewachsenes Mannsbild gutding seine drei Stunden, und außerdem habe ich mir schon ausgemalt, wie meine anderen Schulkameraden, die an mir vorbeifahren, aus den schönen gewichsten Bauernchaisen heraus spötteln und mir womöglich die Zunge herrecken werden. Schon beim Aufstehen hab ich mich geschämt deswegen, aber dazu hat man mir gar keine Zeit nicht gelassen.

»Soso, Oskarl, so jetzt mach nur, geh, geh nur, daß wir zur rechten Zeit hinkommen!« hat mein Pate gehetzt, und in aller Schnelligkeit habe ich mich anziehen müssen. Gott sei Dank, so früh sind noch keine Firmungsfuhrwerke auf den Straßen gewesen, und mein Herr Pate ist so schnell gegangen, daß ich kaum nachgekommen bin. Fort und fort hat er gesagt: »Geh nur, Oskarl, geh nur. Wenn die Sonne rauskommt, wird's recht warm!« Wenn sie bloß schon rauskommen täte, habe ich voll inwendigem Zorn gewünscht, wenn sie nur schon brennen täte, daß dem windigen Herrn Paten seine ganze Hemdbrust und sein Stärkekragen windelweich werden würden! Trotzdem, daß ich eigentlich vor der heiligen Firmung keine so höllischen Gedanken haben hätte sollen, sie sind mir im mühseligen Dahingehen einfach heraufgestiegen wie das reinste Gift.

Hinterhalb Aufhausen ist es noch ekelhafter geworden. Da sind schon die ersten Fuhrwerke dahergekommen, und – richtig – der Lenzbauern-Schorschl von Siebichhausen, dem wo der Müller von Bachhausen den Firmpaten gemacht hat, er ist gleich in der vorbeirollenden Chaise aufgestanden und hat recht frech geschrien: »Do schaug, der muaß laaffa! Hällibätsch, Oskar, Hällibätsch, i derf fahrn!« Alsdann hat er mir, genau wie ich es gefürchtet habe, die Zunge herausgebleckt. Der Herr Roßkopf aber hat auf das hin bloß zu mir gesagt: »Das sind ja nette Schulkameraden! So was Unkultivierts, pfui!«

Dieses »Pfui!« hätte ich am liebsten zu ihm gesagt, dem ekelhaften Schundniggl. Und was tut der da? »Gehn wir lieber ein bißl im Holz drinnen, da ist's kühler. Und besser gehn tut man sich da auch«, sagt er. Ja, denke ich, ich weiß schon warum, aber machen habe ich natürlich nichts können.

Hungrig und durstig sind wir in der feierlich geschmückten Wolfratshausener Firmungskirche angekommen, grad noch recht zum Anfangen. Der Bischof war wirklich, wie ich später in einem Aufsatz geschrieben habe, eine »überirdisch wunderbare Erscheinung« in seinem goldstrotzenden Ornat, und die vielen leichten Bakkenstreiche und das Salben auf dem Hirn von einem jeden Firmling hat er so großartig gemacht, daß man direkt gespürt hat, wie der Heilige Geist durch einen fahrt. Nach dem Hochamt sind alle in die verschiedenen Wirtshäuser gegangen, und wir mit den meisten Leuten in die Humpelbräustube. Auf dem Weg dorthin hat mir mein Herr Pate, wie es der Brauch gewesen ist, meine silberne Uhr gegeben. Sie und die Kette haben sehr geglänzt. Ich habe mich gefreut und gedankt, wenn ich auch da und dort erhascht habe, daß andere Firmlinge viel größere und schönere und oft sogar Sprungdeckeluhren gekriegt haben. Alle sind insbesondere auf die zwei Holzingerbuben von Siebichhausen neidisch gewesen, weil die von ihrem hochfeinen Firmpaten, dem Baron Minor, goldene Sprungdeckeluhren bekommen haben. Ein Baron ist halt ein Baron. Da kann keiner mithalten.

In der Humpelbräustube ist es schon hoch hergegangen. Vollbesetzt sind die meisten Tische gewesen, überall hockten die lustigen Paten mit meinen Schulkameraden vor hochgehäuften Weißwursttellern, und jedes Mannsbild, jeder Bub hat gebampft, daß grad der Saft so herumgespritzt ist. Mir ist gleich das Wasser im Maul zusammengelaufen, und ich freute mich schon auf den schönen Schmaus. Mein Firmpate hat ein recht süßsaures Gesicht gemacht und um einen Platz herumgeschaut, welchen wir endlich neben dem Jani von Farchach an einen einschichtigen Tisch gefunden haben.

»So, Oskarl, jetz gibt's wos z'essn. Du wirst scho Hunga hobn vom langa Herlaufa«, hat der Jani versteckt spöttisch gesagt, und sein Firmling, der Pfisterer-Hans, hat mich recht komisch angeschaut.

Mein Herr Pate aber hat keine Unterhaltung aufkommen lassen und bloß eine Halbe Bier für uns zwei und für sich und für mich je ein Paar Weißwürste bestellt. Da hat der Pfisterer-Hans sein breites Maul noch weiter auseinandergezogen und erst recht gebampft, damit ich mich recht ärgern sollte.

»Nein, nein, Oskarl«, hat mein pfennigfuchserischer

Pate zu mir gesagt, »für so einen jungen Magen schon in aller Früh das Hineinessen, das ist gar nicht gesund.« In aller Früh? Und derweil ist es schon elf Uhr gewesen! Mein Magen hat rumort und schier vor Hunger gekracht, ingrimmig habe ich eine Breze genommen und hineingewürgt. Halb todgeschämt habe ich mich vor dem Jani und dem schadenfrohen Hans, und wie jetzt auch noch die Holzingerbuben neben ihrem hochfeinen Baron so hundsmiserabel höhnisch zu mir hergeschaut haben, da ist mir vor lauter Zorn fast der Appetit vergangen. Dabei sagt mein windiger Herr Pate auch noch: »Da trink, Oskar, aber halt dich ein bißl zurück beim Bier, ja?«

»Bei üns trinkt ma bloß Maßn«, hat da der Jani gesagt, und wie er gesehen hat, daß ich meine Weißwürste schon aufgegessen gehabt habe, hat er wiederum gesagt: »Do gehnga schon noch verschiedene Paar, Herr Nachbar. So Buabn, dö wo im Aufwachsn san, dö mögn essn ...«

Das hat mich gleicherzeit gefreut und geärgert, ich bin rot geworden und mein Herr Pate auch. Ganz gezwungen hat er mich gefragt, ob ich noch Hunger hab, und wie ich »ja« sag, hat er noch einmal ein Paar Weißwürste für mich bestellt, mich aber gleich wieder verwarnt: »Iß nur langsam, Oskar! Würg nicht so hinein, da wird dir womöglich schlecht.« Und wahrscheinlich weil er zeigen hat wollen, daß er ein splendider, feiner Mann ist, hat er lauter gesagt: »So, und nachher gehn wir. Ich nehm den Bubn nämlich mit nach München zum Bundesschießen.«

»Soso, jaja, i hob schon ghört, ganz großartig soll's do drinna sein«, sagt der Jani, und das hinwiederum hat mich doch ein wenig getröstet, weil sonst keiner da hinein hat dürfen. Da ist, wie ich vorhin schon erzählt habe, grad das passiert, wo der Demmler-Wastl seine ganze Ladung dem Baron Minor auf den feinen Anzug gespieben hat. »Bittschön, zahlen!« hat mein Herr Pate schnell gesagt und ist eilsam mit mir auf und hinaus, weil vorne beim Barontisch der Krach angefangen hat.

In München, wo ich bis dahin noch nie gewesen bin, ist es sehr schön gewesen, und wenn ich hundert Augen gehabt hätte, ich hätte doch nicht alles gleich gesehen.

Eine große Masse Menschen in Sonntagsgewändern ist überall auf den Straßen gewesen, kaum zum Durchkommen war es, und von all den hohen Häusern sind schwarzgelbe, weißblaue und schwarzweißrote Fahnen heruntergehängt, die Trambahnen sind ratternd dahergesaust und haben laut geläutet, die Fiaker sind rumgefahren, und in den Auslagenfenstern ist das schönste Zeug gelegen. Wo man hingeschaut hat, sind die schmucken grünen Schützen mit dem umgehängten Gewehr aufgetaucht. Vor lauter Wundern und Baffsein hab ich stehenbleiben wollen, aber mein Pate hat mich ziemlich unwirsch weitergezogen, indem daß er gesagt hat, da heißt es aufpassen, daß man nicht überfahren wird, und ich soll bloß weiterkommen.

»Und nachher gibt's ein gutes Essen, Oskar«, hat er dazugesagt. Wahr ist's ja gewesen, Hunger und Durst habe ich schon gehabt, aber von der Aufregung auch gleicherzeit den Durchfall. So sind wir also endlich in der Schillerstraße im Zigarrenladen von meinem Herrn Paten angekommen. Da ist die Tante Marie hinter dem Ladentisch gestanden und hat grad etliche dickbauchige Schützen bedient. Zum Grüßen hat sie kaum Zeit gehabt und bloß in einem fort recht freundlich mit den zwei Schützen geredet: »Soso, recht prachtvoll soll's sein auf der Wiesn. Und ganz teure Preise gibt's, soso, die Herrn ... Jaja, sehenswert, hab ich gehört soll's sein, die Wiesn ... Jaja, das muß man sich doch einmal anschaun ...« Unterdessen hat mich mein Herr Pate in den hinteren, dunklen, muffigen Verschlag geführt, wo bloß eine kleinwinzige elektrische Birne geleuchtet hat. Auf einem kleinflammigen Spiritusapparat hat ein eingemachtes Kalbfleisch in einem kleinen Haferl gebrodelt, und gleich hat sich mein Herr Pate geschäftsmäßig umgezogen, hat sich das meiste Kalbfleisch auf einen Teller getan und mir auf einen anderen bloß einen kalten Kartoffelbampf und ein kleines bißl Fleisch, und, sagt er, die Tante Marie bringt mich hernach gleich in ihre Wohnung, da krieg ich alsdann noch was und kann mit dem Hansi essen.

Ich hab in einem fort das Abtrittgehen verzwickt und samt meinem Hunger keinen Appetit nicht mehr gehabt.

Die Tante Marie ist endlich hereingekommen und mit mir in die Wohnung gegangen.

»Und wenn ich abends den Laden zumach, Oskar, nachher gehn wir auf die Wiesen«, hat mir mein Herr Pate aus dem Laden noch nachgerufen. Ich aber habe in einem fort bloß noch denken können, wie ich in den Abtritt komme, und gleich geschwitzt vor lauter Zurückhalten, aber ich habe mir nichts zu sagen trauen. In der Wohnung hat die Tante Marie mir und dem Hansi, der sehr spöttisch und frech zu mir gewesen ist, einen Semmelschmarrn und einen Zwetschgentauch hingestellt und gesagt: »So, jetzt eßt's nur. Das gibt richtig aus, Oskarl.« Grad hat der Hansi wieder gespottet über meine langen Hosen und mein verschobenes Krawattl, da aber habe ich es nicht mehr aushalten können, und es ist hinten bei mir losgegangen, wenn ich auch noch eilsam gestottert habe: »Ich muaß n-naus – naus, Ta-Tante!« Es ist schon zu spät gewesen. Der Hansi ist aufgesprungen, hat sein Gesicht verzogen und hat mich einen Saubären geheißen. Weit weg an die Zimmerwand ist er und hat sich die Nase zugehalten, und »Jesus, Maria und Josef, jajaja, Oskarl! Oskarl, warum sagst du denn nix, tjajaja, jetz so was!« hat die Tante ganz konsterniert gejammert. Auf ist sie gesprungen, hat mich vom Tisch weg und in den Abort gerissen und mich angeekelt und schimpfend dort ausgezogen, aber mir ist jetzt schon alles gleich gewesen, ich habe bloß noch geweint und geweint und sonst nichts. Gott sei Dank hat der Hansi gleich wieder in seine Schule wegmüssen, und mir hat die Tante Marie ein Hemd von ihm angezogen und mein Zeug in aller Schnelligkeit ausgewaschen und über den noch warmen Herd gehängt.

»Jajaja, wie kann man denn jetzt so dumm sein, Oskar, und nix sagen. Tjaja, du bist doch kein kleins Kind nimmer ... Schäm dich doch!« hat sie dabei immer in mich hineingebenzt und ist ärgerlich geblieben, bis der Hansi von der Schule heimgekommen ist.

»Äh, pfui Teufl, stinkt's da!« hat der ganz frech gesagt und mich wieder einen dreckigen Saubären geheißen. Gleich ist er in das andere Zimmer gelaufen, hat die Tür verriegelt und mit seinen Bleisoldaten und vielen Spielsachen gespielt. Die Marie hat alles mögliche gemacht, daß mein Zeug trocken wird, und es alsdann halbwegs aufgebügelt. Endlich ist mein Herr Pate gekommen und hat auch gleich die Nase hinaufgezogen und was von Stinken gesagt, und wie er mich im Hansi seinem Hemd dasitzen hat sehen und die Marie ihm erzählt hat, ist ihm gleich sein um und um sommersprossiges, feistes Gesicht aus dem Leim gegangen, und auch er hat recht abscheulich dahergeredet, daß ich wiederum zu weinen angefangen habe. Schließlich aber muß den zweien doch das Mitleid gekommen sein, die Tante Marie hat mich angezogen, und wir sind wirklich auf die Festwiese hinaus, wenn auch der freche Hansi immer ganz weit weg von mir gegangen ist. Der Herr Pate hat ein Paket mit einem Pfund Leberkäs dabei gehabt und eine Tüte mit Semmeln und Brezen. Das, sagt er, essen wir da draußen beim Bier, es langt für alle leicht. Ich bin langsam ruhiger geworden und war schon recht neugierig und gespannt auf das Schützenfest, und wie wir am Rand von der Festwiese angekommen sind, bin ich voller Freude auf das hellerleuchtete, fahnengezierte große Tor vor den hohen Planken hingelaufen und habe hineinwollen, hingegen mein Pate ist mir sofort nach, hat mich ziemlich unwirsch zurückgerissen und gesagt: »Nein, nein, da gehören so junge Bubn nicht hinein, Oskar, bleib da bei uns, verstanden! Da könntest du ja angeschossen werden, nachher hätten wir noch einen größeren Verdruß mit dir. Nein, nein, bleib nur bei uns, nicht daß dir was passiert! Geh weiter, komm, marsch!«

Der Hansi hat wieder recht dreckig gelacht, und wir sind in den Bavariakellergarten hinauf, haben uns alle an einen Tisch gehockt, der Herr Pate hat eine Maß Bier bestellt, und wir haben den Leberkäs, den er uns zugeschnitten hat, mit den Semmeln und Brezen essen können. Mir aber hat alles durchaus nicht geschmeckt, ich habe bloß in einem fort hinunter auf die lichtüberzogene, buntfarbige Festwiese geschaut und auf die knallenden Büchsen gehört. Dieses ist alles gewesen, was ich vom »Großen deutschen Bundesschießen« zu sehen bekommen habe. Es wird gewiß nicht wundernehmen, daß ich alle diese Schäbigkeit meinem kniggerischen Firmpaten nicht vergessen habe.

Schon am andern Tag nämlich haben die Roßkopfs mich heimgeschickt, und weil der Hansi da grad schulfrei gehabt hat, hat er mich auf die Bahn bringen müssen.

»So«, hat er, wie ich endlich im Zug drinnen gewesen bin, niederträchtig gespöttelt, »so, du Saubär, jetzt kannst du daheim sagen, was du gemacht hast bei uns. Bleib nur draußen bei euch, du depperter Kerl, du. Da kannst du dich ausstinken.«

Und da endlich, weil der Zug schon angefahren ist, habe ich auf einmal eine Schneid bekommen und schnell zum Fenster herausgeschrien: »Lausbua, rotziger, schaug nur nach bei dir! Deine ganzn Bleisoldaten und Eisenbahnen hob i dir zertretn, du Hundsbua, du windiger!« Das ist die einzige Freude gewesen, die wo ich von dieser miserabligen Firmung heimgebracht habe. Die silberne Uhr nämlich ist schon nach ungefähr drei Tag schwarz angelaufen, und ich habe sie vor lauter Wut mit Putzpomade blank geputzt, damit meine Schulkameraden, wie wir einander am Sonntag unsere Uhren gezeigt haben, nicht auch noch spötteln haben können.

Der Malzzucker

Unserem Vater seine Mutter, unsere Großmutter, hat sich hinlegen müssen, wie ich ungefähr sieben oder acht Jahre alt war. Der Kranken muß es vorgegangen sein, daß es mit ihr jetzt in die Ewigkeit geht, denn sie hat sich absolut nicht ins Bett legen wollen. Kranken gibt man nach, wenn sie eigensinnig sind. Also hat man sie in den großen Sorgenstuhl gesetzt, Kissen hinter ihren Rücken hineingestopft und vorne, von einem Lehnenvorsprung zum andern, ein breites Leintuch gezogen, damit sie nicht herausfallen hat können.

Um die Zeit, wo unsere Spielsachen von Weihnachten noch nicht ganz demoliert waren, sind wir Geschwister meistens tagsüber in der Großmutterkammer gewesen. Anfangs haben das Vater und Mutter nicht dulden wollen. Leute aber, die sterben müssen, wollen wahrscheinlich nicht gern allein sein. Unsere Großmutter verlangte immer nach uns, sie war schon fast achtzig Jahr alt und wieder ganz wie wir. Sie plapperte mit uns, lachte wie wir, wenn wir uns über was freuten, und grämte sich oder stritt mit uns, genau wie wir. Da hat man uns in Gottes Namen jeden Tag zur Großmutter hinaufgelassen.

Das ist jetzt immer so gegangen: Nach der Schule sind wir um die Wette heimgerannt, schnaufend und dampfend haben wir daheim unser Essen hinuntergewürgt, und alsdann sind wir hinauf zur Großmutter. Eigentlich haben wir gar nie gefragt, wie es ihr geht, und das hat ihr auch weiter nichts ausgemacht.

»Soso ... So, seid's jetz wieda do? So, recht saukoit is's und durchn Schnee kimmt ma kaam durch, soso?« hat sie meistens gebrümmelt, und wir haben so ähnlich drauf geantwortet. Gleich haben wir zu spielen angefangen, und wunderbar warm und gemütlich ist's in der Krankenkammer gewesen. Schon in der Schule freuten wir uns drauf, und insgeheim haben wir uns alle gewünscht, das Kranksein von der Großmutter möcht doch um Gottes willen nie aufhören.

Sonst nämlich haben wir an solchen Wintertagen höchstenfalls in unserer großen Wohnkuchl drunten spielen dürfen. Da sind wir unserer Mutter im Weg gewesen, oder man hat alle Augenblicke lang irgendwas von uns verlangt. Hier heroben hat es das nicht gegeben.

»Geh, Resei, gib mir mei Zuckerwasser«, oder: »Geh, Kinder, seid's doch net gor so laut!« Das sind die ganzen Wünsche von der Großmutter gewesen. Unseretwegen also hätte das ewig so fortdauern können.

Aber es ist auch noch was anderes gewesen, was uns zur Großmutter getrieben hat, und das hinwiederum hat uns fast gierig wünschen lassen, sie möcht doch recht bald sterben. Nämlich – die kleine Tüte mit dem Malzzucker, die sie immer hinter ihren Kissen versteckt hat. Den ganzen Tag hat sie an einem Malzzucker gelutscht, und – wirklich, sie hat uns sehr gern mögen, unsere Großmutter, besonders meine Schwestern – mit ihrem Malzzucker, da ist sie der reinste, giftigste Geizhals gewesen. Wenn wir sie drum angebettelt haben, ist sie zuerst mürrisch, alsdann raunzerisch-traurig und zu guter Letzt so verdrossen geworden, daß sie ganz beleidigt zu weinen angefangen hat. Damit hat sie uns alsdann immer die schöne Gemütlichkeit verdorben. Wir haben miteinander zu streiten angefangen und uns gegenseitig beschuldigt, weil wir uns insgeheim ärgerten, daß wir wiederum zu nichts gekommen waren, und die Großmutter ist auch grantig geworden und hat brümmelnd vor sich hingebarmt. Aber um nichts in der Welt hat sie uns jemals ein Stück Malzzucker gegeben, absolut nicht!

Ganz und gar arg ist's, wenn man zufällig auf was gebracht wird, das wo man durchaus haben möchte, keine Ruhe kriegt man mehr, furchtbar ist so was! Je gieriger wir auf den Malzzucker geworden sind, um so mehr haben wir darüber nachsinniert, wie wir dazu kommen könnten. Mit Schöntun und Schmeicheln haben wir es immer wieder bei der Großmutter versucht. Der Hals tut ihr so weh, hat die Emma geklagt, und sie ist ganz trocken in der Gurgel drunten. Nichts, gar nichts hat es geholfen. Starr und bockig ist unsere Großmutter – Gott hab sie selig – geblieben. Nichts hat sie umstimmen können. Und vielleicht ist es grad *daher*gekommen, daß wir schließlich bloß noch *einen* Wunsch und *einen* Drang gehabt haben: Wie erwischen wir den Malzzucker?

Selbstredend haben wir es einander nicht gesagt, nein, nein, davon ist überhaupt unter uns nicht mehr geredet worden, aber jeder hat es dem andern direkt vom Gesicht herunterlesen können.

Einmal, wie der Großmutter der Kopf auf die Brust gesunken ist und wie wir gemerkt haben, daß sie langsam einschlaft, sind wir alle stockstumm geworden und haben einander fragend angeschaut. Gut müssen dabei unsere Gesichter grad nicht ausgeschaut haben, aber furchtbar gespannt. Alsdann hat der Lenz ganz sacht und langsam hinter der Großmutter ihre Kissen gelangt. Keins von uns hat ihn aufgehalten, wir haben bloß alle fast ohne Schnaufen und wie hypnotisiert ihn angeschaut. Seine Hand ist in den Kissen verschwunden, er hat sie mit dem Arm nachgeschoben. Das Herz hat uns aufgehört im Schlagen, wir haben das Papier rascheln gehört – er hat also die Tüte erwischt gehabt.

In dem Augenblick hat sich die Großmutter gestreckt, es hat sie wie von selber nach hinten und dann wieder nach vorne gerissen, ihr Kopf ist ohne Halt noch tiefer auf ihre Brust herabgefallen, der Lenz hat erschrocken seine Hand herausgezogen und starr irgendwohin geschaut. »Du! ... Du!« haben die Resl und die Emma gewispert und ihn voller Verachtung gemustert, und wir anderen haben bloß großaugig geglotzt und uns nicht mehr gerührt. Mir selber ist es gewesen, als wie wenn eine fleischerne Kugel die Gurgel verstopft, schreien habe ich wollen und nicht können, denn jetzt – jetzt hat der magere Körper von unserer Großmutter zu zucken angefangen, ihr Kopf ist noch einmal halb in die Höhe gegangen und wieder hinabgefallen, ihr Mund ist aufgebrochen und »ö-öch-chch« hat sie herausgeröchelt. Dann hat sie sich nicht mehr gerührt, und alles an ihr ist versteift.

Wir alle haben gewußt: Sie ist grad gestorben, sie ist tot. Keins von uns aber sagte was, nicht ein Muckser ist aus uns gekommen, wir sind bloß dumm und stumm stehengeblieben. Nachtdunkel ist es schon geworden, wir haben nicht wie sonst das elektrische Licht angeknipst, aber wie jetzt wer über die Stiege heraufgekommen ist, hat der Lenz seltsam geschwind zu spielen angefangen, und wie unsere Mutter hereingekommen ist, haben es ihm – fast wie verabredet – alle andern nachgemacht. Das Licht ist aufgeflammt, und, wirklich, es hat ausgeschaut, als wie wenn wir nicht wüßten, was passiert ist. Schon beim ersten Blick auf die steife Großmutter hat unsere Mutter wie schimpfend gesagt: »Tja-ja, um Gottes willn, dö is doch dod! Dö is doch gstorbn! Worum sogts denn do nix?«

Und wir? Wir sind rot geworden, haben verlegen auf sie geschaut und auf einmal gleicherzeit ganz unschuldig gesagt: »Ja, wir hobn ja gspielt und gmoant, sie schlaft ...« Und alsdann haben wir gewohnheitsmäßig die Hände gefaltet und mit der Mutter zu beten angefangen. Weil sie geweint hat, ist auch uns das Weinen gekommen. Nach und nach sind unser Vater, der rote Kaschpa und die Dirn in die Kammer gekommen, und man hat die Tote aufs Bett gelegt. Wie Mutter die Kissen vom Stuhl genommen hat, hat sie uns den Malzzucker gegeben. Wir haben ihn aufgeteilt, aber keins hat so ein Stücklein gleich in den Mund genommen. Auch später hat er uns nicht geschmeckt.

Anläßlich der ewigen Anbetung

Jetzt kann ich es ja sagen, was wir dazumal bei der ewigen Anbetung für eine Lumperei gemacht haben, der Martl, der Bauleser-Franzl und ich. Aber wenn sie uns damals draufgekommen wären, da hätten sie uns richtig durchgehauen, der Pfarrer, der Lehrer und unsere Väter.

Wir drei haben nämlich immer geläutet. Hinten im Glockenhaus ist es ziemlich dunkel gewesen, da hat uns kein Mensch kontrollieren können, was wir unter der Messe machen. Und selbstredend, weil es uns immer langweilig gewesen ist, haben wir uns oft und oft mit allerhand Gaudimachen die Zeit vertrieben. Eine Zeitlang ist das auch ganz gut gegangen, aber auf einmal ist uns die bigotte Friedl-Marie, welche immer im vierten Stuhl vor uns im Glockenhaus gebetet hat, draufgekommen, wie wir grad die bucklige Harpfernistin von Farchach nachgemacht und dabei recht gelacht haben. Und was tut die Marie, die alte Bißgurn, nicht? Sie geht pfeilgrad zu unserm neuen Pfarrer Friedinger, der wo es sowieso mit allem so genau genommen hat, in die Sakristei hinein und verklagt uns.

Unser Leugnen nachher beim Religionsunterricht hat uns gar nichts geholfen, im Gegenteil, ärger ist das für uns gewesen. Auch die wamperte Ullmanin von Aufkirchen, die sogar immer beim Dahinwatscheln wispernd gebetet und ihre dicken Hände immer über dem Bauch gefaltet gehabt hat, auch die ekelhafte Betschwester hat sich beim Friedinger beschwert über unser flegelhaftes Umtreiben im Glockenhaus hinten. Krebsrot vor Zorn hat uns der Pfarrer das entgegengehalten und uns »ganz gottverlassene Lügner« geheißen, schämen sollten wir uns vor jedem Menschen. Alsdann hat er jedem sechs Tatzen gegeben und gesagt, wir dürfen von jetzt ab nicht mehr läuten. Die Tatzen waren ja bald verschmerzt, aber die letztere Strafe nicht. Schon deswegen nicht, weil jetzt unsere Unterberger Feinde, der Müller-Steffl, der Reindl-Michl und der scheinheilige Ambros-Beni, läuten haben dürfen und uns alle Schulkinder immer verspottet haben, als wie wenn wir die größten Lumpen gewesen wären.

Was uns aber am allermeisten geärgert hat, das war, weil diese zaundürre, boshafte Friedl-Marie oft vor allen Leuten bissig auf uns eingeschimpft hat: »Gell, ös Lausbuabn, ös dreckige! Ös Rotzlöffln, ös koanzige! Jetz hot's enk der hochwürdige Herr Pfarrer austrieben, enker Lumperei! Ös Höllschwänz, ös miserablige!«

Wir haben zwar nicht aufbegehrt gegen solcherne Frechheit, weil uns diese alte Betschwester doch wieder verklagt hätte, und da wäre es uns bei dem neuen Pfarrer noch schlechter gegangen. Aber weil uns das so gewurmt hat, hat der Martl einmal zu mir und zum Franzl gesagt: »Wart nur! Dös laßn mir üns net gfoin. Dös müassn s' büaßn, dö Ratschkathln!«

Und alsdann haben wir ausgemacht, was wir ihnen antun. Der Franzl hat in Starnberg beim Buchbinder Marx zwei Doppelgläser »Deutsche Reichstinte« gekauft. Das Abc haben wir ja genau gewußt, und weil, wie ja jeder weiß, bei der ewigen Anbetung nach dem Abc und dorfweis den ganzen Tag in der Pfarrkirche gebetet wird, hinwiederum aber weil unser Pfarrdorf Aufkirchen bloß an die sechs oder sieben Häuser hat, ist Berg dazugenommen worden. Auf dem weißen Anschlagblatt und im Starnberger ›Land- und Seeboten‹ ist also die Reihenfolge so angekündigt worden: »Aufkirchen-Berg.« Die unsrigen sind also als erste bei der Anbetung darangekommen. Dieses ist für uns die Hauptsache gewesen.

»Dös ganz Dorf muaß's büaßn!« hat der Martl wie ein General gesagt, und auf das hin sind wir am Tag vor der Anbetung nach dem Gebetläuten hinauf in die Aufkirchner Pfarrkirche, die zur selbigen Zeit noch nie nicht verschlossen worden ist, und haben die ganze Tinte in die verschiedenen Weihwasserkessel geschüttet.

Weißt, was das für eine Gaudi gegeben hat, wie die ganzen Leute mit verspritzten und verschmierten Gesichtern herausgekommen sind aus der Kirche! Damit wir ja nicht aufkommen, haben wir genauso in den Weihwasserkessel gelangt und uns angespritzt, als wie wenn gar nichts wäre. Die reinste Revolution hat es selbigerzeit gegeben.

»Gottesraub!« hat der Pfarrer gezetert und ist bald krebsrot, dann wieder käsweiß vor lauter Zorn geworden. »Kirchenschändung!« hat der Kooperator geschrien. »Solcherne Lakln ghörn ins Zuchthaus!« hat der Mesner gebellt, und die Weiber erst! Ganz hirndamisch haben sie herumgebelfert und gejammert über so eine Schande! Die ganze ewige Anbetung wäre fast nichts mehr geworden, wenn nicht beim zweiten Dorf Bachhausen, das wo jetzt drangekommen ist, der Mesner auf alle Weihwasserkessel einen Pappendeckel hinaufgelegt hätte mit der Aufschrift: »Vorsicht Tinte! Nicht hineinlangen!«

Das hat uns am meisten gefreut. »So«, hat der Martl gesagt, »jetz hobn sie's, dö Hundling, dö eklhaften, wega iahnern Derblecka ...«

Wenn auch noch so herumgeforscht worden ist und der Pfarrer in seiner Predigt am Sonntag sogar von der »ewigen Verdammnis« was gesagt hat, die wo die Kirchenschänder trifft, aufgekommen ist nichts ...

Der Untergang der Seminolen

1

Vor unserem Hauptlehrer Männer haben wir alle einen großen Respekt gehabt. Er ist immer ernst gewesen und hat bloß selten einmal dünn gelacht, und er hat auch was vorgestellt, weil er ziemlich groß und immer gleich mager gewesen ist. Sein Haar ist schon dünn und grau gewesen und immer nach hinten gekämmt, einen ebensolchen Schnurr- und Spitzbart hat er gehabt und auf der geraden Nase einen silbernen Zwicker getragen. Jeden Tag ist er sauber angezogen gewesen, im Sommer einen dünnen, grauen Anzug, im Winter eine gestreifte, gebügelte Hose und einen Gehrock, dazu ein weißes Stärkhemd mit einem hohen Stehkragen und einer blau- oder schwarzgemusterten Krawatte. Blankgewichst sind seine Schuhe gewesen und haben, wenn er manchmal zwischen unseren Schulbänken hin und her gegangen ist, geknarzt, was uns sehr gepaßt hat, weil wir da gewußt haben, er kommt in unsere Nähe und schaut, was wir machen.

Den Männer haben wir aber auch wirklich gern mögen, weil er uns in der »großen Schule« jedes Jahr im Winter zweimal in der Woche ungefähr eine Stunde, voreh' der Unterricht aus war, immer den ›Robinso Crusoe‹ und den ›Schmied von Ochsenfurt‹ vorgelesen hat, das heißt, er hat da wahrscheinlich jedesmal was hineinerzählt, das uns immer wie ganz neu vorgekommen ist, und wir haben ja auch gesehen, daß er dabei gar nicht mehr in das aufgeschlagene Buch geschaut hat. So dabei gewesen ist er da, daß es oft viel länger wie eine Stunde gedauert hat, aber das haben wir gar nie nicht gemerkt, weil er so schön erzählt hat. Jeder von uns hat da ganz und gar gespannt aufgepaßt und nichts anderes mehr im Sinn gehabt.

Der Männer hat auch gern eine Rede vor uns gehalten, zum Beispiel einen Tag nach der Prüfung, vor Weihnachten, Neujahr, Ostern und Pfingsten und vor und nach den Schulferien, und dabei hat er meistens alles so gut und schön herausgebracht, daß es uns wirklich zu Herzen gegangen ist, manchmal sogar das von einer zornigen Strafpredigt, aber freilich ist das immer recht schnell verflogen. Einmal nach der Prüfung, wie ich in die letzte Klasse gegangen bin, hat er uns auch so eine wunderschöne Rede gehalten, die wo uns ganz besonders gefallen hat. Die Kindheit hat er dabei gemeint, ist das Schönste und Glücklichste vom ganzen Menschenleben, aber das werden wir erst viel später einmal kennen, wenn wir älter geworden sind. Nicht umsonst, hat er fast feierlich gesagt, ist uns von Jesus Christus der Ausspruch überliefert: »Lasset die Kindlein zu mir kommen, denn ihrer ist das Himmelreich.«

Das sollen wir so verstehen, daß in uns noch alles unverdorben und gut ist und deswegen dem lieben Gott wohlgefällig. Dessen sollten wir uns immer eingedenk sein, hat er ernst gesagt und fast traurig auf uns geschaut, und darum sollen wir uns miteinander vertragen und uns gegenseitig ein gutes Beispiel geben.

Aber »miteinander vertragen« hin und »gutes Beispiel geben« her – die niederträchtigen, hinterlistigen Bleichgesichter, die Unterberger, mit welchen wir Oberberger »Seminolen« seit jeher Krieg geführt haben, sind keinen Pfifferling drauf aus gewesen, im Gegenteil, saugrob waren sie, wenn sie einen von uns erwischt haben. Weil der Müller-Steffl, der Schäfer-Toni, der Ambros-Beni, der Hans vom Poschinger Hausmeister und Reindl-Michl uns einmal in unseren Jagdgründen im Enztal hinten aufgelauert und mit Buchenprügeln so gehaut haben, daß uns hinten und vorn das Blut bloß so heruntergelaufen ist, haben wir ihnen Blutrache geschworen, und die hat selbstredend noch viel ärger für sie ausfallen müssen.

Wir sind in dem Goldner seinen hohen Kornacker und haben Kriegsrat abgehalten.

Weil die Unterberger in der Überzahl gewesen sind, hat der »Wilde Bär«, der Martl, gemeint, einzeln müssen wir jeden von diesen hinterlistigen, saugroben Bleichgesichtern fangen und ihn dann schon so martern, daß alle anderen Angst kriegen und ihnen das Überfallen vergeht.

»Jaja, List, rotes Bruderherz, nur List hilft da!« habe

ich, der »Sitting Bull«, mannsbildertief und hochdeutsch gesagt, wie wir es immer bei so wichtigen Beratungen getan haben: »Nur echte Seminolenlist kann da helfen.« Wir haben an unserer Friedenspfeife geraucht, den »Claro fino« langsam gekaut und unser Feuerwasser dazu getrunken.

»Den Beni fangen wir zuerst, rote Krieger! Dieser verräterische Mischling muß an den Marterpfahl!« hat der »Wilde Bär« vorgeschlagen, weil der Beni bloß eine Schneid gehabt hat, wenn sie in der Übermacht gewesen sind. Sonst ist er immer gleich davongelaufen oder hat alles verklagt. Die Nanndl, das »Falkenauge«, ist aufgestanden, hat aus der großen Petroleumflasche ein Maul voll genommen, um – wie es uns der Kaschpa gelernt hat – das Petroleum über ein brennendes Zündholz zu speien. Da hat es alsdann eine große, längliche Flamme gegeben. Diese Geheimwaffe haben wir uns für den Nahkampf mit den Unterberger Bleichgesichtern aufgespart, drum habe ich sofort zum »Falkenauge« gesagt: »Nicht da mitten in der Prärie, Bruderherz! Verlassen wir erst die Savannen.« – »Falkenauge« hat das Glutwasser wieder ausgespieben und hat gesagt: »Aber probieren müssen wir das noch oft, rote Brüder. Richtig geht es immer noch nicht ...« Wenn wir nämlich Feuerspeien wollten, haben wir unterm Laufen stehenbleiben, schnell eine Portion aus unseren umgehängten Petroleumflaschen nehmen und ebenso geschwind das Zündholz anzünden müssen, dazu aber ist meistens beim Losgehen auf den Feind keine Zeit gewesen, nichts hat richtig funktioniert, und wir haben einfach das Petroleum verschlucken müssen. Davon ist uns recht schlecht geworden, aber wir haben es standhaft ausgehalten, wenn wir auch Bauchgrimmen und Durchfall bekommen haben und unser Essen oft tagelang nach Petroleum geschmeckt hat.

»Feuerspeiben geht erst, wenn wir im Hinterhalt liegen und die schuftigen Bleichgesichter vorbeikommen«, hat der »Wilde Bär« gemeint: »Da brennen sie an und rennen davon vor lauter Schrecken.« Schließlich sind wir doch wieder draufgekommen, jeden einzeln zu fangen, und da ist mir auf einmal voller Freude eingefallen, wie wir so einen Hundling ganz und gar unschädlich machen können.

»Da kriegen sie die allergrößte Angst vor uns«, habe ich gesagt.

»Sprich, Sitting Bull«, sagt der »Wilde Bär«, und wir haben einen neuen Kriegsrat abgehalten.

»Geblendet wird er, der schuftige Beni!« habe ich erklärt: »Da kann er nimmer davonlaufen. Und nachher speiben wir ihn mit unserm Glutwasser an, daß er verbrennt.«

»Blendn? D' Augn eppa rausstecha?« ist der »Wilde Bär« in seiner Indianersprache drausgekommen: »Ja, dös geht net recht. Do kemma mir pfeilgrod ins Zuchthaus.«

»Schweig! Wie redest du denn!« habe ich ihn angedonnert: »Ruhe! Sitting Bull spricht! Hört ihn an, rote Krieger!« Grimmig habe ich den »Wilden Bären« gemustert. Alsdann habe ich – weil wir bis jetzt bloß Bogen und Pfeile mit Nadeln vorne drinnen, hölzerne Spieße mit Nagelspitzen, selbstgeschnitzte Messer und Tomahawks und schließlich noch das Feuerspeien als Waffen gehabt haben – von der allerschrecklichsten Marterung erzählt, auf die wo ich ganz durch einen Zufall draufgekommen bin.

»Nein-nein! Augenausstechen, rote Brüder, nein-nein, das braucht's nicht. Bloß Blenden. Das geht ganz leicht und ist auch wieder leicht zum Richten. Das hab ich doch bei mir selber schon erlebt«, habe ich angefangen und das »Falkenauge« gefragt, ob sie sich noch erinnert, wie mir vor drei Jahren im Sommer einmal das Haar von einer Kornähre ins Aug gekommen ist, wie das furchtbar weh getan und wie ich geschrien und gar nicht mehr gesehen habe. »Ja, und nachher hat der Doktor, der wo beim Schatzl auf der Sommerfrisch gewesen ist, dein Aug umdreht und das Haar ausgwischt«, ist die Nanndl auf einmal lebhafter geworden und auch aus der Indianersprache rausgefallen.

»Jetzt redest du auch schon fast wie die verdorbenen Bleichgesichter!« habe ich auch sie angefahren, aber weil sie vom Rauchen so gehustet hat, haben wir wieder aus unseren Feuerwasserflaschen getrunken, und endlich bin ich dazugekommen, alles genau zu erklären. Um es kurz zu machen, das, was derselbige Doktor damals mit mir gemacht hat, ist so gewesen: Er hat einen Bleistift genommen und das obere Augenlid darum gerollt. Mein Aug ist wie eine Kugel von der Hinterseite nach vorn gekippt. Er ist mit der Spitze von seinem Sacktuch drübergefahren, und das Kornährenhaar war heraußen. Alsdann hat er wieder das obere Augenlid um den Bleistift gerollt, und mein Aug ist wieder richtig eingekugelt, daß die Vorderseite wieder vorn war. Ich hab mich ins Bett legen und Bleiwasserumschläge machen müssen, und am anderen Tag ist schon wieder alles halbwegs gut gewesen. Nach noch einem Tag hab ich schon von all der Kalamität nichts mehr gewußt. Hingegen dieses Augenumdrehen hat mich gar zu arg interessiert und mir keine Ruhe gelassen, weil es eigentlich ganz einfach gegangen ist und gar nicht weh getan hat. Also bin ich ungefähr nach zwei oder drei Wochen einmal an einem Nachmittag in den Moargarten hinüber, hab einen Bleistift genommen und mir das Aug umgedreht. Jetzt ist es sehr komisch gewesen. Ich habe mit dem Aug bloß mehr gesehen, daß es hell um mich rum ist, aber sonst ist alles verschwommen gewesen und nicht mehr auseinanderzukennen. Auf das hin hab ich den Bleistift wieder ums obere Lid gerollt, aber das Aug ist nicht mehr zurückgerollt. Ich habe gedrückt und gerollt mit dem Bleistift und mit dem Aug zu blinzeln versucht, absolut nichts geholfen hat es, und nach und nach hat das Aug zu brennen angefangen, hat weh getan und ist geronnen und geschwollen. Da hab ich Angst gekriegt und zu schreien angefangen, und sie haben, weil die Sommerfrische schon vorüber gewesen ist, den Doktor Penzl von Starnberg holen müssen. Der hat mir dann alles wieder gerichtet und gesagt: »Eigentlich ghört dir deswegen dein Hintern vollgehaut, du saudummer Rotzbub.«

Ein solcher Racheplan ist für den Beni beschlossen worden. Wir sind aufgestanden, haben unsere Tomahawks geschwungen und einen Kriegstanz gemacht.

Lange ist es uns nicht gelungen, den Beni zu fangen. Einmal, wie er und der Schäfer-Toni drunten im Müller seinem abgemähten Kleeacker aufgetaucht sind, haben wir schon von weitem mit unseren Feuerzungen gespieben, und das hat die zwei so verschreckt, daß sie auf und davon sind. Unsere Verfolgung hat uns nichts genützt, weil sie zum Müller ins Haus gelaufen sind. Aus Wut haben wir den Müllerhund mit unseren Feuerzungen angespien, aber leider sind sie danebengegangen, weil der Müller aus dem Stall ist und uns verjagt hat. Dem »Wilden Bären«, der wo öfter drunten in der Schiffshütte vom Kramerfeicht gewesen ist, haben wir aufgetragen, er soll genau ausforschen, wie wir den Beni einmal erwischen. Ihm ist es aber schlechtgegangen. Einmal sind der Müller-Steffl, der Toni, der Beni und der Hans vom Poschinger Hausmeister mit Prügeln in die Schiffshütte hinein, und wenn sich auch der tapfere »Wilde Bär« mit einem Ruder so lang verteidigen hat können, bis sein älterer Bruder Sepp dahergekommen ist – allein ist der »Wilde Bär« in Unterberg nicht mehr sicher gewesen. Er hat schauen müssen, daß der Sepp immer bei ihm war. Der ist schon ein halbausgewachsenes Mannsbild gewesen, hat sich immer Taubendreck über die Oberlippe geschmiert, weil ihm der Kaschpa gesagt hat, da wachst ihm schnell ein Bart, da schaut er mehr gleich.

Der Sepp hat für unser Indianerspielen nichts übrig gehabt und hat zum »Wilden Bären« gesagt, wenn er uns immer mit so saudumme Sachen antrifft und wir mit den Unterbergern in einem fort raufen, haut er ihn und uns recht durch. »Und da Vata haut di aa noch recht, daß dir deine Lumpereien vergehen«, hat der Sepp zum Schluß gedroht. Da hat es also vorsichtig sein heißen. Bloß ein einziges Mal ist es uns in den Schulferien noch gelungen, den »Roten River«, dem Müller seinen Bach, mit Brettern abzuriegeln, daß das ganze Wasser auf seine Roßweide gelaufen und seine zwei Mühlräder in der alten Mühle, hinten am Rand vom Enztal, stehengeblieben sind. Die Rösser sind wie wild in einem fort im Wasser herumgesaust und über den Zaun gesprungen und ganz abgehetzt in den Müllerstall gekommen. Erst da haben sie es doch gemerkt, was passiert ist, weil in der alten Mühle immer bloß ein- oder zweimal nachgeschaut worden ist.

»Wer dös wieder triebn hot, hmhm ... Gwiß wieder dö Bäckerlausbuabn«, hat der Müller gesagt: »Derwischn wenn i oan, obschlogn toa i'n wia a Sau.«

Da sieht man gewiß, von welchen Gefahren wir wenigen Seminolen immer umgeben gewesen sind. Ganz genau, wie es in meinem Indianerbuch ›Der Untergang der Seminolen‹ gestanden ist, war es mit uns: Dorten im fernen Amerika drenten sind nicht bloß die Weißen gegen den kleinen Stamm gewesen, sondern auch die verräterischen, grausamen Dakotas, die wo außerdem noch viel mehr gewesen sind. Außer den schuftigen Unterberger Bleichgesichtern sind auch gegen uns noch alle Leute im Dorf drauf aus gewesen, daß wir untergehen. Nur der »große Trapper«, der rote Kaschpa, hat uns immer geholfen, und – samtdem, daß er den Hauslehrer gehabt hat und nach den Ferien wieder nach Starnberg in die Schule gegangen ist – ist uns auch der Reddelin-Alfred treu geblieben. Insgeheim hat er dem »Wilden Bären« für uns alle seinen ganzen schönen Indianerschmuck geschenkt, und als Dank dafür haben wir ihm einen Zettel zugeschmuggelt, den wo ich mit farbigen Bleistiften wunderbar gezeichnet habe. In der Mitte ist gestanden: »Amigo fino Claro – in Treue fest für unseren Seminolenbruder ›Roter Pfeil‹ – Manitou grüßt dich aus den ewigen Jagdgründen.« Wie die Nanndl ihm das hinten über den hohen Gitterzaun vom Schloßgarten hinübergeschmissen hat, ist er ganz rot geworden, und nachdem er den Zettel angeschaut und gelesen hat, hat er gesagt, das vergißt er uns nie.

Da sind die Schulferien schon lang vorüber gewesen, alle Herrschaften waren in der Stadt, wir haben nicht mehr soviel Brotaustragen und Bestellgänge machen müssen, und nach und nach ist es Winter geworden. Unverhofft haben wir Seminolen einen Zuwachs bekommen: Die Frau Selzle hat ihre Wirtschaft, den »Tutzinger Hof«, aufgegeben, und es ist aus der Stadt ein Pächter namens Bauleser dort aufgezogen. Der hat zwei Buben gehabt, den Franzl und den Hans, die wo in unserem Alter gewesen sind – der Franzl so alt wie der Martl und die Nanndl, und der Hans so alt wie ich. Die sind sehr schnell mit uns speziell geworden und waren Feuer und Flamme für unser Indianerspielen. Zwei feste Kerl sind sie gewesen, fast noch frecher und verwegener wie wir, und die haben auch allerhand Neuigkeiten dahergebracht, wie zum Beispiel Knallfrösche, kleine Raketen und Kugelkracher, die wo ganz kurze Zündschnüre gehabt und ausgeschaut haben wie Spagatknäuel. Wie wir da einen zum erstenmal beim Kern neben seinem Garten losgelassen haben, das hat gekracht, daß gleich die Leute erschreckt aus den Häusern gelaufen sind und gemeint haben, es hat wer mutwillig mit dem Veteranenböller geschossen. Die Bauleser-Buben sind ganz ruhig stehengeblieben und haben frech gelacht, wo wir schon auf und davon wollten. »Wos treibt's denn do, es Lausbuabn?« hat der Kern ihnen gedroht, aber da ist grad der Bauleser aus der Tür hinten gekommen und hat gemütlich gesagt: »So was is weiter net gefährlich. Es kracht bloß recht. In der Stodt drin hot jeder Bub so was.«

Diese Kugelkracher haben uns gegen die schuftigen Unterberger schnell geholfen. Wie sie uns auf dem Schulweg einmal mit Buchenprügeln angreifen haben wollen, hat der Bauleser-Hans einfach mitten in sie hinein so einen Kracher geschmissen. Weißt, wie die auseinander sind beim Krachen! Schier wie verscheuchte Hennen! Dem Ambros-Beni hat es die ganze Hose aufgerissen, und grad geschrien und gehüpft ist er, weil sie auch angebrannt war. In einem fort hat er aufs Hosenbein geschlagen und geplärrt, bis das Glimmen aufgehört hat. Alsdann hat er uns beim Lehrer verklagt. Der hat dem Bauleser-Hans seinen Schulranzen und seine Taschen durchsucht und ihm drei Kugelkracher genommen, und auf das hin hat er vier Tatzen bekommen. Nach der Schule sind die Unterberger Bleichgesichter gleich im Galopp von uns davon.

»Wos«, hat der Hans gesagt, »do petscht oaner von dö? So a Feigling! Den müassn mir sei Petschn austreibn.« Von »Petschen« haben wir noch nie was gehört, weil das die Stadtbuben sagen, von da ab aber haben wir den Beni »Petscher« geheißen. Der Name ist ihm geblieben.

»Jaja«, haben wir dem Hans erzählt, »auf den feigen

Beni sind wir schon lang aus. Den wenn mir derwischn, der wird geblendet.« Und wie wir erklärt haben, wie das geht, da hat der Hans einen großen Respekt vor uns gekriegt.

2

In diesem Winter haben uns die Unterberger beim Schlittenfahren über den großen Berg zu ihnen hinunter nicht mehr alles mögliche antun können. Ihre Angst vor den Kugelkrachern vom Bauleser-Hans und -Franzl hat sie ganz dasig gemacht, ja es ist sogar so weit gekommen, daß sie sich mit uns wieder ganz gut vertragen haben. So ist es ja immer, wenn man einen nicht mehr Herr wird, nachher wird man halbwegs freundlich zu ihm. Uns hat das ausgezeichnet gepaßt. Auch wir haben getan, als wie wenn gar nie nichts Arges zwischen uns gewesen wäre. Insgeheim aber haben wir uns bloß auf den »Petscher«, den Ambros-Beni, verschworen.

Wenn wir von der Schule heimgekommen sind, sind wir bis nach dem Gebetläuten Schlitten gefahren. Damals hat unser Dorf grad die elektrische Straßenbeleuchtung gekriegt. Die Lampen sind an die Telegraphenstangen gemacht worden.

Einmal, wie bloß noch der Martl, der Bauleser-Hans, die Nanndl, ich und etliche Unterberger – der Schäfer-Toni und der Reindl-Michl – den Berg hinauf und hinunter sind, hat der Martl mir ins Ohr gewispert, ob ich ein Glutwasser bei mir habe, und wie ich den Kopf schüttle, wispert er noch schneller: »Host wenigstens an Bleistift bei dir?« Den hab ich gehabt.

»Heunt«, hat auf das hin der Martl gesagt, »heunt, wenn mir's gnau opacka, do kunntn mir an Beni derwischn.« Wie wir wieder hinuntergefahren sind, ist der Schäfer-Toni heim, und die Reindlin hat dem Michl auch geschrien. »So, rote Brüder«, hab ich jetzt, wie wir endlich allein gewesen sind, gesagt: »Die Rache ist nahe! Der Petscher muß dran glauben.« Wir haben hin und her überlegt, weil wir gewußt haben, ungefähr um die Zeit muß der Beni beim Müller die Milch holen. Ihn aber einfach überfallen, hat der »Wilde Bär« gemeint, das geht nicht, da schreit er bloß recht, und wir kommen auf. Der Bauleser-Hans, der »Feurige Mustang«, hat uns daran erinnert, daß wir ihm doch gesagt haben, unseren Plan können wir bloß mit echter Seminolenlist machen. Infolgedessen ist das »Falkenauge« zuerst über den Berg hinuntergefahren, wir haben ein bissel gewartet, sind ihm dann nach, haben uns aber weiter von ihr weg, drunten im Torbogen vom Schloßeingang, versteckt. Schöner und besser wie diesmal hätte es gar nicht gehen können. Wie derselbige Verräter, der Beni, aus der Tür vom Müller mit seinen Milchkübeln herausgekommen und weitergegangen ist, hat sich unser »Falkenauge«, die Nanndl, schnell glatt auf den Schneeboden gelegt und gleich laut zu weinen, zu jammern und zu klagen angefangen, als wie wenn sie sich weiß Gott was beim Schlittenumwerfen getan hätte. Der Beni ist gleich auf sie zu und hat gefragt, aber keine Antwort gekriegt und sich niedergebeugt.

»U-aau-u-auweh-auweh ... U-u-au-auweh-auweh!« hören wir, und das war das Zeichen. Der »Feurige Mustang« ist nicht mit, er hat gesagt, er schleicht sich vors Gartentürl beim Müller, und wenn da wer rauskommt, schmeißt er einen Kugelkracher, daß wir Zeit kriegen zum Davonlaufen. »Und«, hat er gesagt, »mi derf er ja net sehng, do werd er mißtrauisch.«

»U-au-auweh-auweh-u-uauweh-auweh!« schreit »Falkenauge« zum zweiten Mal, und wir sind auf sie und den Beni zu: »Wos is's denn, Nanndl? Host dir wos to?« Und weil sie sich immer noch plärrend den Kopf und das Knie gerieben hat, haben wir den Beni angefahren: »Oder host eppa du ihrer wos to, ha, du Lausbua ...?« Aber gleich hat die Nanndl vom Boden her abgewinkt und wehleidig herausgejammert: »Na-na, der Beni hot mir nix to, na-na. Mi hots gschmissn, und er – er hot mir helfa wolln ...«

»So. Nacha is's wos anders ... Nana, Beni, mir wolln dir nix. Gor nix aa. Du host ja der Nanndl gholfa«, habe ich eingelenkt, und überhaupts, wir sind ihm schon lang wieder gut, wir haben gar nichts mehr gegen ihn, und wenn er will, zeigen wir ihm recht was Gspaßiges, weil er der Nanndl geholfen hat. Neugierig ist der Beni schon immer gewesen, und von den Gescheiten war er nie einer, einreden hat man ihm schnell was können. Gleich ist er zutraulich geworden.

»So, wos waar denn nacha dös?« fragt er, kriegt Glanzaugen und verzieht sein Hasenmaul.

»Mei Liaba, dös kennt no gor koaner. Dös zoagn mir bloß dir, aber sogn derfst ös koan«, habe ich gesagt, und er soll sich unter die Latern an die Telegraphenstange hinstellen, daß wir besser sehn. Er hat gefolgt und seine Milchkübel hingestellt.

»So«, sag ich und zieh meinen Bleistift heraus: »Und jetz hoit di ganz staad, sunst geht's net. Brauchst koa Angst hobn, dös is glei vorbei. Ah, hoit doch dein Kopf staad, Feigling, dös geht ganz schnell ...« Schon hab ich meinen Bleistift angesetzt und sein oberes Augenlid drumgerollt, er hat gezuckt und einmal »O-auh!« geschrien, aber schon ist sein Aug herumgekugelt gewesen.

»Geh weida, au schreit er do? Hot's vielleicht weh to?«

»Nana, aber i siech gor nix mehr mit dem Aug«, hat er tapfer gesagt, und ich habe ihm erklärt, das macht gar nichts, das laßt sich gleich wieder richten, er soll jetzt das andere Aug herhalten. Wieder hat er ein wenig gezuckt, aber schon viel weniger laut »au« gesagt.

»So«, sag ich, »is jetz dös so arg gwen, ha?«

»Nana, es hot gor net weh to«, hat er zur Antwort gegeben.

»Siechst jetz noch wos, oder?«

»Nana, gor nix mehr«, sagt er wiederum, und da habe ich ihm eine Watschen gegeben, und »Falkenauge« hat seine Milchkübel umgestoßen.

»So, du Ratschkathl, dös is ünser Rache, weilst an Bauleser-Hans beim Lehrer verklogt hast ... Und überfoin hobt's üns aa und bluati gschlogn, ös Unterberger Schuftn!« hat der »Wilde Bär« gesagt und ihm eine Faust voll kalten Schnee ins Genick hineingeschoben: »Jedn vo enk drahn mir d' Augn so um.« Da hat der Beni das Schreien angefangen, der »Wilde Mustang« ist dahergekommen, und wir sind davon. Grad noch haben wir gesehen, wie der Beni mit ausgestreckten Armen weitertappen hat wollen und gestreckterlängs hingefallen ist, und wie wir beim Wiesmaier droben gewesen sind, haben wir bereits die Ambrosin gottesjämmerlich schrill aufschreien hören: »Jaja, um Gotteshimmlschristiwilln!« Der Beni hat noch mehr geplärrt, und vom Müller sind s' alle raus. Nach ungefähr einer halben oder dreiviertel Stund ist die Ambrosin zu uns heraufgekommen. Ganz außer Rand und Band, wie eine höllische Furie hat sie geschrien und ist auf uns los: »Ös Hundsbankertn, ös Saukrippln, ös miserablige!« Nie hat uns unser Vater durchgehaut, ein paar Watschen, das war alles, aber diesmal hat er mich und sogar die Nanndl richtig gewatscht und durchgeflaxt. Die Ambrosin ist dabeigestanden und hat gehetzt und alsdann wieder losgeschrien, was wir für Zuchthauspflanzen sind, und unsre Mutter ist dagestanden und hat auch geweint und in einem fort traurig den Kopf geschüttelt: »Tja-ja, jetz so wos, sowos ... Hmhm ... Mein Gott, mein Gott, glei an erstn Bod soll i s' dertränkt hobn, nachher waar glei der Verdruß aus gwen. Mein Gott, mein Gott, so wos, so wos!«

Der Doktor Penzl hat noch in der Nacht von Starnberg herüberkommen müssen, und die Rechnung haben wir bezahlen müssen. Gleich eine ganze Woche hat sich der Ambros-Beni krank gestellt, wo ich doch gewußt habe, daß es bei mir bloß einen Tag gedauert hat. Auch den Martl hat sein Vater mit dem Ochsenfiesel durchgehaut, aber der Bauleser-Hans ist ohne Schläge davongekommen. Insgeheim haben wir uns doch gefreut, daß uns der Überfall auf den Beni so gut gelungen ist, wenn uns auch die Unterberger – freilich bloß, wenn sie weit weg waren – »Mörder und Zuchthäusler« geheißen haben, auch die acht Tatzen und die zornige Strafpredigt vom Lehrer Männer haben wir schnell verschmerzt, aber daß uns Vater und Mutter wochenlang recht ungut waren, das hat uns weh getan und die Lust am Indianerspielen verdorben.

Als Feldzügler von 1870/71 ist unser Vater wie alle seine Kameraden im Veteranen- und Kriegerverein gewesen. Bei Lebzeiten vom König Ludwig II. haben diese Vereine nicht viel gegolten, weil der König das Militärische überhaupt nicht mögen hat und bloß auf das Schlösserbauen und dem Richard Wagner seine Musik aus war. Dieses hinwiederum hat selbstredend seiner Verwandtschaft am Hof nicht gepaßt, aber bei uns hat jeder Mensch gesagt: »Ganz recht hat er, der Ludwig! Was braucha denn mir ein Militär, wenn kein Krieg nicht ist? Wenn er baut und Musik spielen laßt, da kommt doch Geld unter die Leute.« Hingegen wie der vielgeliebte Ludwig alsdann in den See hineingegangen und darin ertrunken ist, da ist alles anders geworden. Unser Landesverweser, der Prinzregent Luitpold, ist ein echter bayerischer Militärkopf gewesen, und da haben die Veteranen- und Kriegervereine wieder einen schönen Auftrieb bekommen. Von jetzt ab, hat es geheißen, kann jeder, der wo beim Militär gewesen ist, Mitglied von diesem Verein werden. Das hat die alten Feldzügler von anno 70 und 71 ganz rebellisch gemacht. Jedesmal, wenn sie mit den Jungen zusammengekommen sind, ist es wild aufgegangen, und schließlich sind die Alten einfach bei Begräbnissen und sonstigen Feiern nicht mehr aufmarschiert, oder sie haben eine Extrafeier abgehalten.

Ganz und gar aber ist die alte Kameradenschaft in Harnisch gekommen, wie die Jungen um 1905 herum den fast drei Zentner schweren Bürgermeister von unserer Gemeinde Berg zum Veteranenhauptmann gewählt haben, schon wegen dem, weil er kurz ehvor zum königlich bayerischen Landrat ernannt worden ist. Sie nämlich waren in der Überzahl, infolgedessen hat die Wahl gegolten – aber selbstredend bloß für die Jungen. Allbekannt hinwiederum ist gewesen, daß der rothaarige Bürgermeister seinerzeit nicht einmal seine Militärdienstzeit ganz abdienen hat können, weil er Plattfüße und Herzverfettung gehabt hat. Infolgedessen hat er beim Verein kaum richtig mitmarschieren können. Geschnauft hat er dabei wie ein wampertes Bräuroß, und hinten und vorn ist ihm der Schweiß hinuntergelaufen. Dunkelrot, wie wenn er jeden Augenblick einen Schlag kriegen kann und maustot umfällt, ist sein fettes Sommersprossengesicht geworden dabei.

»Und der will üns Feldzügler mitm Eisern Kreiz jetz kommandieren und rumregiern? Höher geht's nachher doch schon nimmer! Dös gibt's ganz einfach net, basta!« haben die Alten räsoniert, und unser Vater, der wo als bester Schimpfer und Flucher bei ihnen sehr beliebt war, hat kampflustig gesagt: »Den Fetthaufa treibn mir sein Geist scho aus, wart's nur!«

Bei der nächsten Zusammenkunft, welche schon von Anfang an ganz gefährlich rebellisch ausgeschaut hat, ist er aufgestanden und hat den Bürgermeister so zusammengeschimpft, daß derselbige buchstäblich zu weinen angefangen hat, und als Haupttrumpf hat er zum Schluß mannhaft gesagt: »Bei üns Feldzügler gilt bloß dös wos:

Sechsundsechzig mitgestritten,
siebzig mitgekämpft,
unter drei Kaisern gedient –
Mann, das heißt machen!«

Dieses hat so markig gewirkt, daß die Wahl rückgängig gemacht worden ist und der Hofbaur von Allmannshausen Veteranenhauptmann worden ist. Soweit hingegen haben es die Alten doch nicht gebracht, daß der Bürgermeister, weil er nicht einmal seine volle Militärdienstzeit absolviert hat, aus dem Verein ausgeschlossen worden ist.

»Noja, daß a Ruah is«, hat sich unser Vater endlich halbwegs beruhigen lassen und recht spitzig dazugesagt: »Hint noch konn er ja watschln, der Mastochs, der foaste!« Das ist ihm sogar von einigen alten Feldzüglern übelgenommen worden. Ein Ochs ist er durchaus nicht, der Bürgermeister, haben sie gemeint, sonst wäre er kein Königlicher Landrat geworden, und man hat ja überall gewußt, daß der Bürgermeister was im Kopf gehabt hat und gut im Rechnen und Schreiben war. Kurz und gut, es ist noch alles gut abgelaufen.

Es sind etliche Wochen vergangen, und da hat der Gemeindediener, der Schmalzer-Hans, den üblichen ›Bayerischen Veteranen- und Kriegsvereinskalender‹ in jedes Haus gebracht. Darin ist ein Zettel gelegen: »Der Preis von einer Mark ist dem Gemeindediener auszuhändigen. – Der stellvertretende Vereinshauptmann und Schriftführer, Paul Huber, Bürgermeister und Kgl. Landrat.« Das hat unserem Vater sofort wieder das Gift in den Kopf getrieben.

»Wos? Wos? – Der und stellvertretender Vereinshauptmann? Do wissn mir ja gor nix. Wos? – Do hot er si also wieder hintenrum neigschmuggelt, der rote Hund, der wampert! Nanana, den Kalender nimm i net!« hat er zum Hans gesagt und den Kalender hingeschmissen. Auf ist er, in seine Joppe hinein und gleich zum Hofbaur nach Allmannshausen hinauf. Rundherum in den Häusern haben ihn dort die Leute schimpfen gehört, und wenn der Hofbaur auch in einem fort gesagt hat, es ist bloß, weil der Bürgermeister mit der Schreiberei gut umgehen kann und er nicht – aus war es. Von da an ist unser Vater bei keinem Aufmarsch der Veteranen mehr mitmarschiert, und nicht bloß dem Hofbaur, jedem alten Kameraden, welcher nicht dasselbe getan hat, ist er feind gewesen. In einem fort hat er nachsinniert, wie er dem Bürgermeister beikommen kann, damit die »Schand«, wie er gesagt hat, vom Veteranenverein ausgewischt wird.

Sein bester Freund, der Daiser-Jakl von Leoni, wo noch den strammsten Paradeschritt machen hat können und deswegen der Fahnenträger vom Veteranenverein gewesen ist, der hat seinen wunderschönen Straußenfederhut, seine weißblaue Schärpe und seinen langen, goldverzierten, gelblichen Uniformrock zusammengepackt und dem Hofbaurn zurückgebracht. Für »Fettsäu und blutjunge Spritzer, die wo noch keine Kugel gerochen haben«, hat er gesagt, da tragt er die Kriegsfahne nicht mehr. Der Daiser ist ein heller, witziger Kopf gewesen, und wie sie einmal im Bierstüberl vom »Hotel Leoni« gehockt sind, haben die zwei etwas ausgetüftelt, das wo sie vor das Gericht bringen hätte können, aber der Bürgermeister hat sie nicht angezeigt, und das hat sie erst recht geärgert, denn ganz besonders unser Vater hat sich schon gefreut auf das, was er den Richtern alles hinreiben wollte. Nämlich, sie haben zwei festgebackene Kuhfladen von der Leoniger Straße genommen und sie hochfein eingepackt, einen Brief mit gestempelten Marken drauf in die Verschnürung gesteckt, und der Daiser hat volle zwei Tag an den Worten »Dringende Amtssache« gemalt, bis sie wie gedruckt auf dem Brief und Paket ausgeschaut haben. Dem Schmalzer-Hans, der wo immer vom Wiesmaier von Unterberg die Postsachen für den Bürgermeister bringen hat müssen, hat unser Vater vier Glasl Kornschnaps und zwei Mark gegeben und aufgebunden, er soll das Paket einfach mit den anderen Sachen abgeben und sagen, er hat's auf der Posthalterei gekriegt. Aus dem Hans ist nie etwas herauszubringen gewesen, weil er unseren Vater sehr gern mögen und besonders für soviel Kornschnaps alles getan hat. Seine Rede ist bei jeder Gelegenheit gewesen: »Der Hans macht so was nicht, der Schmalzer-Hans macht dös net, nanana, der Hans kennt sich net aus, der Hans tuat bloß sei Pflicht und Schuldigkeit.«

Das hat er immer so lang und oft gesagt, bis man ihn nicht mehr gefragt hat.

In dem Brief ist folgendes zu lesen gewesen:

Diesen Kuhdreck legen wir zu Füßen,
dem wamperten Kgl. Herrn Landrat
und geben ihm untertänigst zu wissen,
daß er im Veteranenverein ein Amt erschlichen hat,
wo anderne dafür sterben haben müssen
oder verwundet sind und jeder das Eiserne Kreuz hat,
drum ist auf den ganzen Verein jetzt geschissen.

Und darunter ist gestanden: »Hochachtungsvollst, einige echte Feldzügler.«

Aber, direkt zum Wundern ist es gewesen, der Bürgermeister und kein Mensch hat darüber ein Wort verlauten lassen, und dieses hat unseren Vater und den Daiser fürchterlich gewurmt. Immer wieder haben sie den Schmalzer-Hans ins Gebet genommen, ob er denn wirklich alles beim Bürgermeister abgegeben hat, so mißtrauisch wie der Gendarmeriewachtmeister Saur von Starnberg haben sie ihn verhört und dabei nicht aus den Augen gelassen, aber der Hans hat in einem fort das gleiche gesagt und ist nicht im mindesten verlegen geworden. »Der Hans laßt si nix nochsogn«, sagt er: »Der Schmalzer-Hans kennt genau, wos Pflicht und Schuldigkeit is. Der Johann Baur, der Schmalzer-Hans, der hot's net mitm Lüagn.« Dieses seltsame Reden hat er noch von Königszeiten her gehabt, weil er nämlich dazumal einmal etliche Monate lang Schloßdiener gewesen ist. Die zerschabte dunkelblaue Litewka von daher hat er seiner Lebtag getragen. Die Farbe hat man schon gar nicht mehr gekannt, und vorne auf der Brust ist sie ganz steif und glanzig gewesen vom danebengegangenen Essen, Schnupfen und Schneuzen. Wie Daiser und Vater nicht mehr an ihm gezweifelt haben, hat unser Vater den Kopf geschüttelt und voller Verachtung über den Bürgermeister gesagt, einen Charakter hat der aufgeschwemmte Fetthaufen überhaupt keinen nicht, er schämt sich nicht einmal, wenn man ihn auch noch so beleidigt, pfui Teufel!

Der Winter ist vergangen, März und April ist es geworden, und am ersten Mai ist bei uns in der Aufkirchner Schule immer Klassenwechsel und Schlußprüfung gewesen. Das war jedesmal sehr feierlich, denn außer dem Haupt- und dem Hilfslehrer und dem Pfarrer haben da immer ein fremder Schulinspektor, der Bezirksamtmann von Starnberg und auch unser Bürgermeister als Königlicher Landrat teilgenommen. Alle Herren waren hochfein angezogen, blitzblank ist das Schulzimmer herausgeputzt gewesen, und auch wir haben unsere Sonntagsgewänder angehabt. Unser Hauptlehrer Männer ist selbstredend drauf aus gewesen, daß seine Schüler recht gut abschneiden. Deswegen hat er uns schon lang ehvor aufgetragen, es soll jeder irgendein Gedicht aus dem Lesebuch oder von sonst woher auswendig lernen, und wenn er ihn nach der allgemeinen Prüfung auswählt, soll er dasselbe recht schön aufsagen. Uns Buben von der »großen Schule« ist aber das Verslhersagen kindisch vorgekommen, und wir haben nie eins gelernt, wenn der Lehrer auch noch so darüber geschimpft hat.

Hingegen bei dieser Prüfung hat unser Vater zu mir gesagt, ich kriege eine Mark von ihm, wenn ich, sobald der Lehrer fragt, gleich den Finger heb, aufspringe und militärisch laut und stramm sein Versl von sechsundsechzig und siebzig aufsage.

Aber, hat er gemeint, ich muß dabei in einem fort den Bürgermeister recht giftig anschauen und so schreien, daß man meint, ich schimpfe ihn zusammen wie einen stinkfaulen Bauernknecht.

»Dös wennst gnau so machst, Oskarl«, hat er schmeichlerisch gesagt, »do hob i dich noch amoi so gern. Dös blamiert'n ganz und gor, den rotn Hund, den gwampertn! Do is's aus mit'n Respekt vor dem saubern Herrn Landrat!«

In der Schule, nach der Prüfung, war der Hauptlehrer Männer ganz baff, daß ich nach dem Fingerheben sofort aufgesprungen bin, und alle Herren haben freundlich und neugierig auf mich geschaut. Dieses hat mich gar nicht weiter geniert. Strammgestanden bin ich, die Brust hab ich herausgedrückt, mein Hirn in Falten gezogen, fuchsteufelswild habe ich den Bürgermeister angeschaut und sogar ganz frech mit dem Finger auf ihn gedeutet und laut geplärrt:

Sechsundsechzig mitgestritten,
siebzig mitgekämpft,
unter drei Kaisern gedient –
Mann, das heißt machen!

Grad schön war es. Genau wie mein Vater habe ich gemeint, so, jetzt wird aber der feiste Bürgermeister den Schwanz einziehn, vor lauter Schämen ganz blaß werden und womöglich auf und davon gehen, aber was passiert da? Alle Herren haben zu lachen angefangen. »Köstlich!« hat der Herr Bezirksamtmann gesagt und sich schier geschüttelt. Der Bürgermeister hat genauso gelacht, und der Hauptlehrer hat ziemlich herabmindernd zu mir gesagt: »Setz dich, ist schon gut!« Ich habe geschlottert an Händen und Füßen vor lauter Zorn und gar nicht gewußt, was ich jetzt tun soll.

»Jaja, ist schon gut, setz dich«, hat der Männer wiederholt, und wie der Bezirksamtmann und der fremde Herr Schulinspektor wieder aufgelacht und der erstere noch einmal gesagt hat: »Köstlich, der Knirps!«, da haben mich auch noch alle von meiner Klasse ausgelacht. Ich bin brandrot geworden, habe mich endlich gesetzt, mein Herz hat gepumpert wie eine Trommel, und geschämt habe ich mich und nicht einmal gewußt warum.

Nach der Schule, auf dem Heimweg, haben mich alle »Knirps« geheißen und in einem fort gespöttelt: »Kni-irps, köstlicher Kni-irps!« Ich habe eine furchtbare Wut bekommen und zu raufen angefangen und dabei mein ganzes schönes Sonntagsgewand zerrissen, weil die andern zuviel gewesen sind und mich hingeschmissen haben. Wie ein Wilder habe ich herumgeschlagen, und wie ich mit verhauenem, zerkratztem Gesicht, zerfetzt und um und um dreckig daheim angekommen bin, hat unsere Mutter arg gejammert und geschimpft. Wenn die Nanndl auch dem Vater erzählt hat, daß ich das Versl wunderschön hergesagt und sogar mit dem Finger auf den Bürgermeister gezeigt habe, der hat mich – wie er erfahren hat, daß gar nichts dabei passiert ist – nicht mehr gelobt, und da ist mir vor lauter Wut und Verdrossenheit das Weinen angekommen.

»Hmhm, glacht hobn s' dö Herrn, und der Bürgermoasta aa . . . Hmhm, hmhm«, hat er in einem fort kopfschüttelnd gebrummt, und weil ich immer noch ärger geweint habe, hat er mir auf einmal eine Watschen gegeben und gesagt, ich soll endlich aufhören mit meiner Plärrerei. Alsdann ist er fort ins Wirtshaus.

Mein Markl habe ich nie von ihm bekommen, weil ich mich auch nicht getraut habe, den Vater daran zu erinnern, und volle zwei Jahre habe ich mit dem geflickten Sonntagsgewand in die Kirche gehen müssen . . .

Vom Kramer-Jakl, vom König Ludwig, vom Klaubauf und Pfingsthansl

Der Kramer-Jakl ist, wie wir in die Schule gegangen sind, ungefähr an die vierzig Jahr alt und bei uns in Berg sein Leben lang der Dorfdepp gewesen, denn so einen dummen Kerl hat es weitum nicht leicht gegeben. Er hat nicht lesen und schreiben können, und gesagt ist worden, er hat seinerzeit in der Schule fünfmal sitzenbleiben müssen und ist überhaupt über die zweite Klasse gar nicht hinausgekommen. Alsdann hat der Lehrer gesagt, die Kramerin soll ihn daheim lassen, er lernt doch nichts und bleibt so dumm, wie er ist. Er ist auch ein furchtbar schiecher Kerl gewesen, um und um voller Haare, und sogar im Gesicht. Glotzaugen hat er gehabt wie ein abgestochenes Kalb, und seine Schwester Marie ist nicht recht viel schöner gewesen, genauso angefettet wie er, bloß viel kleiner, denn der Jakl hat gutding zwei Meter gemessen, und der Doktor Penzl von Starnberg hat einmal gesagt, für seine Hände braucht der Jakl einen Waffenschein, und seine Füße sind so groß wie ein mittleres Ruderboot. Darüber haben alle Leute viel gelacht. Beim Kramer sind sie ganz und gar bigottisch gewesen, und das einzige, was der Jakl können hat, ist das Rosenkranz- und Vorbeten gewesen. Deswegen hat er auch bei uns in der kleinen Berger Kirche in der Früh und nach Feierabend immer Gebetläuten dürfen, und sonst ist er beim Fischer Liedl in Unterberg Ruderer gewesen und hat beim Fischen mitgeholfen, solang er gelebt hat.

Der Jakl ist auch dabei gewesen, wie sie am 13. Juli 1886 unseren unvergessenen ertrunkenen König Ludwig den Zweiten mit dem Doktor Gudden als Leichen aus dem See gezogen haben, und wenn man ihm das gesagt hat, ist sein Gesicht noch dümmer geworden, und er hat bloß gesagt: »Nana, i hobn net rauszogn, an Kini ... der Liedl ... i derf nix sogn.« Sonst hat keiner mehr aus ihm herausgebracht, und aus dem Liedl auch nichts. Der nämlich hat dazumal vom königlichen Hof sein Haus geschenkt bekommen und einen Schwur ablegen müssen, daß er nie was darüber verlauten laßt.

Damaligerzeit und auch noch wie ich in die Schule gegangen bin hat es geheißen, die von der Regierung und der spätere Prinzregent Luitpold haben vom Doktor Gudden verlangt, daß er unseren vielgeliebten König für irrsinnig erklärt, weil derselbe soviel schöne Schlösser gebaut und deswegen einen Haufen Schulden gemacht hat, aber bei uns in Berg, in der Pfarrei und überhaupt im ganzen Land haben die Leute das nicht geglaubt, bloß laut sagen hat es keiner dürfen, sonst ist er eingesperrt worden. Trotzdem ist selbigerzeit ein geheimes Lied aufgekommen, von welchem einige Strophen allerhand verraten haben, wie es an dem betreffenden Unglückstag zugegangen ist und wie schandmäßig sie mit unserem guten König umgegangen sind.

Freilich hat sich keiner getraut, dieses verbotene Lied offen zu singen, aber gemerkt hat es sich jeder, insbesondere die Strophen, die wo berichten, wie sie den armen König von Neuschwanstein mit Gewalt in einer verschlossenen Chaise abgeholt haben, und welche lauten:

Mit Gloriformen und Bandaschen
traten sie behendig auf.
Nach Schloß Berg hab'n sie ihn hingefahren,
dort endet dann sein Lebenslauf.
Doktor Gudden und der Bismarck,
den man auch den »großen Kanzler« nennt,
haben ihn in'n See 'neigstessen,
indem sie ihn von hinten angerennt.
Feiger Kanzler, deine Schande,
die traget dir ganz g'wiß kein Ehrenreis.
Du stund'st ihm nicht in offnem Kampfe –
der Rippenstoß von hinten her und das beweist . . .

Wenn wir auch in der Schule gelernt haben: »In geistiger Umnachtung hat der unglückliche König freiwillig den Tod in den Fluten des Würm- oder Starnberger Sees gefunden, und dabei ist auch sein Leibarzt, der Doktor Gudden, welcher ihn begleitete und retten wollte, ertrunken« – unser Vater hat uns das alles ganz anders erzählt, und er hat uns dabei jedesmal sehr ernst und streng gewarnt, wir sollen bloß ja nie was davon verlauten lassen. Er ist in der ganzen Pfarrei der einzige Mensch gewesen, der wo seit dem Krieg von 1870 bis 1871 den Bismarck sehr verehrt hat, und es ist ihm arg angekommen, was in dem Lied von seinem Liebling behauptet worden ist, aber er hat gemeint, die von der Regierung und am Hof, wo damaligerzeit alles vertuscht haben, was passiert ist, haben bloß alles auf den Bismarck geschoben, weil er weit weg gewesen ist und weil man ihn bei uns nicht leiden hat können, und das tun sie auch jetzt noch, damit ihre hinterlistige Lumperei nicht herauskommt.

»Mir Berger hobn üns ja gnua gsehn damaligerzeit«, hat er meistens angefangen und erzählt, daß seine Schwester Kathl, die wo immer das Brot in das königliche Schloß nach Unterberg gebracht hat, am selbigen Unglückstag an jedem Schloßtor Gendarmen gesehen hat, und der Wachtmeister Saur von Starnberg ist ihr gleich entgegengekommen, hat barsch gefragt, was sie will, hat ihr das Brot abgenommen und grob gesagt: »Das wird schon abgeliefert. Und jetz mach, daß du heimkommst, und laß dich nimmer sehn, verstanden!«

Kein Oberberger hat mehr nach Unterberg hinunter dürfen, alles ist polizeilich abgesperrt gewesen, und die Unterberger, der Müller, der Ambros, die von der Schloßwirtschaft vom Wiesmaier, der Liedl und der Gerhaker, haben die ganze Zeit nicht aus den Häusern gehen dürfen. Sie haben bloß gesehen, wie auf der Seestraße immer wieder Ordonnanzreiter oder verschlossene Hofkutschen dahergesaust und im königlichen Schloß verschwunden sind. Gemunkelt ist auch worden, der tote König ist im Schloß so hoch aufgebahrt worden, daß kein Mensch hinaufschauen hat können. Alsdann, wie es schon auf die Nacht zugegangen ist, ist der Trauerzug, rundherum eskortiert von berittener Polizei und Militär, im Trab aus dem Dorf gefahren, vielleicht auch deswegen, weil es so geregnet hat.

Der Kramer-Jakl, der immer bloß aufs viele Essen aus gewesen ist, hat sich nur erinnert, daß er am andern Tag zwei große Portionen Schweinsbraten mit Kartoffelsalat und sechs Semmelknödel und zwei Maß Bier gekriegt hat beim Liedl, und er hat ausnahmsweis am Tisch vom Liedl und der Liedlin essen dürfen. Nachher hat ihm der Liedl ein goldenes Zwanzigmarkstück gegeben, und das ist vom königlichen Hof, hat der Liedl gesagt, weil er in der Nacht gerudert hat.

»Aber sunst derf i nix sogn. Dös is bloß fürs Ruadern, hot der Liedl zu mir gsogt, und, hot er gsogt, er hebt mir dös Geld auf«, ist alles gewesen was der Jakl einmal verlauten hat lassen. Das ist beim Knödelwettessen in der Klostermaier-Wirtschaft gewesen, wo der Jakl immer gewonnen hat. Siebenunddreißig Knödel hat er da hinuntergestellt und dafür immer vier Maß Bier und drei Mark bekommen. Der Demmler-Wastl von Bachhausen und der Jani-Hans von Farchach haben es bloß bis auf achtzehn und zwanzig Knödel gebracht, und seitdem sich dazumal der Hans brechen hat müssen und kaum noch hat schnaufen können, hat er bei keiner solchen Wette mehr mitgemacht. Weil wir Schulbuben gewußt haben, daß der Kramer-Jakl bloß einen Verstand und einen Magen fürs Essen hat, haben wir einmal einen Zwanzgerwecken feinsäuberlich ausgehöhlt, Schmierseife hineingeschmiert und den Wecken vor unserem Haus auf die Straße gelegt, wo der Jakl immer vorbeigekommen ist, wenn er zum Mittagläuten gegangen ist. Der Martl, meine Schwester Nanndl und ich haben uns hinter unserem Tennentor versteckt und gelauert. Richtig hat der Jakl, indem er kurz rundum geschaut hat, auch gleich den Wecken aufgehoben, ihn sofort in sein großes Maul geschoben und drauflosgebissen, aber da ist ihm schnell das Gesicht aus dem Leim gegangen, und ganz dumm hat er den Wecken aus seinen seifigen Händen fallen lassen, in einem fort ausgespieben und dahergeplappert: »Ah, ah, den ganzn Weckn hobn's verpfuscht, ah-ah-ah!« Etliche Augenblicke lang hat er recht wehleidig auf den zerbaazten Wecken niedergeschaut und wiederum geplappert: »Schod, ewi schod für den schöna Weckn!« aber alsdann ist er doch weitergegangen. –

Ich weiß nicht, ob es heute auch noch so ist, aber wie

ich in die Aufkirchner Schule gegangen bin, da ist bei uns in der Nacht vor dem St. Nikolaustag immer der »Klaubauf« gekommen. Derselbe war gerade das Gegenteil vom guten, braven heiligen Nikolaus, welcher uns immer Nüsse, Lebkuchen und Äpfel geschenkt hat, wenn wir ihm recht schön das ›Vaterunser‹ vorgebetet haben. Der Klaubauf war so was Ähnliches wie ein strenger Zuchtmeister, schier schon der reine Höllenteufel, der uns Angst und Schrecken einjagen hat sollen wegen unserer Lumpereien im ganzen Jahr. Er hat auch ganz danach ausgeschaut, einen schwarzen Weiberstrumpf über das Gesicht, wo bloß seine Augen ausgeschnitten waren, um und um behängt mit recht gräusligem Zeug wie zum Beispiel einer alten Kuhhaut, umgekehrten Hosen mit draufgepappten Bettfedern und bewaffnet mit einem leeren Sack und einer großen, verrosteten Kuhkette. Brüllend ist er an die Haustüren gekommen, hat seine Kette mordialisch hingeschlagen und geschrien: »Aufmacha und rein in mein Sock, wenn a bös Kind do is! Auf do, der Klaubauf is do!«

Alsdann sind unsere Eltern vor die offene Tür gekommen und haben gesagt, nein, nein, bei uns sind alle Kinder brav, und haben dem Klaubauf ein Zehnerl oder Äpfel oder einen halben Laib Brot gegeben, die er in seinen Sack getan hat. Und wir sind dahintergestanden und haben recht scheinheilig unschuldig getan, als wie wenn wir uns fürchten, aber wir haben ja schon lang gewußt, daß den Klaubauf jedes Jahr der Kramer-Jakl macht. Wenn alsdann derselbe, wie es der Brauch gewesen ist, alle Türen abgeklopft gehabt hat, ist er auf den Dorfplatz vor unserem Haus, hat gestampft und gebrüllt und seine Kuhkette wild hin und her geschlenkert: »Der Klaubauf nimmt enk mit, ös bösn Kinda! Da Klaubauf steckt enk in sein' Sock!«

Noch allerhand andere Geräusche hat er von sich gegeben, und immer noch bärenpatschiger ist er herumgetorkelt, und wir sind aus den Häusern gekommen und lustig um ihn herumgerennt, haben gelacht und gespöttelt: »Damischer Klaubauf – du derwischst üns ja doch net, saudummer Klaubauf!« und mit Schneeballen auf ihn geworfen und, wenn es gegangen ist, hinten oder vorn gezupft und gerissen, ganz gleich, wenn er uns auch hie und da mit der Kuhkette erwischt hat. Der Jakl war ja viel zu langsam. Das hat uns erst recht gefreut. Mit Wasser haben wir ihn angespritzt, und der Martl hat ihn einmal mit der Mistgabel in den Arsch stechen wollen, aber die Spitze ist nicht durchgegangen, und weil wir einen solchen Lärm gemacht haben, ist der alte Friedl aus dem Haus und hat uns verjagt. Ganz zerzupft und lädiert ist der Jakl heim.

Dieses Klaubauftreiben von uns ist von Jahr zu Jahr ärger geworden; ein anderer wäre nicht so dumm gewesen wie der Jakl und ganz anders mit uns umgegangen, aber keiner hat das machen wollen, und der Jakl war froh darüber, denn er hat jedesmal, wenn er vom Klaubaufmachen heimgekommen ist, die Äpfel, das Brot und was sonst noch zum Essen in seinem Sack war, gleich aufgegessen und von dem Geld, was er zusammengebracht hat, insgeheim dreißig oder fünfzig Pfennig behalten. Alles andere hat er seiner Mutter, der faßdicken, mißtrauischen Kramerin geben müssen. »Na-na, Mutta, ganz gwiß wohr. Auf Ehr und Seligkeit, mehrer hob ich net kriagt«, hat er immer gesagt, aber jeder im Dorf hat von seinem Schwindel was gespannt, weil er sich am andern Tag ganz verstohlen zwei Würste und eine Halbe Bier gekauft und dabei immer so verlegen gelacht hat.

Ganz frech hat die Wiesmaier-Kellnerin einmal zu ihm gesagt: »Nana, Jakl, i verrot nix, gor nix aa ...« Dafür hat er ihr immer die leeren Bierfässer und Holzkästen mit den leeren Bierflaschen auf die Straße tragen müssen, wo sie der Bierführer von Starnberg abgeholt hat. Diese Kellnerin mit Namen Wally ist von der Stadt drinnen gewesen und bloß immer über den Sommer in der Wiesmaier-Wirtschaft »Zum König Ludwig« geblieben. Alsdann haben ihr die Gäste vom Schloß und vom Dorf einen Abschied gegeben und allerhand geschenkt, denn sie ist eine große, stramme, vollbusige, rothaarige und ziemlich couragierte Person gewesen und hat mit den Mannsbildern sehr gut umspringen können.

Zu ihrem Abschied hat sie immer ihre Freundin Kathi, die wo in der Stadt bei einer Herrschaft in Dienst war, kommen lassen. An dieser ist auch hübsch was dran gewesen, und sie hat ein freches Maul gehabt, wodrüber die Mannsbilder viel gelacht haben. Sehr nobel ist sie jedesmal hergerichtet gewesen, und beim Abschied ist es immer sehr lustig zugegangen. Am andern Tag haben sich die zwei vom Jakl immer nach Starnberg hinüberrudern lassen und sind nach München gefahren. Da ist einmal mitten im See drinnen was vorgekommen, was für sie, wenn sie nicht so couragiert gewesen wären, sehr schlecht ausgehen hätte können. Das haben aber im darauffolgenden Sommer bloß etliche vom Schloß und in Unterberg von der Wally erfahren, und es ist erst viel später, wie es nichts mehr ausgemacht hat, im ganzen Dorf bekannt geworden. Wie der Jakl so dahingerudert ist, hat die Wally einmal zu ihm gesagt, es pressiert gar nicht so, er braucht sich nicht so schleunen, und da, er soll die vier Würste und die Semmeln essen, und einen Schnaps kriegt er alsdann auch.

»Hja-hja, dös is scho recht schön, hja-hja, hja, Frailein«, hat der Jakl gelacht, gierig zu essen angefangen und immer so seltsam auf die zwei lustigen Weibsbilder geschaut: »Ja-ja, schön' Dank, Frailein Wally ... Ver-vergelt's Gott, hja-hja ...« Und wie er den Schnaps gekriegt hat, sind seine Glotzaugen aufgeglanzt, und weil die Wally ihn so fidel gefragt hat, ob er denn gar nie heiraten will, der Jakl, da hat er gestottert: »Hja-hja, vielleicht ... hja, vielleicht waar's ganz schö, Frailein, h-ja-hja, aba mei Muatta sogt, h-ja-hja, i taug net dafür ...«

»Ah, wos dei Muatta sogt, Jakl!« sagt auf das hin die Wally: »Du bist doch a baumstarks Mannsbild und grod in die rechtn Johr, Jakl! Do kriagt oane amal an rechtn guatn Mann. Schaug uns zwoa an. Solcherne Weibsbilder gibt's doch haufenweis. Du traust dir halt net, Jakl ...«

Sie und die Kathi sind nämlich vom Schnapstrinken schon hübsch lebhaft gewesen. Sie haben gelacht, und weiß Gott, wie alles zugegangen ist, der Jakl ist auf einmal aufgestanden und hat auf sie los wollen, das flache Schiff hat geschaukelt, und sie haben zu schreien angefangen, und da ist dem Jakl sein haariges Gesicht wie ein vergangener Teig auseinandergeronnen, und er hat recht sonderbar geplappert: »Nana, na Frailein, nana, da Jakl is scho brav, hja-hja ... Ga-ganz gwiß ...«

Das haben die zwei Weibsbilder ausgenutzt und ihn mit aller Kraft umgestoßen, daß er – sein dicker Kopf hat aufs Brett von seinem Rudersitz geschlagen und zu bluten angefangen – gestreckterlängs hingefallen ist auf den feuchten Schiffboden. Die zwei sind über ihn her und haben ihn so traktiert mit den Fäusten, daß er gleich zu bitten und betteln angefangen hat.

»So«, hat auf das hin die Wally schnaufend gesagt: »Und jetzt schleun di, marsch, ruderst uns schnell nach Starnberg, und wennst noch mal was anfangst, übergebn wir dich gleich der Gendarmerie.«

So hat es die Wally erzählt, ob es gestimmt hat, weiß der Teufel, aber der Jakl ist an demselben Tag wirklich mit einem blutigen Kopf und zerkratztem, geschwollenem Gesicht zum Liedl heimgekommen und hat gesagt, er ist recht dumm ausgerutscht am Starnberger Steg, wie die Fräulein ausgestiegen sind, hat sich furchtbar angeschlagen und ist ins Wasser gepurzelt. Auffällig war bloß, daß er sich beim Wiesmaier nicht mehr sehen hat lassen und sich von da ab schier vor jedem fremden Weibsbild gefürchtet hat.

Um aber wieder auf unser Klaubauftreiben zurückzukommen, da ist es dem Jakl auch einmal so schlecht gegangen, daß man uns von da ab nicht mehr auf den schneeigen, nachtdunklen Dorfplatz gelassen hat. Dazumal nämlich sind bei uns an den Telegraphenstangen noch keine elektrischen Lampen gewesen, und das ist für uns sehr günstig gewesen. Wir sind los auf den linkisch herumtappenden Jakl wie ein Rudel Wölfe. Ich hab ihm mit unserer Ofenspritze brühwarmes Wasser ins Gesicht gespritzt, daß er auf einmal gestockt hat, und da haben ihm der Bauleser-Franzl und der Martl die Kuhkette aus der Hand gerissen, die anderen haben einen Granathagel Schneeballen auf ihn geschmissen, und wie er wieder zu tappen angefangen hat, hat ihm der flinke Bruder vom Franzl, der Bauleser-Michl, die Stange von der Mistgabel zwischen die Füße gestellt, daß er ausgerutscht und auf den glatten Schneeboden gefallen ist. Die Nanndl hat ihm den Strumpf vom dicken Kopf heruntergerissen, und alsdann haben wir ein mordsmäßiges Schreien angefangen: »Saudummer Klaubauf-Jakl, saudummer, glaubst, mir kenna di net. Hälabätsch, damischer Kramer-Jakl!« Der Jakl hat geschnauft und gejammert und bloß immer seinen vollen Brotsack festgehalten, ganz mühselig hat er versucht, wieder aufzukommen, und da hat ihm der Martl den Hammer hinten auf die Achsel geschlagen, daß es gleich gekracht hat.

»Au! Auweh, i stirb!« hat da der Jakl geschrien, und auf das hin sind wir voller Angst in der Dunkelheit auf und davon.

»Herrgott, Herrgott, wenn er jetzt hin is?« hat der Bauleser-Franzl halblaut beim Gartentürl zu uns gesagt, und alle haben wir schnell ausgemacht, daß wir nicht wissen, wer es getan hat. Seltsam aber, gleich haben wir den Martl abweisend und verdächtig angeschaut, als wie wenn wir sagen wollten: »So, jetzt bist du ein Mörder!« Gesagt hat aber keiner was davon. Der Martl hat seinen Hammer über den hohen Zaun vom Gärtner Kern geschmissen, und wir sind alle auseinandergegangen. Zum Glück aber ist es beim Kramer-Jakl doch nicht so arg gewesen, wenn auch die Kramerin gleich zum Bürgermeister gelaufen ist und verlangt hat, daß der Doktor geholt wird und die Kosten dafür von der Gemeinde bezahlt werden müssen. Der Doktor Penzl von Starnberg hat konstatiert, daß kein Knochen verletzt worden ist, dem Jakl seine hintere Achsel und sein Arm ist über eine Woche sehr geschwollen gewesen, und er hat die ganze Zeit nicht mehr zum Liedl hinunterkommen können. Geläutet hat für ihn der Bruder vom Martl, der Kramerfeicht-Sepp.

An dem Tag, wo wir erfahren haben, es ist wieder so weit, daß der Jakl läuten kann, sind der Martl und ich insgeheim auf den Turm von unserer Berger Kirche gestiegen und haben die Klöppel von den zwei kleinen Zinnglocken angebunden. Das ist eine schwere Plagerei gewesen, geschwitzt haben wir dabei wie Akkordmäher, aber um so mehr haben wir uns gefreut, wie in aller Früh schon rundum die Aufregung losgegangen ist. Eine Zeitlang hat der Jakl an den Glockenseilen gerissen wie ein Wilder, alsdann aber ist er aus der Kirche gelaufen und hinten beim Kramerfeicht hinein und hat irgendwas geschrien von Hexen und von Teufel und daß es in der Kirche umgeht. Es sind auch schon überall Leute aus den Häusern, und die alte Schreinerin hat gesagt, da muß der hochwürdige Herr Pfarrer von Aufkirchen geholt werden und muß gleich unsere kleine Filialkirche neu weihen, viele Weiber haben schon einen Rosenkranz beten wollen, da aber hat der Bauleser resolut gesagt: »Ah, dös is doch höchstens wieder a Lumperei von a poor Saulakln«, und ist mit dem Friedl-Xaverl auf den Turm gestiegen.

Daß wir Buben das gemacht haben, darauf ist keiner gekommen, eher hat man schon auf unseren Bäckergesellen, den roten Kaschpa, einen Verdacht gehabt, weil dem ja auch immer solche Faxereien eingefallen sind und weil, wie gesagt worden ist, der überhaupt keinen Glauben nicht hat. Diesmal aber ist der Kaschpa sehr wild geworden, und, sagt er, er möcht sich das verbitten und schlagt jeden windelweich, wenn er ihm so was nachsagt. Bärenstark war er ja, der Kaschpa, und wenn er zornig geworden ist, da hat jeder den Schwanz eingezogen. Auf der Stelle ist es aus gewesen mit dem Herumreden.

»Aber der wo's gmacht hot, den straft ünser Herrgott schon«, hat die keiferische alte Schreinerin gemeint, und man ist auseinandergegangen. Die Kramerin und ihre bigottische Marie hingegen sind zum Pfarrer hinauf und haben sich beschwert. Sonst ist bloß die Marie immer jeden Tag in die Frühmesse nach Aufkirchen gekommen, die Kramerin nämlich hat wegen ihrer Fettigkeit kaum noch richtig watscheln können, und wenn sie am Sonntag in die Pfarrkirche zum Hochamt gekommen ist, ist ihr feister, um und um haariger Kopf krebsrot gewesen, und geschnauft hat sie wie eine Lokomotiv. Da hat gleich der dünne Bart auf ihrer Oberlippe gezittert, als wie wenn ein Wind drübergeht. Diesmal aber ist sie mit der Marie zur Frühmesse gekommen, und gleich danach sind die zwei in die Sakristei zum Hochwürden Herrn Pfarrer Johst. Zu klagen und zu gaustern und eine Jammertation haben sie angefangen, daß unser guter Hochwürden kaum zum Wort gekommen ist, und gesagt haben sie, warum man denn bloß immer ihrem »Jakob« – auffälligerweis haben sie vom Jakl immer per »Jakob« geredet – solche Schlechtigkeiten antut und wie das kommt, daß auch sie keiner im Dorf mag. Der Herr Hochwürden Johst aber hat so aufdringliche Betschwestern auch nicht schmecken können, trotzdem hat er sich dabei, wie es einem Geistlichen zusteht, immer recht gottselig sanft gestellt und irgendwas davon gesagt, daß unser Herrgott da schon einen Ausgleich macht, wenn's einmal Zeit ist. Der Mesner Moser aber hat beim Klostermeier erzählt, daß der Hochwürdige Herr direkt aufgeschnauft hat, wie die zwei Weiber draußen waren. Alsdann hat er zum Moser gesagt, wenn ihm unser Herrgott schon in aller Früh zwei so schiache, scheinheilige Plapperweiber schickt, da ist's aus mit seinem Humor, da hilft nichts, als daß er sofort zum Klostermaier geht und zu seinen Weißwürsten statt einer zwei Maß Bier trinkt.

Menschenkenner ist der Pfarrer Johst, scheint es, kein schlechter gewesen, denn gegen die Kramer-Marie, gegen ihr bigottisches Eifern und ihr Frühmeßlaufen ist er schon immer mißtrauisch gewesen. »Ohne Grund«, hat er einmal zum Mesner gesagt, »ist kein richtiger Katholik so bigottisch, hinter so einer unnatürlichen Beterei ist oft gar nichts Sauberes dahinter.« Und – recht hat er gehabt bei der Kramer-Marie. Die nämlich ist im zweiten Jahr, nachdem wir mit dem Jakl nicht mehr das Klaubauftreiben machen haben dürfen, so um Weihnachten herum, auf einmal nicht mehr in die Frühmesse nach Aufkirchen gekommen und hat im Pfarrhaus wissen lassen, sie ist krank. Einen Doktor hat man aber beim Kramer nie nicht gesehen. Der Winter ist langsam rumgegangen, und mit der Marie ihrer Krankheit ist es auffällig geworden, weil, wenn wer den Jakl danach gefragt hat, der jedesmal so ein sonderbares Gesicht gemacht und alsdann rausgeplappert hat: »Hja, hja, inwendig hot s' wos, d' Marie . . . Inwendig, hja, hja . . .«

Kurzum, im Frühjahr ist im Dorf ein Munkeln aufgekommen, krank ist die Marie gar nicht, ganz wo anders spukt es bei ihr. Dabei haben die Leute immer recht versteckt hinterlistig gelacht, und wiederum nach einer Zeitlang hat schon jeder Mensch den Witz gemacht, sie hat einen geschwollenen Bauch, die bigottische Marie, und der ist vom Bader Hingerl von Aufkirchen. Außer dem Jakl ist beim Kramer niemand mehr aus dem Haus gekommen, und der selber hat immer wieder mit seinem damischen »inwendig« angefangen, wenn ihn wer gefragt hat.

Der Sommer hat schon angefangen. Bloß hie und da hat man die vom Kramer beim Vorbeigehen hinter ihren Fenstern gesehen. Und der Bader Hingerl? Wie war es mit dem, wenn er vom Freitag bis Samstag nacht in der ganzen Pfarrei von Haus zu Haus ist und die Mannsbilder rasiert hat? Dem saukalten Kerl hat es gar nichts ausgemacht, wenn ihn wer angespöttelt hat, ob ihm denn vor der schiachen Kramer-Marie gar nicht gegraust hat und so weiter? Nicht einmal geleugnet hat er was.

»Bei der Nacht sind alle Katzen schwarz«, hat er bloß gesagt, weil es ja um die Frühmeßzeit noch immer stockdunkel war, und brühwarm hat er dazugesetzt, das andere wird sich schon noch zeigen. Nicht ein einziges Mal hat man ihn beim Kramer aus- und eingehen sehen. Vielleicht war das zwischen ihm und der Marie abgemacht. Ihm hinwiederum muß das ganz recht gewesen sein, weil er kein Einheimischer war und immer bloß sein knappes Auskommen gehabt hat. Seit nämlich unser alter Bader Frischl gestorben ist, hat immer bloß ein stellungsloser Badergeselle aus der Stadt drinnen das Haarschneiden, Rasieren und Zahnziehen auf ein oder zwei Jahr bei uns ausgeübt und hat dieses Notschnappergeschäft alsdann aufgegeben. Weg ist er, und wohin hat kein Mensch gewußt.

Zu unserm roten Kaschpa, mit dem wo er sehr speziell gewesen ist, hat der Hingerl einmal gesagt, wie ihn der gefragt hat, wie er sich denn aus der ganzen Kalamität herausziehen will: »Ganz einfach! Da heißt's einfach: ›Fliege, fliege, Vöglein‹, basta ...« Dabei hat er sein verwegenes Zigeunergesicht mit dem strammen schwarzen Schnurrbart verzogen und zum Kaschpa gesagt, er soll bloß nichts verlauten lassen. Dadrauf hat er sich beim Kaschpa verlassen können, denn der und wir – mein Bruder Lenz und ich – haben schon lang auf die Kramer-Marie einen Hock gehabt, weil sie uns im vorigen Sommer, wie wir in der Nacht den Birnbaum beim Kramer abgeleert haben, angezeigt hat. Da ist sogar der Starnberger Gendarm Bichler zu uns gekommen, hat den Kaschpa und uns streng verhört, aber wir haben alles ganz frech abgeleugnet. Und nachdem er die Gesellenkammer durchsucht und keine einzige Birn gefunden hat, ist er ein wenig freundlicher geworden, hat gesagt: »Also bloß Weibsbilderplapperei! Das kennt man.«

Unsere Mutter, welche immer ein recht wehleidiges, bekümmertes Gesicht gemacht hat, wenn der Gendarm in unserem Haus aufgetaucht ist, hat ihm auf das hin zwei Glas Bergamott-Schnaps gegeben und ganz verdrossen in ihn hineingejammert: »Jedsmoi, wenn was passiert, solln's der Kaschpa und ünserne Buam gwesn sei. Dö hobn doch dö ganz Nocht Arbat grod gnua, daß s' den Haufa Brot herbringa. Wo solln s' denn do d' Zeit hernehma für so wos?«

Selbstredend hat sie gewußt, daß wir die Kramer-Birn in der Tenne droben, tief in einem Heustock vergraben, gehabt haben, aber nach ihrer Auffassung hat man einem Gendarm nie nicht die Wahrheit sagen dürfen, weil der bloß Unglück ins Haus bringt. So was muß man beichten, sonst nichts.

Eine Woche nach Ostern haben wir jedes Jahr für den Sommer einen Mischer eingestellt, weil da die Herrschaften schon langsam aus der Stadt in ihre Villen gekommen sind und die Arbeit immer mehrer geworden ist. Der Lenz hat auch schon in der Backstube gearbeitet, und wenn große Feiertage gekommen sind, habe ich noch mithelfen müssen, weil unser Bruder Maurus in Karlsruhe Konditorei gelernt hat. In der Nacht vom Pfingstsamstag auf den Pfingstsonntag hat uns der rote Kaschpa sehr angetrieben, denn, hat er gesagt, wir müssen Zeit herausschinden wegen dem Pfingsthansl für die Kramer-Marie. Was es damit auf sich gehabt hat, muß ich für solche, welche nicht von unserer Gegend sind, kurz erklären.

Gar arg hat man damaligerzeit einem ledigen Weiberts nicht übelgenommen, wenn dasselbe ein Kind bekommen hat, aber wenn dieses Weiberts so eine bigottische Person wie die Kramer-Marie gewesen ist, alsdann natürlich ist weit und breit ein schadenfroher Spott aufgekommen, und nicht bloß das. Mit dem Reden war es nicht getan, sondern man hat in der Nacht vom Samstag auf den Pfingstsonntag diesem scheinheiligen Weiberts einen Pfingsthansl auf den Giebel des Hauses, wo sie daheim war, gesetzt, das heißt hinaufgebunden oder hinaufgenagelt. Dieser Pfingsthansl war eine lebensgroße Puppe, welche halbwegs das Gesicht von dem zukünftigen Kindsvater und irgend was in der Hand gehabt hat, wo seinen Beruf angezeigt hat. Den unsrigen für die Kramer-Marie haben der rote Kaschpa und meine ältere Schwester Emma gemacht. Er hat einen weißen Baderfrack angehabt und ein großes Rasiermesser aus Holz in der einen Hand gehalten.

So ein »Hanslsetzen« ist eine arge Arbeit gewesen und hat oft mit einer furchtbaren Rauferei geendet, weil ja das Setzen nicht ohne Spektakel zu machen gewesen ist. Bei uns aber ist das ziemlich leicht gewesen, weil das Dach vom Kramerhaus und das vom Friedl fast aneinandergestoßen haben. Wir sind also beim Friedl hinten hinaufgestiegen, und weil wir barfuß waren, hat bloß der Hund beim Schatzl etliche Male angeschlagen. Wir sind auf dem Kramerdachfirst bis zum Hausgiebel geschlichen und haben unseren Pfingsthansl fest angebunden. Gehört hat man da fast gar nichts, und, wie wir im Mondschein gesehen haben, wunderschön gerade ist der Hansl droben gehängt. Grad noch recht, eh' der Brezenteig vergangen ist, sind wir schwitzend und kreuzlustig heimgekommen.

So, und alsdann hat so um sechs Uhr früh der Jakl Gebet geläutet, es ist langsam hell und heller geworden, und endlich sind die Leute in ihren Sonntagsgewändern aus den Häusern gekommen und zum Hochamt in unser Pfarrdorf Aufkirchen hinaufgegangen – und da erst hat das Lachen, Juchzen, Spotten und der Spektakel angefangen, weil sich jeder Mensch über diesen gelungenen Jux gefreut hat. Zu dritt, zu viert und zum Schluß zu einem ganzen Haufen sind die Leute zusammengestanden und haben zum Hausgiebel vom Kramer hinaufgeschaut, bis es endlich die beim Kramer drinnen gemerkt haben.

»Ah, ah, jetz do schaug, ganz großartig schaugt er aus, der Boderwaschl! Direkt wia wenn er lebt, schaugt er her!« haben sie sich begeistert und der Marie geschrien, sie soll sich doch ihren schönen Hingerl anschauen, alsdann schaut ihr Bankert genauso schön aus, wenn sie ihn ausgetragen hat. Mannsbilder, Weibsbilder und die Kinder sind gleich gesprungen vor lauter Fidelität, und wie der Jakl endlich mit einer Leiter hinterm Haus vorgekommen ist, haben sich der Wiesmaier und der dicke Hofgärtner den Witz gemacht und haben ihn angeschrien, das darf er nicht machen am heiligen Pfingsttag, das ist verboten, sie zeigen ihn an, und er soll machen, daß er ins Hochamt kommt, sonst geht es ihm schlecht.

Der Jakl hat ein ganz weinerliches Gesicht bekommen und die Leiter fallen lassen und in einem fort geklagt: »Hja-hja, mei Muatta ho-hots doch gsogt ... U-und d' Marie aa ... Hja-h-ja ...«

»Nix do, nix do, Jakl!« hat der Wiesmaier zur allgemeinen Gaudi geplärrt: »Glatt vom Gendarm lossn mir di holn.« Und da ist das Fenster aufgegangen, und die Kramerin hat wie eine wilde Hexe auf den Jakl hineingebenzt und ihm gedroht, aber der Lärm ist schon so laut geworden, daß man sein eigenes Wort nicht mehr verstanden hat.

Der Jakl ist im Garten gestanden wie mit der vollen Hose und hat sich überhaupt nicht mehr ausgekannt, die Haustür ist aufgerissen worden, und man hat gesehen, wie ihn die zwei Weiber, bewaffnet mit Besen und Teppichklopfer, hineingerissen haben ins Haus. Die Tür haben sie zugeschlagen, und lachend und kreischend sind die Leute endlich Aufkirchen zu. Es laßt sich denken, daß beim wunderschönen Hochamt und Umgang keiner von den Bergern mehr die richtige Pfingstandacht aufgebracht hat, aber wie sie heimgekommen sind, ist der Pfingsthansl doch schon vom Kramergiebel herunten gewesen. Sie sind bloß noch vorbeigegangen und haben gesagt, jetzt ist's ja gleich, gesehen hat der Marie ihr Schand' doch jeder.

Der Jakl hat die ganze Woche ein verschwollenes Gesicht gehabt, und ganz wehleidig hat er zugegeben, daß ihn seine Mutter und die Marie gehaut haben. Unser roter Kaschpa hat ihm einen Fuffzigerwecken geschenkt, und das hat ihn getröstet ...

Einen Buben hat die Marie gekriegt, und ihr Hingerl ist wirklich, wie es soweit gewesen ist, schon auf und davon gewesen.

Acht Kinder sind wir gewesen, drei Schwestern und fünf Brüder. Der jüngste Bub war ich, die jüngste Schwester die Nanndl, welche, solange wir in die Werktagsschule gegangen sind, immer bloß mit uns Buben, mit mir und dem Kramerfeicht-Martl, gespielt hat, und zwar meistens Indianer. Die Nanndl hat nie Puppen mögen und hat auch nicht, wie die anderen Schwestern Emma und Resl, so ein kindisches Zeug wie etwa ein Poesiealbum gehabt und überhaupt alles Weibische nicht leiden können. Später alsdann, wie sie aus der Schule gekommen ist, hat sie für unseren kleinen zottelhaarigen Hund, den Russl, und für den Beethoven geschwärmt, dem sie jedesmal im Mai in der Kammer droben einen Maialtar errichtet hat, mit vielen Bildern von ihm zwischen Blumenstöcken. Dazu hat sie, während sie die Betten gemacht hat, immer das Lied ›Wer uns getraut, ich sag es laut . . .‹ gesungen, ganz andächtig und feierlich, weil sie gesagt hat, das ist vom Beethoven.

Dazumal ist sie ungefähr dreizehn Jahre alt gewesen, und manchmal hat sie gesagt, sie will Sängerin werden, weil man da immer ernst und feierlich sein muß und beim Singen die Augen schwärmerisch zum Himmel hinauf richtet, aber die Noten hat sie nicht gekannt und sich durchaus nicht für Musikinstrumente, für Opern, Sänger oder Sängerinnen interessiert, bloß für das, was der Beethoven in seinem Leben gemacht hat. An ihrem Russl ist sie so gehängt, daß sie ihn überall zum Brotaustragen mitgenommen und mit ihm wie mit einem Menschen geredet hat, und gleich ist ihr das Weinen gekommen, wenn ihm was gefehlt hat. Wie der Russl eingegangen ist, hat sie ihn hinten neben unserer Holzhütte begraben, ein Kreuz draufgesteckt, bitterlich geweint und das Beethovenlied traurig gesungen. Wochenlang ist sie ganz trübselig gewesen, hat immer wieder das Russlgrab mit Blumen geziert und geweint und das Lied gesungen. Wir und unsere Mutter haben darüber gelacht und gesagt, sie spinnt wieder, aber das hat sie gar nicht geniert. Indessen, wie gesagt, das ist alles erst nach unserer Indianerzeit gewesen. Da ist sie oft wilder gewesen wie der Martl und ich. Wir sind uns auch schon ganz ausgewachsen vorgekommen und haben bloß das Heldenmütige von den fernen Rothäuten in Amerika drenten mögen wie vorher unser älterer Bruder Lenz, der wo, bis er von daheim weg ist, unser Häuptling gewesen ist. Alles Kindische war uns ekelhaft. Drum sind wir auch nie nicht schüchtern gewesen, sondern schon eher vorlaut und frech, wenn wir auch deswegen oft Watschen oder Prügel bekommen haben.

Aber davon will ich jetzt gar nicht erzählen, sondern von was ganz anderem, welches sich abgespielt hat, wie ich noch in die fünfte und der Lenz in die letzte und siebente Klasse unserer Aufkirchner Werktagsschule gegangen sind.

Wir Bäckerkinder von Berg haben es, bis auf unsern ältesten Bruder Max, der wo erst beim Militär halbwegs richtig schreiben gelernt hat, mit dem Lernen nicht schwer gehabt. Im Rechnen, im Schönschreiben und im Lesen hat bei keinem was gefehlt. Lesen hat schon deswegen jeder gut können, weil wir sehr neugierig gewesen sind, wenn alle vierzehn Tag die ›Gartenlaube‹ und alle Monate ›Über Land und Meer‹ mit den vielen Geschichten und farbigen Bildern ins Haus gekommen sind. Außerdem haben wir Buben zu Weihnachten neben anderen Sachen meistens auch ein recht schönes Indianerbuch wie zum Beispiel ›Der Untergang der Seminolen‹ oder ›Der Kampf der Delawaren‹ mit bunten Illustrationen bekommen, und unser Vater hat es gern gehabt, wenn wir lesen. Eins haben wir in der Schule radikal nie nicht mögen: Das laute Gedichtvorlesen, das Auswendiglernen oder gar das Aufsagen derselben. So kindisch und geziert ist uns das vorgekommen und so unindianerhaft, daß wir uns fast immer davon gedrückt und nie ein Gedicht auswendig gelernt haben. Ganz brandrot vor lauter Schämen sind wir geworden, wenn der Lehrer Männer trotzdem manchmal die Nanndl, den Martl oder mich aufgerufen hat zum Aufsagen von einem Gedicht. Recht dumm haben wir dahergestottert, daß er schnell ungeduldig geworden ist und barsch gesagt hat: »Setz dich, du Faulpelz, und lern erst einmal richtig.«

Ausgemacht hat uns das gar nichts, im Gegenteil, wir sind froh darüber gewesen, und das Gedicht haben wir erst recht nicht gelernt. Mir selber ist sogar das gestelzte hochdeutsche Hersagen von einem Glückwunsch recht saudumm vorgekommen und zuwider gewesen. Beim Namenstag von unserem Vater zum Beispiel sind wir Kinder der Reihe nach in die Stube hineinmarschiert, die Mädel voran und wir Buben dahinter, wo ich alsdann als Jüngster der letzte war. Jedes hat den Vater brav angeschaut, ihm die Hand gegeben und gesagt: »Lieber Vater, ich wünsche dir zum Namenstag recht viel Glück und Segen, und daß du gesund bleibst und noch lang lebst.« Da habe ich einfach einmal als letzter hinter dem Lenz gesagt: »Und i aa ...!« Auf das hin hat sich der Vater geärgert und gesagt: »Dir gib i glei an ›i aa‹«, und hat mir eine Watschen gegeben.

Etwas anderes aber war für den Lenz und für mich viel ärger. Nämlich eine Zeitlang, nachdem unser vielgeliebter König Ludwig II. in den See hineingegangen und dort ertrunken ist, hat eine geheimnisvolle, unbekannte Frau eine Stiftung gemacht, derzufolge wir Berger Kinder bei einer Christbaumgedenkfeier jedes Jahr beschenkt worden sind. Da ist der große Saal beim Wiesmaier in Unterberg immer sehr schön geziert worden, ein hoher, reichbehängter Christbaum hat vorne geprangt, und daneben war ein Klavier und ein Podium. Auf dem Podium hat unser hochwürdiger Herr Pfarrer Johst immer eine sehr schöne feierliche Rede gehalten, wo ich mir die Worte gemerkt habe: »Und so thronet seit anno 1886 Seine Majestät, unser unvergessener Bayernkönig Ludwig der Zweite, im Himmel droben an der Seite des Allmächtigen und schaut heute mit besonderer Liebe herab auf euch Berger Kinder und uns alle, auf daß wir seiner gedenken und ihm als echten Bayerngruß hinaufschicken – Seine Majestät, König Ludwig der Zweite, er lebe hoch! Hoch! Hoch!«

Da haben wir selbstredend immer aus voller Kehle mitgeschrien und waren sehr begeistert. Alsdann hat der Lehrer Männer das Klavier aufgemacht, sich hingesetzt, wir Kinder haben uns um ihn herum aufgestellt, er hat zu spielen angefangen, wir haben ›Stille Nacht, Heilige Nacht‹ gesungen und alsdann wieder auf unsere Plätze zurückgehen dürfen. Jetzt ist das Schönste gekommen. Jedes von uns hat zwei Paar dünngeselchte Würste mit Kartoffelsalat gekriegt und bei den Eltern ihrem Bier mittrinken dürfen. Später ist jedes Berger Kind mit einem vollen Christbaumzweig, einem Kleidl, Spielsachen, Rosenkränzen oder einem Gebetbuch beschenkt worden, und wenn es ein Gedicht aufgesagt hat, hat es extra noch 50 Pfennig bekommen.

Wegen diesem Gedichtaufsagen zur Berger Christbaumfeier hat der Lehrer schon zwei und drei Wochen vorher in der Schule gefragt, wer da mitmachen will. Was für ein Gedicht das war, danach hat er sich nie erkundigt. Die Hauptsache ist ihm wahrscheinlich der gute Wille gewesen. Beim Lenz und bei mir aber hat er dabei nie kein Glück nicht gehabt, samtdem daß er uns jedesmal recht geschimpft hat. Weil wir gewußt haben, daß er unsern Vater nicht leiden kann, haben wir einfach immer gesagt: »Herr Lehrer, unser Vater hat gesagt, wir müssen zuviel arbeiten daheim, da hat keiner Zeit zum Auswendiglernen.«

»Jaja, euer Vater! Euer Vater! ... Zu faul seid ihr, sonst nichts!« hat uns auf das hin der Männer in Ruhe gelassen. Hingegen im letzten Schuljahr vom Lenz ist er auf einmal recht kritisch geworden, ist ganz zornrot im Gesicht geworden und hat viel grober auf uns eingeschimpft: »Immer ihr Grafs! Das kenn ich jetzt schon. Euer Vater, jaja! Kein Wort mehr, verstanden! Nicht bloß zu frech und zu faul seid ihr, ihr seid auch viel zu dumm dazu!«

Dieses Dummheißen hat uns beleidigt, und da bin ich, wenn ich auch gewußt habe, daß mich nachher der Lenz einen Feigling heißt, aufgestanden und habe halb verdrossen und halb kleinlaut gesagt: »Herr Lehrer, ich möchte schon ein Gedicht aufsagen, aber mein Bruder Lenz muß dabei mitreden.«

»Mitreden? Wie meinst du denn das?« hat der Lehrer ein wenig baff gefragt: »Wollt ihr vielleicht alle zwei miteinander ein Gedicht sagen?«

»Jawohl, Herr Lehrer. Da geht es leichter«, sag ich. Der Lehrer hat sich – wahrscheinlich, weil er überrascht war – kurz besonnen und den Lenz ziemlich ungläubig, aber scharf gefragt: »Willst du das denn auch, Graf Lorenz?« Und der – ich habe meinen Ohren gar nicht getraut – hat wieder überrumpelt geantwortet: »J-ja-jawohl, Herr Lehrer. So schon.«

Wieder hat der Männer kurz eingehalten und alsdann gesagt: »Na, wenn ihr gut übt, kann's ganz gut werden. Sucht euch nur ein schönes Gedicht heraus, verstanden!«

Wir sind alle zwei in unserer Bank gestanden, haben genickt und fast gleicherzeit gesagt: »Jawohl, Herr Lehrer.«

Auf dem Heimweg hat der Lenz furchtbar zornig in mich hineingeschimpft, gesagt hat er, ein sauberer Indianer bin ich mit meinem Verslhersagen, ich soll nur gleich einen Weiberkittel anziehen, so eine »Memme« (das war immer in unseren Indianerbüchern) trifft man nicht leicht, da kann ich nicht mehr bei den Jagdzügen mitmachen. Und, hat er gedroht, er lernt nichts, da kann ich mich alsdann bei der Christbaumfeier allein blamieren. Das hat mich so verdrossen, daß ich schier geweint habe, aber da hätte er womöglich mit meinem Feigsein und weiß Gott was noch angefangen. Deswegen habe ich mich fest zusammengenommen und auf einmal aufbegehrt: »Ja, Herrgott, wenn der Lehrer üns vor alle andern Deppn hoaßt und sogt, mir san saudumm! Dös hot mi ganz einfach geärgert. Deppn und Schofsköpf san mir nacha denn doch net, oder?« Einig sind wir nicht geworden, und gestritten haben wir, bis wir daheim angekommen sind, aber da haben wir kein Wort von allem gesagt. Bis zur Christbaumfeier war es ja noch fast vierzehn Tage hin, und nach und nach ist der Lenz doch wieder zugänglicher geworden, schließlich haben wir hin und her geraten, und alsdann hat der Lenz gesagt: »Ah, do plogn mir üns gor net. Dös geht schon.«

Zur Christbaumfeier ist bloß immer unsere Mutter mitgegangen, und wie uns der Lehrer beim Wiesmaier drunten aufgerufen hat, ist sie nicht schlecht baff gewesen und fragt uns, wie wir aufstehn, noch schnell im Weggehen: »Ja, hobt's denn wos glernt?« Ganz frech haben wir genickt, gelacht und »jaja« gesagt und sind mannhaft auf das Podium zu. Alle haben gespannt auf uns geschaut.

»Na, da bin ich neugierig«, hat der Lehrer halblaut zu uns gesagt. Hinauf sind wir auf das Podium, haben uns breitbeinig wie Männer hingestellt, und gleich habe ich laut angefangen: »Ich hatt' einen Kameraden –« und sofort ist der Lenz noch lauter singend eingefallen: »Einen bessern findtst du nicht. Die-hie Trommel ...«

Da hat der Lehrer zornig dazwischen gesagt: »Macht, daß ihr herunterkommt!«, und alles hat gelacht im Saal, unsre Mutter aber hat in einem fort vor lauter Schämen den Kopf geschüttelt, und wie wir zu ihr gekommen sind, hat sie uns angejammert: »Nana, es Lausbuabn, ös. Schaamt's enk denn gor net? Glei gehn mir hoam.« Gleich hat sie uns die Kappen und Mäntel gegeben und gar nicht mehr die Verteilung abgewartet. Auf dem ganzen Heimweg hat sie gebarmt und gejammert wegen dem Blamieren. Wir aber haben bloß fort und fort geklagt, daß uns der Lehrer solang schikaniert hat, bis wir einfach ja gesagt haben, er hätte doch wissen können, daß wir für so ein Versllernen keine Zeit nicht haben ...

Seitdem hat der Männer das nicht mehr bei uns versucht.

Der Neujahrsbrief

Unsere Aufkirchner Schule hat zwei Klassenzimmer gehabt und infolgedessen auch zwei Lehrer. Im kleineren Zimmer waren die erste, zweite und dritte Klasse untergebracht, und ein neugebackener Hilfslehrer hat dort die Abc-Schützen unterrichtet. Deswegen hat diese Abteilung die »kleine Schule« und der Hilfslehrer der »kleine Lehrer« geheißen.

Die »große Schule« mit der vierten, fünften, sechsten und siebenten Klasse hat unser Hauptlehrer Karl Männer geleitet, der »große Lehrer«. Beim Unterricht sind immer zwei Klassen zusammengenommen worden. Die vierte und fünfte lernten stets das gleiche, die sechste und siebente ebenso. Demnach hätte also ein Viertklaßler ohne weiteres in die sechste aufrücken können, aber wahrscheinlich hat man sich gesagt: Doppelt gelernt hält besser.

Wie ich schon berichtet habe, ist der Lehrer Männer später an einem Magenkrebs gestorben, und die Leute haben bei seinem Begräbnis gesagt, so mannhaft und geduldig, wie der sein schweres Leiden bis zuletzt durchgestanden hat, das macht ihm so schnell keiner nach. Überall hat es geheißen, es ist schad um ihn, und auch uns ist halbwegs danach gewesen, aber wir haben an dem Tag schulfrei gehabt, und jeder hat nach der Leichenfeier in der Klostermaier-Wirtschaft »Zur Post« zwei warme Würste bekommen. Das war sehr schön.

Wir von der »großen Schule« schauten selbstredend mit Verachtung auf die Abc-Schützen herab, aber in den Weihnachtsferien haben die es doch viel besser gehabt als wir. Wir nämlich mußten ausgerechnet am Silvestertag in die Schule gehen und sie nicht.

An diesem Tag ist der Lehrer Männer jedesmal mit einem großen Paket zur Tür hereingekommen, zum Katheder gegangen, hat gewartet, bis wir ruhiger geworden sind, und alsdann feierlich gesagt: »Ihr wißt alle, daß heute um Mitternacht ein altes Jahr aufhört und ein neues beginnt. Unmerklich geschieht das ...« Er schneuzte sich, legte sein blaugeblümeltes Schnupftuch langsam zusammen und fuhr dann fort: »Zur heiligen Beichte macht der Sünder vorher eine Gewissenserforschung. Er denkt genau über alle begangenen Sünden nach, um sie reumütig dem Allmächtigen gestehen zu können. So ungefähr sollt auch ihr es mit dem Neujahrsbrief machen. Jeder soll über das Schöne und Gute, was er von seinen Eltern empfangen hat, nachdenken und dafür danken. Er soll versprechen, es im neuen Jahr besser zu machen und fleißiger zu sein, damit ihn Eltern und Lehrer mit der gleichen Liebe erziehen.«

Wiederum hat er bei diesen wunderschönen Worten eingehalten, hat rasselnd geschnupft und alsdann einen durchdringenden Blick auf uns geworfen.

»Ich will euch aber gleich sagen, daß es mit leeren Versprechungen nicht getan ist!« hat er auf das hin schärfer gesagt: »Die meisten Menschen sind denkfaul, und darum lügen sie soviel. Das sehen wir schon an unserem ›Vaterunser‹. Da heißt es zum Beispiel an einer Stelle: ›Vergib uns unsere Schuld, wie auch wir vergeben unseren Schuldigern.‹ Das heißt, daß man in diesem Augenblick wirklich allen seinen Feinden vergeben muß, wohlverstanden! Ich habe aber noch nie erlebt, daß zwei Leute, die einander feind sind, nach dem ›Vaterunser‹ einander die Hand gegeben haben und wieder gut waren. Wenn man so betet und so verspricht, dann tut man's besser gar nicht, denn dann ist's eine Lüge.«

Nach dieser strengen Warnung hat der Lehrer die prachtvollen Neujahrsbriefbogen, die er in seinem Paket gehabt hat, hergezeigt. Mit dicken Rosengirlanden waren sie an den Ecken und Rändern bedruckt, und kleine, farbige Engel, bloß mit einem Kopf und zwei Flügeln, zierten sie. Der Bogen hat zwanzig Pfennig gekostet und das seidene Bändchen für die Schleife noch einmal fünf.

Gerollt nämlich und nicht in einem Kuvert mußten wir die Briefe unseren Eltern bringen.

»Also, ich habe da Briefpapier, wer will eins?« hat der Lehrer gefragt und noch einmal warnend den Zeigefinger gestreckt: »Und merkt es euch, was ihr versprecht!« Wir hingegen waren schon eine Gier, und jeder hätte am liebsten die ganzen Briefbogen für sich allein gekauft.

Alsdann haben wir den Neujahrsbrief auf die Schiefertafel schreiben müssen, und hernach – wenn sie der Lehrer korrigiert gehabt hat – haben wir die Fassung fein säuberlich mit Tinte auf den eben gekauften schönen Briefbogen gemalt. –

Jetzt muß ich aber etwas dazwischen erzählen, was auch dazugehört. Ich nämlich habe – schon weil sie immer so ernst und eindringlich gewesen sind – die Belehrungen vom Lehrer oft recht ernst genommen, und das hat mich meistens sehr uneins mit mir selber gemacht. Zum Beispiel schon der ›Vaterunser‹-Satz vom Vergeben aller Schuld und so weiter. Der Müller-Steffl, der Reindl-Michl, der Ambros-Beni und überhaupt die ganzen Unterberger, die wo immer unsere Todfeinde gewesen sind, zu denen wenn ich nach dem Beten hingegangen wäre und hätte gesagt: »Ich bin euch wieder gut, weil ich's dem lieben Gott grad versprochen habe«, die hätten mich ja schön ausgelacht und verspottet und womöglich noch gehaut auch, weil so was ja ausgeschaut hätte wie eine ganz leimsiederische Feigheit.

Weil ich aber nichts habe sagen wollen, was vor Gott, dem Pfarrer und Lehrer eine ganz sündhafte Lüge gewesen wäre, darum habe ich den betreffenden Satz im ›Vaterunser‹ einfach immer ausgelassen. So bin ich über diese Kalamität weggekommen. Und mit dem Neujahrsbrief war es bei mir genauso. Zwar hätte ich da drinnen ruhig alles mögliche versprechen können, denn Vater und Mutter haben den Brief nie gelesen, nur immer bloß überflogen. Die Hauptsache ist ihnen die schöne Handschrift gewesen, nicht der Inhalt. Und überdies hat man den Neujahrsbrief alsbald als Einwickelpapier in unserem Laden benützt oder verbrannt. Trotzdem aber ist mir die Ermahnung vom Lehrer arg im Kopf herumgegangen, und deswegen habe ich meinen Brief immer auf »vielleicht« gestimmt.

»Im neuen Jahr vielleicht werde ich ein ganz anderer Mensch, liebste Eltern, das verspreche ich Euch vielleicht von ganzem Herzen«, habe ich jedesmal geschrieben und außerdem immer mit dem schwungvollen Satz angefangen: »Wieder fällt ein überreifes Jahr vom Baume der Ewigkeit und ist nicht mehr.« Dieses habe ich einmal irgendwo gelesen und mir gemerkt, und weil es dem Lehrer so gefallen hat, habe ich an jedem Silvestertag meinen Brief so angefangen. Der Lehrer war immer sehr zufrieden damit. –

Das Neujahrsbriefschreiben ist selbstredend für die meisten von uns eine fürchterliche Kopfarbeit gewesen. Keinem ist was Passendes und Gescheites eingefallen, aber die zwei Seiten haben doch voll sein müssen. Mädchen und Buben sind bei uns in den Klassen beisammen gewesen, rechts die Mädchen, links die Buben. Die Mädchen haben mitunter ein Gedicht aus ihrem Poesiealbum in den Brief hineingeflochten. Das hat sehr ausgegeben, wenn es auch nicht immer ganz gepaßt hat, wie zum Beispiel der Spruch, den wo unser Vater allen meinen Schwestern immer in ihr Album geschrieben hat:

Zwei Nägel, sie genügen
Dem Sarge zum Verschluß.
Der eine heißt Vergnügen,
der andere heißt Verdruß.

Oder das von der Wintersheimer-Mimi:

Laß die Blumen stehn
und auch den Strauch.
Andre die vorübergehn,
freu'n sich auch.

Hinwiederum solche Alben haben bei uns bloß etliche Mädchen gehabt, die gescheiteren und besseren. Bei den Bauern und Kleinhäuslern hat man solche Faxen nicht gekannt. Die Allerdümmste davon, die Hartmann-Elis von Mörlbach, die hat der Lehrer einmal nach der Hauptstadt von Deutschland gefragt. Sie hat eine Zeitlang hinum und herum gedrückt, und endlich sagt sie: »Vogesen.« Für die ist der Neujahrsbrief das reinste Martyrium gewesen, weil sie überhaupt bloß bei der Religion halbwegs mitgekommen ist.

»Lippsde Äldern«, hat die einmal geschrieben, »ich winsche enk fülgligg im nein jar und wühl nigd mehr pfolgen und petteln, tas ir lang leppt ...« Dann hat sie die Zehn Gebote hingeschrieben, aber schon so falsch, daß sogar der Männer bloß den Kopf geschüttelt und leicht gelacht hat. Der Kanzler-Sepp von Farchach, der mit seinem viereckigen Kopf, welcher immer bei uns hineingeschaut und auch alsdann noch falsch abgeschrieben hat, den haben wir einmal aus Jux schreiben lassen: »Liebste Eltern! Stehlen und Unkeuschheit treiben tue ich im neuen Jahr ganz gewiß nicht mehr, und das Lügen gewöhn ich mir auch ab, weil es doch aufkommt.«

Am meisten für den Text des Neujahrsbriefes hat unser »Beichtspiegel« hergeben müssen, welcher ein Blatt gewesen ist, wo unser Pfarrer die genauen Gebetsregeln und das Sündenregister hektographiert hat, damit, daß wir alles auswendig lernen. Bei den Sünden hat es immer geheißen »Ich habe ... gestohlen« oder »Ich habe ... gelogen« oder »Ich habe Unkeuschheit ... getrieben« und da, wo die Punkte gewesen sind, haben wir bloß die Zahl sagen müssen.

Das hat der Pfisterer-Hans von Farchach ausgenützt, indem daß er, wie es im Beichtspiegel geheißen hat, angefangen hat: »Liebste Eltern! Ich armer, sündiger Mensch klage mich an vor Gott dem Allmächtigen und Ihnen Priester an Gottes Statt, daß ich im letzten Jahr folgende Sünden begangen habe.« Alsdann hat er das ganze Sündenregister hingeschrieben. Da hat ihm der Lehrer zwei Tatzen gegeben, seinen Briefbogen zerrissen und gesagt, wenn er so faul ist und nichts anderes weiß, soll er es ganz bleiben lassen. Den Hans hat das nicht weiter geniert. Daheim bei ihm aber haben sie – wie er uns nach Neujahr erzählt hat – recht ungut gesagt, warum ihm der Lehrer denn die fünfundzwanzig Pfennig nicht zurückgegeben hat, und überhaupt, das unsinnige Neujahrsbriefschreiben sollt er bleiben lassen, die Kinder braucht man daheim beim Dreschen. Der Hans aber hat sich das nicht zum Lehrer sagen trauen. –

Die Heinzeller-Maria von unserem Berger Schloßwart, dem wo seine Frau vor gutding zwei Jahre gestorben ist, die Marie hat von ihrer Mutter selig ein kleines Bücherl, einen ›Briefsteller für Liebende‹, mitgebracht, und aus dem hat sie den folgenden Neujahrsbrief abgeschrieben:

»Herzallerliebster!
Oft denke ich daran, wie wundervoll dieses Jahr in Deinen Armen war. Jetzt ist es verschwunden, aber meine Liebe zu Dir nicht. Ach, ich kann Deinen weichen Mund nicht vergessen und sehne mich Tag und Nacht danach. Tust Du es auch? Oh, die Zeit flieht und vergeht wie im Fluge! Wir sind uns so vertraut. Ich wünsche Dir, mein Herzblatt, daß Du gesund bleibst und viel Glück in allem hast. Ich wünsche aber auch mir, daß ich noch viele sonnenhelle Tage und ein wolkenloses Glück mit Dir erlebe. Das weißt Du gewiß auch. Jede Nacht träume ich von Deinen Armen, jeden Tag schmachte ich nach Deinen Küssen und vergehe schier, wenn ich Dich einmal nicht gesehen und geküßt habe. Wie wird dieses neue Jahr sein, Liebster? Wird es unsere endliche Vereinigung bringen? Wird unser Glück ganz und dauerhaft werden? Oh, mein Süßer! Oh, mein Herzliebster, Dein bin ich auf ewig! Nimm mich in Deine starken Arme und küsse mich im neuen Jahr noch viel öfter und inniger als im vergangenen. Das andere weißt Du schon.

Mit innigster Liebe Dein trautes
Vergißmeinnicht – Marie.«

Das hat ihr ein furchtbares Strafgericht eingebracht. Lehrer und Pfarrer haben sie vernommen und den ›Briefsteller für Liebende‹ behalten. Der neue Pfarrer Friedinger ist zum Heinzeller gekommen und hat gesagt, wie er bloß so schmutzige, unkeusche Bücher haben kann. Der Heinzeller ist ganz baff geworden und hat durchaus nicht gewußt, wie so was in sein Haus gekommen ist. »Dös oanzige, wos i hie und do les, Hochwürden, is der ›Land- und Seebot‹«, hat er gesagt.

Hinwiederum aber hat ihm die Sache doch arg zu denken gegeben, und er hat sich erinnert, daß seine Frau selig oft und oft so komische Bücherl gelesen hat, er hat dieselben gar nie angeschaut und auch keine Zeit dazu gehabt.

Sie ist eine recht strammgewachsene, saubere Person gewesen, die verstorbene Heinzellerin, und viel jünger wie er, aber an der Lung hat es ihr gefehlt, deswegen ist es so schnell dahingegangen mit ihr. Ihrem Gesicht nach, hat man gemeint, sie ist das Leben selber. Und jeden Tag ist sie sauber beieinander gewesen, immer hat sie ein blitzweißes Zierschürzerl angehabt und ihre roten Haare schön gemacht. Ganz städtisch ist sie dahergekommen mit ihren hohen Stöckerlschuhen, und mit jedem Mannsbild war sie die Freundlichkeit selber. Keinen Tanz hat sie beim Veteranen- oder beim Sängerball ausgelassen, am liebsten ist ihr dabei der Stallmeister vom Poschinger gewesen, und mit dem Kapitän vom Dampfschiff »Luitpold« ist sie auch recht speziell gewesen. Die Leute haben allerhand drüber gemunkelt, aber sie ist dem Heinzeller eine gute Hausfrau und der Marie die beste Mutter gewesen. »I hob nia wos z'klogn ghabt über sie«, hat der Heinzeller gesagt: »I wollt, sie lebert noch ...« Leicht zu denken also, daß ihm die Geschichte mit der Marie arg zuwider war. Er hat sie recht geschimpft und sofort alle sonstigen Bücher, die wo noch im Haus gewesen sind, in den Ofen geschmissen. Die Marie ist ganz verdrossen geworden, und in der Schule ist es ihr noch schlechter gegangen.

Der Männer hat zwar nicht mehr viel verlauten lassen und bloß einmal zu uns gesagt: »Jedes Buch ist nicht gleich«, aber der Friedinger hat sich in der Religionsstunde ganz finster vor uns hingestellt und der Heinzeller-Marie schier durch und durch geschaut und angefangen: »Nehmt euch in acht vor der Verführung! Da habt ihr es wieder gesehen – der Satan kommt nicht in leibhaftiger Gestalt, nicht mit einem bösen Gesicht zu uns! Oh, durchaus nicht! Er ist immer katzenfreundlich und lächelt und verstellt sich, daß es ja niemand merkt, was er will. Oft läßt er sich gar nicht sehen, der Höllische, sondern verstreut seine Lockmittel in Gestalt von Zeitungen und Büchern! Da, meint er, merkt's dann so schnell keiner und tappt wie ein Blinder in die schrecklichste Sündhaftigkeit ...«

Immer lauter ist er geworden, der eifrige neue Pfarrer,

und hat ein krebsrotes Gesicht gekriegt: »Und daß ihr's ein für allemal wißt, und besonders du, Heinzeller-Marie, fragt immer zuerst euren Seelsorger, wenn euch so ein Schandbuch unterkommt, verstanden?« Die Marie ist dabei brandrot geworden und hat ganz zerknirscht geweint, und wir haben sie angeschaut, als wie wenn wir uns vor ihr ekeln. Gleich, wie der hochwürdige Herr Pfarrer draußen gewesen ist, haben wir zu ihr gesagt: »Ah, pfui Teifi, do muaßt du di dein Leben lang schaama.« Auf das hin hat sie noch mehr zu plärren angefangen, und wir haben erst recht gestichelt, da kann sie gar nicht oft genug beichten, ehvor sie das losbringt. –

Am anderen Sonntag ist in Starnberg drenten der Jakobimarkt gewesen. Da hat sich jeder von uns insgeheim den ›Briefsteller für Liebende‹ gekauft.

Die wunderbare Isis

Nach meiner Firmung habe ich mit meinem zwei Jahre älteren Bruder Lenz nach München ins Oktoberfest hineinfahren dürfen. Jeder von uns hat sechs Mark von daheim mitbekommen, und gesagt ist uns worden, wir sollten zu Verwandten hingehen, damit uns die auf die Festwiese mitnehmen. Wir haben es versprochen, aber nicht getan. Schon deswegen nicht, weil es uns da vielleicht genauso gegangen wäre, wie mir seinerzeit, wie mich der Roßkopf als Firmling mit nach München genommen hat.

»Uns passiert gar nix«, hat der Lenz gesagt, »mir hobn doch ünser eigens Geld und kenna macha, wos wir wolln.« Er hat auch mein Geld bei sich gehabt.

Kreuzfidel sind wir in der Stadt drinnen am Starnberger Bahnhof ausgestiegen, haben rumgefragt und sind schließlich auch richtig auf die schöne, laute Festwiese gekommen. Zuerst haben wir uns Bratwürste gekauft, aber da ist schon die Reiberei angegangen, weil der Lenz sechs Paar für sich genommen hat und mir bloß zwei Paar gelassen hat. Wie ich zu benzen angefangen hab, ich möchte mehrer, ich hab genausoviel Geld wie er, ist er recht ekelhaft geworden. Gesagt hat er, ich bin der Kleinere, und er muß auf mich aufpassen. Er ist auch viel stärker gewesen wie ich, aber trotzdem habe ich gesagt, er soll mir mein Geld geben, dann geh ich allein.

»Wos? – Du? – Und wenn dir wos passiert, nachher bin ich schuld«, hat er gesagt, aber weil ich durchaus nicht nachgeben habe wollen, hat er mir einen Steckerlfisch gekauft und gemeint, ich soll doch nicht so ungemütlich sein, es wird noch recht lustig. Jetzt hat es vor uns gewaltig geläutet, und wie wir aufgeschaut haben, ist es eine Bude gewesen, wo auf dem Podium vornheraus ein Mann mit einem Zylinder und einem Smoking gestanden ist. Neben ihm ist ein riesenhafter Neger gestanden und eine mit weißen Schleiern verhüllte Dame. Der Zylindermann hat zu läuten aufgehört, hat zuerst auf den Neger und alsdann auf die verschleierte Dame gezeigt und laut zu schreien angefangen: »Hereinspaziert, meine Herrschaften, hereinspaziert! Beste und billigste Gelegenheit, ihre Bildung zu vermehren! Sehen Sie sich die Wunder der Welt an! Hier Bimbo, der stärkste Mann der Welt, läßt zwanzig Zentner auf seine Brust legen und stemmt sie elegant in die Höhe! Sie sehen das nur bei uns, Herrschaften, nur hier bei uns und bloß einmal in ihrem Leben! Die Gelegenheit kehrt nie wieder! Bimbo, der Urwaldriese! Das Phänomenalste an Kraft! Jongliert mit Vierzentnergewichten und tanzt einen echten Urwaldtanz!«

»Und hier, Miß Wahago, das Rätsel Arabiens, in Europa bekannt als wunderbare Isis! In nullkommafünf ist Isis in einen hypnotischen Starrkrampf versetzt und verschlingt Nadeln wie Butterbrot, läßt sich mit geschliffenen Schwertern durchbohren und mit glühenden Zangen zwicken und bleibt dabei vollkommen unempfindlich. Anerkannte Spezialitäten, Kapazitäten von Weltruf – hier, bitte, hier das Gutachten von Professor Brown in New York –, bescheinigen das unerklärliche Wunder.«

»Aber das ist noch lange nicht alles, Herrschaften! Miß Wahago alias Isis ist das Phänomenalste an Hellseherei und Gedankenlesen! Wollen Sie gegen ein kleines Aufgeld Ihr Schicksal voraus wissen, Herrschaften? Haben Sie ein Geschäft, unbekannte Feinde und Konkurrenten? Haben Sie Pech gehabt in einer Sache? Sind Sie verliebt und zweifeln Sie an der Treue Ihres Schätzchens, meine Herren? Droht Ihnen irgendeine Gefahr? Wollen Sie gewarnt sein und ihr rechtzeitig ausweichen? Kommen Sie, Herrschaften, Isis denkt für Sie, Isis beschützt Sie und bringt Ihnen Glück! ... Und, meine Herrn, etwas ganz Besonderes für Sie, etwas an unvergleichlicher Großartigkeit und Schönheit! Gegen ein ganz geringes Aufgeld enthüllt Isis nach der Vorstellung im Zelt ihren blütenweißen Prachtkörper mit Tätowierungen aller Majestäten und Ereignisse der Welt! Nur für reife Herren, bitte! Hereinspaziert, Herrschaften, hereinspaziert, die Vorstellung beginnt, kommen Sie, kommen Sie, Herrschaften. Denn was kostet Sie das alles? Ein Vermögen? Nein! Nicht einen Wochenlohn kostet das, nicht zehn, nicht fünf, nicht drei, ja nicht einmal eine einzige Mark kostet

Ihnen diese hochinteressante, lehrreiche, nützliche Sache, nein! Kopf für Kopf zahlt zehn Pfennig mal fünf – also fünfzig Pfennig! Für fünfzig Pfennig verscheucht Ihnen Isis Ihre Sorgen, für diese Winzigkeit von Eintritt enthüllt sie ihren zauberhaft schönen Körper, meine Herrn. Die Vorstellung beginnt jetzt endgültig, es sind nur noch wenige Plätze frei! Hereinspaziert, Herrschaften, kommen Sie, junge Herrn und Damen, hereinspaziert!«

Ganz dick und dicht haben sich alle auf das Podium gedrängt und sind im Zelt verschwunden.

»Wart a weni, i geh nei, und wenn's wos is, konnst es du aa oschaugn«, hat der Lenz mir schnell zugewispert, und weg ist er gewesen. So, jetzt bin ich dagestanden ohne Geld. Der Duft von den Bratwürsten und den Stekkerlfischen ist mir in die Nase gestiegen, und ich habe bloß noch an dem Rest von meiner Breze kauen können. Und neben mir war ein so schöner Verkaufsstand mit großen Kapselrevolvern, die wie echt ausgeschaut haben, mit Luftpistolen, mit Indianergürteln und Federschmuck und mit Knallfröschen. Eine Wut hab ich auf den Lenz bekommen – aber davonlaufen habe ich nicht können, warten habe ich müssen auf ihn, einfach saudumm dastehn und warten, denn nicht bloß wegen keinem Geld hab ich nicht davon können. Es ist schon öfter erzählt worden, auf dem Oktoberfest haben sich Kinder verlaufen, sind unter die Zigeuner gekommen und mitgenommen worden oder sind gleich gar verwurschtelt worden, und keiner hat mehr was gewußt und gehört von ihnen.

Und der, der Lenz, habe ich grimmig in mich hineinsinniert, der kann jetzt weiß Gott was anschauen, sogar alles von der Dame, das wo so Buben wie wir nie nicht sehen dürfen, weil es unkeusch ist. Herrgott, Herrgott, das Allerschlechteste hätte ich dem Lenz antun können bei diesem elendiglichen Herstehen und Warten! Endlich, endlich sind die Leute aus der Zeltbude gekommen und der Lenz auch. Vor Wut habe ich ihn gar nicht anschauen können, aber er ist gleich recht zutunlich zu mir geworden und hat gesagt: »Do bin ich scho froh, daß du net aa noch mit neikemma bist! Sei froh, dös is ja a schöner Schwindl! Soviel Kraft wia der Neger hot ünser Kaschpa aa, und tanzt hot er wia a Tanzbär, weiter nix. Schod ums Geld.«

»Ja, und dö Dame, dö Isis?« habe ich vermurrt gefragt: »Wos is nacha mit dera gwesn? Gell, do sogst nix?«

»Ah, do bin i gor net neiganga noch der Vorstellung. Dös hätt no moi glei a Mark kost«, hat er gelogen, wie ich später beim Nachrechnen rausgebracht habe, und gleich hat er recht freundlich zu mir gesagt: »Geh weiter, Oskar, jetz kaufn mir üns a Maß Bier. Geh weiter.« Er hat mich in die große Bierbude von der »Fischer-Vroni« hineingezogen, aber ich bin mißtrauisch gewesen und habe in ihn hineingebenzt: »Jaja, aber i woaß scho, worumst du nei bist. Wega'n Schandarm von Starnberg und dein Flobertstutzn! Deswegn bist du zu dera damischn Isis nei! I bin net so saudumm, ich hobs scho gspannt. Aber jetz wennst mi noch moi steh loßt und so ärgerst, nachher sog i pfeilgrod wos dahoam ...« – »Geh, red doch net, geh weita«, sagt er und schaut mich sonderbar an: »Verrotn willst mich, schaam di! Du waarst ja a sauberner Indianer.« Das hat mich halbwegs getroffen, und weil er wiederum versprochen hat, jetzt kaufen wir uns eine Maß Bier, und nachher kann ich mir bei einer Bude raussuchen, was ich will, er schwindelt mir mein Geld nicht ab, drum bin ich wieder sein Freund gewesen.

Wie wir in der »Fischer-Vroni« von der Kellnerin unsere Maß Bier gekriegt haben, sind wir alle zwei stolz geworden wie ausgewachsene Mannsbilder, und das dichte Gewurrl, der Lärm und die Krachmusik rundherum hat uns fidel gemacht. »Prost!« hat der Lenz zu mir gesagt und getrunken wie ein Alter, auf das hin habe ich es genauso gemacht und gleich so einen langen Schluck gemacht, daß es mir die Augen herausgetrieben hat. Wir haben den Maßkrug hingestellt, uns angelacht und ein bißl herumgeschaut – aber wie wir wieder trinken haben wollen, ist der Maßkrug weggewesen.

Ganz baff sagt der Lenz zu mir: »Dös is aber komisch, do san ja Diab herinn.« Und ich habe bloß »hm« gemacht und herumgelugt, ganz mißtrauisch. Und da ist drüberm Tisch ein Mannsbild gehockt mit ganz glasigen Augen, der geschaut hat wie ein Stier. Der ist mir verdächtig vorgekommen. Infolgedessen habe ich mich an den Lenz herangedrückt und gewispert: »Du, der do drentn, glaab i, der hot ünsern Maßkrug gstohln. Ganz gewiß!« Der Lenz hat immer eine freche Schneid gehabt und sich vor nichts geforchten. Er hat den Kopf gehoben und zu dem fremden Mannsbild drenten einfach gradwegs gesagt: »Teana S' ünsern Kruag her! Mir wissn scho, daß S'n vo üns hobn!«

»Wos?« hat da der Mensch gefährlich geschrien: »Wos, du Lauser, du windiger! Wos sogst?«

»Ünser Bier hobn S' üns gstohln, Sie Dieb!« hat der Lenz geschrien, und alle Leute haben schon geschaut.

»Wos? Du Rotzlöffl, du ganz koanziga! Wos, du Hundsbua, du miserabliger!« bellt da der Mann auf, springt auf, beugt sich über den Tisch, und – patsch – hat er dem Lenz eine hineingehaut: »Dir werd i glei frech sei, du Lausbua, du rotziger! Jetz werd's guat! Solcherne Dreckbuam a scho aufmanndln und Bier saufa! Geh mir aus'm Gsicht, sog i, sunst passiert wos, du Sargnogl, du windiger! Macht's daß's weiterkemmts, ös Saubuam!«, und – ich habe gar nie nicht geglaubt, daß die Leute einen Dieb mögen – alle anderen am Tisch haben zu schimpfen angefangen und gedroht. Ich bin vor lauter Angst unter den Tisch geschloffen, durch die Füße der Leute und auf und davon. Der Lenz ist nachher rausgekommen, hat Nasenbluten gehabt und sich in einem fort abgewischt. Nasse Augen hat er gehabt, aber das Weinen verbissen und gesagt, den merken wir uns, den Hundling, den verstohlenen. Gemeint hat er, wenn nicht alle gegen ihn gewesen wären, vor dem hätte er sich nicht geforchten. Da hat er mich wieder erbarmt, und insgeheim bin ich stolz auf ihn gewesen, weil er sich so mannhaft gezeigt hat.

»Lenz, woaßt wos«, habe ich gesagt, »wenn do lauter solcherne Lumpn und Bazi herinna san in der Stodt, do fahrn mir glei liaber auf Starnberg und kaaffa üns do a Maß Bier und für ünser ganz Geld an rechtn Haufa Würst, nacha hobn mir wos davo . . .« Und gemeint habe ich, daheim können wir ja recht protzig daherlügen, wie schön es auf dem Oktoberfest gewesen ist, es erfahrt doch keiner. Der Lenz aber war ganz und gar dagegen.

»Grod mit Fleiß net!« hat er aufgelebt gesagt: »Geh weiter, jetz kauf ma üns a Limonad. Do konn üns koa Mensch wos macha.« Wir haben es auch getan, sein Nasenbluten hat aufgehört, und er ist schon wieder munterer geworden. Mir hat er einen runden Lebkuchen gekauft.

»Haut schon!« habe ich auf das hin gesagt, denn in dem Augenblick wäre ich für ihn durch dick und dünn gegangen.

Wie wir von der Limonadenbude weggegangen sind, ist uns ein freundlicher Herr mit einem Spitz- und Schnurrbart, einer Brille und einem fliegenden Bratenrock entgegengekommen, einnehmend hat er gelacht und seine Arme ausgespreizt, als wie wenn er uns erwartet hätte und schon lang kennen würde.

»Oh, was für schmucke junge Herren!« hat er uns gegrüßt: »Die Herrn wollen ganz gewiß ein ewiges Andenken mitnehmen und sich photographieren lassen, was?« Und wiederum hat er uns gelobt, was für ein ausnehmend schönes Paar wir sind.

»Jaja«, hat da der Lenz halbwegs hochdeutsch gesagt, »wir sind auch zwei Brüder!«

»Soso, Brüder auch noch! Das ist ja ganz was Schönes. Jaja, das sieht man auch, jaja«, sagt der Herr: »Schöne junge Herrn, ich rat Ihnen gut, lassen Sie sich bei mir photographieren. Ein prima Bild mach ich Ihnen, garantiert. Und gar nicht teuer, gar nicht teuer, kommen Sie, kommen Sie bitte!« Er hat unsre Mitte genommen, seine Arme um unsere Achseln gelegt, und eins, zwei, drei waren wir in einem Zelt, und da ist ein wunderschön aus Holz geschnittenes, ganz auf echt hergemaltes Automobil gewesen und dahinter eine Kulisse mit einer sonnigen, breiten Gebirgsstraße gestanden.

»Meine Herren, sehn Sie, vielleicht so? Flott vor dem Automobil? Ich sag Ihnen, das wird ein unvergeßliches Andenken! Da haben Sie Ihr Leben lang Ihre Freud dran, garantiert!« hat der Herr gemeint und weitergefragt: »Also, wie meinen Sie jetzt? Das Bild kostet eine Mark, und Sie können es sofort mitnehmen. Wieviel darf ich machen, wenn ich bitten darf?« Ich habe nichts gesagt, aber der Lenz sagt schneidig: »Jaja, wir möchten jeder oans, aber zwoa verschiedene.«

»Soso, sehr gut. Danke! Also stellen sich die jungen Herrn einmal hin, bitte! Ganz zwanglos in Positur, bitte«, hat der Photograph weitergeredet: »Da, gleich vor das Automobil, bitte, so, jaja, den rechten Arm aufs Auto gestützt, die andere Hand geben Sie vielleicht Ihrem Herrn Bruder. Jaja, so, ausgezeichnet.« Wir haben Hand in Hand recht feierlich dreingeschaut, und das hat der Herr wieder belobigt. »Soso, sehr schön! Ausgezeichnet, bitte jetzt so bleiben. Ganz ruhig, nicht bewegen!« Wir haben uns gar nicht mehr schnaufen getraut. Der Herr ist hinter seinen überhängten Apparat, hat noch mal durchgeschaut und geknipst: »So, Numero eins ist fertig.«

In dem Augenblick ist eine dickliche Dame hinter einem Vorhang herausgekommen und hat uns freundlich begrüßt: »Guten Tach, die flotten Herrn.«

Gewichtig hat der Photograph wiederum in seinem verhängten Apparat herumhantiert, ist alsdann wieder aufgetaucht und hat gesagt: »So. Und jetzt? Eine zweite Aufnahme noch, wie Sie bestellt haben, die Herren, ja?«

»Jaja, zwoa verschiedene«, sagt der Lenz wieder so couragiert, und die Dame hat das Automobil weggeschoben und zu uns gesagt: »Jetzt ein bißchen näher hierher, die Herren. Sie machen gewiß öfters Gebirgspartien, ja?«

»Nein, dös net. Mir sind von Berg am Starnberger See, vom Bäcka Graf«, hat sie der Lenz aufgeklärt.

»Soso, vom Starnberger See? Also sowieso vom Gebirge. Na, da machen wir ganz was Schönes, ganz was Hübsches«, sagt der Herr Photograph, eh' wir überhaupt sagen haben können, daß bei uns noch gar kein Gebirge nicht ist.

Die Dame hat uns zwei noch ein wenig näher an die Kulisse geschoben, grad unter einen Wegweiser, wo droben gestanden ist: »Zur Zugspitze.«

»Und hier. Da haben die Herren zwei passende Hüte und Gebirgsstöcke, bitte. Das sieht dann durchaus echt aus«, hat sie gesagt. »Das macht sich wunderschön. Sagst du's nicht auch, Kurt?« – »Sehr hübsch«, sagt der Herr Kurt. »Und jetzt schwingen die Herrn vielleicht ihre Hüte, bitte. Jaja, so, gut ... Halt, halt, vielleicht tun die Herrn noch den Mund auf, als ob sie jodeln. Soso, ganz natürlich, und ein bißchen lachen, lustig sein, ja ...« Die Dame hat uns immer wieder hin und her gerückt und korrigiert, die Arme sind uns schon lahm geworden, mit dem offnen Maul noch lachen, das ist absolut nicht zu machen gewesen, wenn sie auch noch so geduldig auf uns eingeredet hat.

»Also gut. Hüte schwingend heben und Mund offen zum Jodeln. So, so, biiitttee ... Jetzt so bleiben, nicht bewegen, so ... Biiitttee«, hören wir den Herrn Kurt hinter seinem Apparat, dann hat es geknipst, und er ist wieder aufgetaucht aus seinen Tüchern: »Jetzt können sich die Herren wieder bewegen. Bitte nehmen Sie Platz.« Er hat der Dame die Kassetten gegeben und uns gefragt: »Also vier Bilder im ganzen, ja?«

»Nana, bloß zwoa! Zwoa verschiedene«, sagt der Lenz. Da ist der freundliche Herr Kurt auf einmal anders geworden und hat uns dringend belehrt, daß wir doch zwei Aufnahmen machen haben lassen, also pro Aufnahme zwei Stück, sind vier im ganzen, macht vier Mark. Und gleich hat sich die Dame hinter ihrem Vorhang vernehmen lassen: »Können die Herren denn überhaupt nicht rechnen?«

»Ja, aber mir hobn nimmer sovui Geld! Mir hobn an ganzn bloß no drei Mark, und hoamfahrn müassn mir aa no«, hat auf das hin der Lenz kleinlauter gesagt, und alle zwei haben wir recht dumm dreingeschaut. Das hat den voreh' noch so freundlich gestimmten Herrn wie im Handumdrehen verwandelt. Barsch hat er gesagt: »Nein-nein! Das gibt's nicht! Bestellung ist Bestellung!« Fuchsteufelswild hat er uns gemustert. Wie mit vollen Hosen sind wir aufgestanden und haben kein Wort mehr herausgebracht. Noch mal hat uns der Herr Kurt von oben bis unten gemustert und jetzt schon grob gesagt: »Warum bestellt ihr denn dann so frech. Unverschämt, so was!«

Stockig und arg eingeschüchtert sind wir geworden.

»Bodenlose Frechheit!« haben wir die Dame hinter dem Vorhang keifen gehört, und der Herr Kurt hat gesagt: »Heimfahren müßt ihr auch noch? Was kostet denn das?«

»Für üns zwoa a Mark und vierzig Pfennig, Herr«, hat ihm der Lenz fast bitthaft unschuldig geantwortet, »U- und nachher müassn mir noch in der Nocht vo Starnberg a Stund hoamlaaffa ...«

»Gute Lust hab ich, ich geb euch die Bilder nicht, ihr frechen Bengel. Gib her die drei Mark«, hat ihn der Photograph angeherrscht, und die Dame ist aus dem Vorhang herausgekommen: »Nette Früchtchen seid ihr!« Sie hat dem Herrn die Bilder gegeben, sie waren in einem weißen Kuvert, und gesagt hat sie zu ihm: »Mach, was du willst. Das soll uns jedenfalls eine Lehre sein.« – »Her die drei Mark«, sagt derselbige wiederum, und recht zögernd und mißtrauisch hat ihm der Lenz den Taler gegeben. Wahrscheinlich hat er genau wie ich gedacht, da kriegen wir nichts mehr raus, aber: »Da«, hat der Herr zornig gesagt und ihm wirklich eine Mark und sechzig rausgegeben: »Und jetzt macht, daß ihr schleunigst weiterkommt, ihr Lausbuben, ihr nichtsnutzigen, marsch, fort mit euch!«

Schon ist er auf den Zelteingang zu und hat den Vorhang aufgeschlagen, geduckt sind wir eilsam durch, weil wir gemeint haben, er haut uns genau wie der Bierdieb ein paar Watschen herunter. Doch auch das ist nicht passiert. Richtig aufgeschnauft haben wir draußen auf der farbigen, hellen, lauten Wiesenstraße, und gleich sind wir zum Bahnhof. Knapp am Wiesenrand haben wir noch schnell die Photographien angeschaut. Sie waren auf kleinen Blechplatten und sind sehr dunkel gewesen, so dunkel, daß wir sehr scharf hinschauen haben müssen, aber zu erkennen waren wir doch.

»Ah, dö san zünftig! Haut scho!« hat der Lenz freudig gesagt. Schön waren sie doch, die Bilder: Wir vor dem Automobil, das von einem echten nicht wegzukennen war, und dann als Gebirgswanderer unter dem Schild »Zur Zugspitze«.

»Do werdens' dahoam schaugn«, sagt der Lenz wiederum. »Mei Liaba, solcherne Photographien hot koana an ganzn Dorf.« Da habe ich ihn gefragt, ob wir denn wirklich bloß noch soviel Geld haben, daß wir heimfahren können. »Ah«, hat er auf das hin schlitzohrig gesagt: »Mir hobn schon noch a bißl wos. Beim Photographen hob i's bloß net gsagt.«

»So. Und wiaviel no?« habe ich wissen wollen, weil ich in meinem Ärger seit dem Weggehen von der »Wunderbaren Isis« alles genau nachgerechnet habe.

»A so a vierzg oder fufzg Pfennig vielleicht no«, hat er wie nebenher gemeint.

»Soso. Du lüagst ja schön«, sag ich und habe ihm alles genau vorgerechnet, weil er im Rechnen immer schlecht gewesen ist, und, sag ich, wenn er wirklich nicht nach der Vorstellung zur Isis hinein ist, wo eine Mark gekostet hätte, alsdann müßten wir immer noch drei Mark und sechzig Pfennig haben.

»Wos? Wos? Du bist ja narrisch«, hat er ganz aufgebracht geleugnet, aber ich hab hartnäckig das Aufzählen angefangen – grad mit Fleiß, weil mich die Isis am meisten interessiert hätte: »Also 2,80 für Eisenbahnfahren, 2,20 für die zehn Paar Bratwürste mit vier Brezen, 70 Pfennig für den Steckerlfisch, wo du mir noch die Hälfte weggegessen hast, 50 Pfennig für die Isis, wennst du drinnen nicht noch eine Mark zahlt hast, 50 Pfennig für die gestohlene Maß Bier, 30 Pfennig für den Lebkuchen, wo du mir gnädig gekauft hast, und 1,40 Mark beim Photographen – das macht an ganzn acht Mark und vierzig Pfennig – und zwölf Mark hobn mir mitanander ghabt. Rechnert noch, wennscht konnst! Do bleibn drei Mark sechzig übrig. Do ghärt die Hälfte noch mir ...« Das hat ihn wirklich baff gemacht, aber ich habe nicht locker gelassen und immer wieder mein Geld verlangt. Schließlich, wie ich gesagt habe, daß er mir mein Geld abschwindeln will, das ist schuftig, so was sag ich bestimmt daheim, schließlich hat er alles Geld herausgezogen, und da sind bloß noch zwei Mark und sechzig Pfennig herausgekommen.

»Aha, aha!« hab ich da frech gesagt: »Du bist also doch bei der Isis drinna gwesn nach der Vorstellung und host sie nackert ogschaugt. Moanst, i bin so dumm und hob net verstandn, wos der Zylinderherr gsogt hat –, ›sie enthüllt ihren blütenweißen Prachtkörper‹? Dös host d' mir net vergunnt, gell, du eklhafta Kerl, du! Und jetzt tatst mir noch mei Markl abstehln, du Schundniggl, du windiger!« Es hat mich wirklich gewundert, daß er sich das alles gefallen hat lassen. Er ist sogar verlegen geworden, rot im ganzen Gesicht, wahrscheinlich wegen dem Unkeuschen, was er alles von der Isis gesehen hat.

Da hat die Bahn in Starnberg gehalten, und da hat er gesagt, wenn ich ihn nicht verrate, gehen wir noch in den »Tutzinger Hof«, er zahlt das Bier und zwei Paar Würste für mich, und mein Geld gibt er mir auch. Das hat mich wieder versöhnt mit ihm. Auf dem Heimweg sind wir schon wieder gut gewesen. Ich darf von jetzt ab immer genausooft beim Wildern schießen wie er, hat er mir versprochen, ich aber bin bloß neugierig gewesen, auf das von der Isis nach der Vorstellung und habe ihn immer wieder gefragt und gefragt danach. Ganz recht ist er mit der Sprache nicht herausgekommen, aber zum Schluß hat er doch gesagt: »No, wennst ös wissen willst, ihrer Dutelzeug hob i scho gsehng, aber druntn, dös hot s' net ganz herzoagt . . .«

Dieses habe ich mir gemerkt und geschworen, wenn ich das nächste Jahr allein zum Oktoberfest fahren darf, geh ich gleich zu der »Wunderbaren Isis«. Das habe ich auch gemacht, weil der Lenz damaligerzeit schon von daheim und auch von München, wo er Geselle war, weg gewesen ist. Gleich auf der Festwiese habe ich das Zelt wieder gefunden, den Zylindermann erkannt, den Neger und die Isis. Ganz kribblig bin ich gewesen und habe es kaum erwarten können, bis die Vorstellung angegangen ist. Mit allen anderen Leute habe ich mich hineingedrückt. Der Riesenneger mit seiner Stemmerei und seinem Herumtanzen hat mich absolut nicht interessiert, bloß die Isis, die wo den Schleier von ihrem Gesicht genommen hat, habe ich nicht aus den Augen gelassen.

Sie war sehr dick und im Gesicht weiß wie Marmor und sehr schön. Bei ihrem Nadelverschlucken und Schwertdurchstechen habe ich nicht hingeschaut, weil mir das gruslig gewesen ist, und bei ihrem Wahrsagen habe ich mich auch weggemacht, weil man sonst womöglich gesagt hätte, ich bin noch ein Bub, was ich denn da herinnen suche? Glücklich bin ich mit einem dicken Haufen Männer nach der eigentlichen Vorstellung in einen anderen Zeltverhang gekommen und habe mich unauffällig nach vorne gewunden, damit ich ja alles genau sehe. Grad hat die Isis ihren Schleier von ihrem großen, prallrunden Busen genommen, wo auf einer Brust der Kaiser Franz Joseph und auf der anderen der König Ludwig eintätowiert waren. Tellergroße Augen habe ich gekriegt, wie ich dieses weiße, viele nackte Fleisch gesehen habe und schaue und schaue.

Da auf einmal hat mir einer von hinten eine furchtbare Watschen gegeben und mich gepackt und aus dem Zelt gezogen. So verschreckt und durcheinander war ich, daß ich zuerst unseren Aufkirchner Kooperator gar nicht erkannt habe, der wo auf mich eingehaut und in einem fort geschimpft hat: »Du Lausbub, du elendiger, du schweinischer Tropf du, wart, ich zeig dir's, du Galgenstrick, du! Er geht in diesen Höllenpfuhl, schau, schau! Wart, wart, du Lump, du miserabliger, du!« Wie er mich einen Moment ausgelassen hat, bin ich auf und davon wie ein Wiesel, weg von der schönen Festwiese und voller Angst zurück nach Starnberg gefahren, aber heim bin ich nicht gleich, weil es erst ungefähr um drei Uhr am Nachmittag war. Das wäre aufgefallen. Ich habe mich unruhig in Starnberg herumgetrieben und in einem fort nachsinniert, was mir das einbringen wird, wenn der Kooperator es dem Pfarrer Friedinger sagt, welcher gegen nichts so streng gewesen ist wie bei der Unkeuschheit.

»Mein Gott, mein Gott!« habe ich verängstigt und windelweich vor mich hingewispert: »Die Schand, die Schand. Und unsere Mutter wird sich schrecklich schämen und grämen, und der Maxl wird mich furchtbar durchhauen. Mein Gott, mein Gott!« Ab und zu habe ich schon überlegt, ob ich überhaupt noch heimgehen soll, aber davor bin ich doch zurückgeschreckt. Endlich ist es dunkel geworden, und ich habe mich auf den Heimweg gemacht. Recht fidel habe ich zu allen gesagt: »Herrgott, is dös schön gwesn. I möcht glei wieder nei ...« Und alles mögliche von der Achterbahn, von der Geisterkammer, von den Bierzelten, den Würsten und Steckerlfischen habe ich dahergelogen. Inwendig hingegen ist mir hundsmiserabel gewesen, und jeden und jeden Tag, wenn ich vom Brotaustragen heimgekommen bin, habe ich schon gefürchtet, der Kooperator ist dagewesen, die Mutter weint und jammert, und der Maxl packt mich. Ein richtiges Angstmartyrium war das bis zum Sonntag. Kaum noch schlafen habe ich können beim Tag, und in der Nacht, bei der Arbeit, sind mir die Augen zugefallen und die Knie schwach geworden.

Aber, was war denn jetzt das? In der Christenlehre hat der Pfarrer Friedinger kein Wort zu mir gesagt, so wie immer ist er zu mir gewesen. Diese Ungewißheit hat mich erst recht gefoltert. Hingegen auch in der Sonn- und Feiertagsschule drüben ist nichts gegen mich passiert, aber wie wir aus dem Schulzimmer herausgekommen sind und unsere Hüte und Mäntel genommen haben, ist auf einmal der Kooperator Stempflinger vor mir gestanden und hat gesagt, indem er mich scharf angeschaut hat: »Graf Oskar, du kommst noch mit mir ins andere Schulzimmer.« Gar nicht grob hat er mich am Arm genommen, und wir sind, ohne daß es besonders aufgefallen ist, verschwunden.

»So, also. So. Graf Oskar«, hat der Stempflinger angefangen, wie wir allein waren und noch ein paar Mal gehorcht: »So, jetzt kommen wir zwei zusammen, du abscheulicher, sündhafter Lausbub, du! Weißt du denn, was du auf der Oktoberfestwiese gemacht hast, ja?«

»Ja«, habe ich demütig gesagt.

»Bereust du es auch aufrichtig?« fragt er streng.

»Jawohl, Herr Kooperator, jawohl«, habe ich wiederum windelweich geantwortet, aber es ist mir doch plötzlich in den Sinn gekommen, warum denn *er* als Geistlicher bei der Isis drinnen war. Das muß er gerochen haben, denn gleich hat er noch strenger gesagt: »Wir Priester haben einen sehr schweren Beruf, wir sind Gotteswächter und Sündenverhüter, verstanden?«

»Jawohl, Herr Kooperator, jawohl«, habe ich abermals ganz zerknirscht genickt.

»Dankbar mußt du mir sein, du elendiger Kerl, daß ich dich vor der ärgsten Sündhaftigkeit bewahrt hab!« hat er räsoniert, wenn es damit weitergegangen wäre, alsdann täte ich vor einer Generalbeichte kaum mehr vorbeikommen: »Grad noch vor dem Gottesraub hab ich dich aus den Teufelsklauen gerissen. Eine Todsünde aber ist's und bleibt's. Die kannst du bei der einfachen Beichte beichten, verstanden?«

»Jawohl, Herr Kooperator, ich tu es ganz gewiß nicht mehr!« habe ich ihn noch reuiger angewimmert, und ein Gesicht habe ich dabei gemacht, direkt wie das leibhaftige Leiden Christi. Hm, sonderbar, auffallend, er ist nicht um den Stock zum Katheder gegangen, ganz im Gegenteil, mit seiner Hand hat er mich unterm Kinn gefaßt und mein zerknirschtes Gesicht gehoben, und das seinige hat gar nicht mehr grob hergeschaut. Ruhig und scharf hat er mir wiederum in die Augen geschaut und gesagt: »Gut also, ich will's nicht melden beim hochwürdigen Herrn Pfarrer und beim Herrn Lehrer. Ich will dir die Schande ersparen. Aber das eine sag ich dir, wenn du auch bloß ein Wort von deiner Abscheulichkeit verlauten läßt, ein einziges Wort, dann kann ich dir nicht mehr helfen, dann geht's schlecht aus für dich. Hast du mich verstanden?«

»Jawohl, Herr Kooperator. Ich sag keinem nichts, auf Ehr und Seligkeit!« habe ich lammfromm und eifriger gesagt, weil mir – wie er jetzt aufgestanden ist – auf einmal leichter geworden ist. Recht andächtig soll ich zwölf Vaterunser insgeheim beten, hat er mir aufgegeben, alsdann erfährt auch von ihm niemand nichts. »So, und jetz geh heim und bleib ein braver, ordentlicher Bursch«, sagt er und hat mich gehen lassen.

Zuerst bin ich auf dem alleinigen Heimweg noch ziemlich ernst und niedergeschlagen gewesen, nach und nach aber habe ich das Nachsinnieren angefangen. Von der ärgsten Sündhaftigkeit hat er mich bewahrt, ist mir eingefallen, und wenn es weitergegangen wäre, wär's zum Gottesraub gekommen? Warum hat er denn das wissen können? Ist er denn samt seiner Gotteswächterei und Sündenverhüterei noch mal zur Isis hineingegangen oder was sonst?

Beiläufig habe ich mich erinnert an das, was mir seinerzeit der Lenz erzählt hat, und mir ist plötzlich ein Licht aufgegangen, warum mir der Herr Kooperator gar so streng aufgegeben hat, ich soll ja nie ein Wort davon verlauten lassen. Ganz gotteslästerlich habe ich mir gesagt, der wird schon wissen, warum, und fast übermütig habe ich halblaut vor mich hingesagt: »Holla, mit dem seiner geistlichen Gottseligkeit ist's auch nicht weit her ... Der schreckt mich nicht mehr ... Und: die zwölf Vaterunser bet ich nicht!« So, jetzt hat er es gehabt, weil er mich auf der Festwiese vor allen Leuten so schandmäßig gehauen und vertrieben hat.

Der Gottesraub

Unser katholischer Glaube ist, wie der alte Schmalzer-Hans immer gesagt hat, kamott, er tut keinem weh, und jeder Mensch ist ihn gewohnt, darum wird er sich auch ewig halten. Hinwiederum unser Vater hat gemeint, das kommt ganz auf den geistlichen Herrn an. Wenn der nicht gut mit den Leuten umgehen kann, alsdann geht's ihm wie einem schlechten Wirt: Schnell wird er sehen, wie seine Pfarrkirch immer leerer wird.

Wie das passiert ist, was ich jetzt erzähle, ist von meinen zwei Brüdern, welche um zwei und drei Jahre älter gewesen sind, der Maurus ist schon in Karlsruhe als Lehrling in einer Konditorei gewesen, und der Lenz hat Nacht für Nacht daheim in unserer Bäckerei gearbeitet, ist aber noch in die Christenlehre und Sonn- und Feiertagsschule gegangen. Ich war selbigerzeit noch Sechstklaßler in der Werktagsschule. Dazumal ist nach der Strafversetzung von unserm guten Pfarrer Johst der Friedinger auf die Pfarrei nach Aufkirchen gekommen. Dieser hat es mit der Christlichkeit arg genau genommen, und es ist ihm vor allem drauf angekommen, daß alle Sonn- und Feiertagsschüler die Christenlehre in der Kirche nicht versäumen. Das ist aber für den Lenz unmöglich gewesen. Geht doch ein gestandenes Mannsbild die Strecke von Berg über Kempfenhausen nach Harkirchen schon im Sommer glatt seine Stunde, im Winter aber, wenn's die hohen Schneewehen herwirft, weil der Wind vom See herauf so reißend blast, da ist kaum noch ein Durchkommen. So um sechs oder halb sieben in der Früh ist der Lenz mit seinem schweren Brotkorb auf dem Buckel von daheim weg. Stockdunkel war es noch, und die Villen und Häuser auf der Kempfenhauser Seeseite sind weit auseinander gelegen, nicht eine Spur oder der kleinste Weg hat im Schnee hingeführt. Da war's schon viel, wenn der Lenz kurz vor dem Ausläuten vom Aufkirchner Hochamt zurückgekommen ist, und jetzt schon droben in der Christenlehre sein, wie soll er denn das gemacht haben?

Mit dem neuen Pfarrer ist's für ihn jeden Sonntag arg gewesen. Heim ist er gekommen, geschwitzt und gedampft hat er, und bis zum Bauch hinauf war er schneenaß. Kaum Zeit hat er sich gelassen, den warmen Tee hinunterzuschlingen, und sich dabei eilsam umgezogen, zum Haus ist er hinaus und wie ein Renngaul den Aufkirchner Berg hinaufgesaust, aber die Christenlehre hat jedesmal schon aufgehört. Er ist in die Kirche hineingelaufen, das Weihwassernehmen und Kniebeugenmachen vor dem Hochaltar hat er vergessen, keuchend hat er dem Pfarrer seine Entschuldigung hingesagt, und wenn er endlich im Betstuhl gewesen ist, ist ihm rein die Luft weggeblieben. Das erste Mal hat's der Pfarrer noch hingehen lassen und bloß gesagt: »Soso – aber so lauft man nicht in ein Gotteshaus. Geh heraus, nimm das Weihwasser und benimm dich, wie sich's gehört, vorwärts!« Der Lenz hat gefolgt, wenn er auch kaum mehr können hat, und hat sich geschämt.

Beim zweiten Versäumen ist der Herr Pfarrer schon viel ungemütlicher geworden wegen dem Zuspätkommen und dem ungehörigen Hereinlaufen und hat den Lenz dreimal zum Weihwasserkessel zurückgehen und die Kniebeuge vor dem Hochaltar machen lassen. Am dritten Sonntag hat sich der Lenz recht zusammengenommen und alles richtig gemacht, aber er ist so kaputt von der Hetzerei gewesen, daß er kaum noch reden hat können, und da ist der Friedinger ungut geworden und hat voller Verachtung gesagt: »Jaja, wie üblich, immer der Graf Lorenz! Bloß immer du, sonst keiner! Bei dir scheint's nicht weit her zu sein mit der christlichen Pflichterfüllung. Da muß ich doch einmal mit deinen Eltern reden.«

Das hat den Lenz gewurmt, und voller verhaltenem Zorn hat er gesagt: »Herr Hochwürden, das können Sie schon tun.« Das hat dem Friedinger die Wut ins Gesicht getrieben, und wild hat er geschrien: »Kein Wort mehr, du frecher Kerl, du! Setz dich!« Seine Backen haben gleich gezuckt, daß man gemerkt hat, er beißt die Zähne aufeinander. Der Lenz hat sich hingesetzt und vor Wut das Weinen hinuntergewürgt. Hernach ist ihm in der Sonntagsschule schlecht geworden, alles um ihn hat sich gedreht, und sein Kopf ist einfach auf die Schulbank hinabgesackt. Da hat der Hilfslehrer die Schwester vom Hauptlehrer Männer heraufgeholt, die hat dem Lenz ein feuchtwarmes Sacktuch ums Hirn gelegt und ihm Hofmannstropfen gegeben. Alsdann haben sie ihn heimgehen lassen.

Am übernächsten Tag ist der neue Pfarrer zu uns gekommen. Zu seinem Glück ist unser Vater grad in Starnberg auf dem Rentamt gewesen. Der hätte ihn sicher grob angeflucht. Der Hochwürdige hat sich bei unserer Mutter über das Zuspätkommen und die Flegelhaftigkeit vom Lenz beschwert. Unsere Mutter ist sehr traurig geworden, wie wenn sie einer recht schimpft, immerzu hat sie den Kopf geschüttelt und gar nicht glauben können, daß der Lenz frech ist. Aber sie hat dann doch gesagt, daß er beim besten Willen nicht eher vom Brotaustragen heimkommen kann, er rennt sich ja sowieso jeden Sonntag halb tot.

Am vierten Sonntag hat es schier mannshohe Schneewehen gegeben. Wie da der Lenz erst in dem Augenblick, wo schon alle zum Schlußgebet aufgestanden sind, in der Pfarrkirche angekommen und voller Angst und Verlegenheit in der Mitte vom Kirchenschiff aufgetaucht ist, da hat sich der Friedinger plötzlich nicht mehr halten können. Ohne auf die paar Stotterer vom Lenz hinzuhören, ist er voller roter Wut auf ihn zu, hat ihn grob gepackt und in den Betstuhl hineingestoßen.

»Da-das ist mir jetzt doch zu dumm! Jetzt wird's mir zu bunt, du gottverlassener Lausbub!« hat er ganz ungeistlich geschrien und dem verdatterten Lenz ein paar wuchtige Watschen gegeben. Stockstumm und furchtsam haben alle anderen Christenlehrler dreingeschaut, denn so was ist in der heiligen Pfarrkirche in Aufkirchen noch nie passiert. Käsweiß ist der Lenz geworden, hat aber nicht geweint und bloß ganz finster die Zähne zusammengebissen. Das muß den Friedinger erst recht geärgert haben, denn gleich hat er wieder zum Schlagen ausgezogen. Der Lenz hat ein bißl gezuckt und ganz zerstoßen aufgeweint, aber bloß ganz kurz, alsdann hat er sich fest gegen den Pfarrer gestellt und herausgeschrien: »Ja, Herrgott, i konn mi doch net derrenna! We-we-wennscht du mi grod schikaniern und schlogn willst, nacha konnst mi aa am Orsch lecka!« Und mit aller Kraft, denn er war schon hübsch stark beieinander, hat er den baffen Pfarrer weggedrückt und ist schreiend aus der Kirche gelaufen. Dieses ist unbeschreiblich fürchterlich gewesen. Stockstumm war es, schier wie wenn die ganzen Christenlehrler das Schnaufen vergessen hätten. Kalkweiß ist der Pfarrer im Gesicht gewesen, seine dünnen Lippen sind aufeinandergepreßt gewesen, und wie seine Backen ins Zucken übergegangen sind, hat er mordialisch gebrüllt: »So-so was erlaubt man sich da, so was! Da-das ist Gottesraub! Der Lump! Der Rotzlöffel. De-der Verbrecher.« Wie ein keuchender Stier ist er hin und her gelaufen, mit den Armen hat er seine Fausthände geschwungen, von »Hölle, Verdammung und Satan« hat er was herausgeschrien und schließlich gleich weißen Schaum auf die Lippen bekommen. Sogar den Befehl zum Schlußgebet hat er vergessen und alle fuchsteufelswild angeschrien: »Macht, daß ihr weiterkommt, ihr Viehmenschen!«

Selbstredend ist dieses Vorkommnis noch am selbigen Sonntag in der ganzen weitläufigen Pfarrei bekannt geworden, und jeder kann sich denken, was da alles geredet worden ist. Am drauffolgenden Montag, in der Religionsstunde, hat mir der Pfarrer mit ganz finsterem Gesicht einen Brief für Vater und Mutter mitgegeben. Kein Wort hat er dabei gesagt über den Lenz und so. Bei uns daheim haben sie genau wie ich selber derraten, was in dem Brief steht. Seit gestern hat ja unsere Mutter schon immer verstohlen geweint über so eine fürchterliche Schande, und alsdann ist sie mittendrinnen, wenn auch unser Vater arg dagegen geschimpft hat, auf und zum Pfarrer hinauf. Später haben wir erfragt, daß sie drei Messen lesen hat lassen. Unser Vater dagegen hat auf den Pfarrerbrief nicht viel gegeben und denselben nach dem Durchlesen auf den Tisch geschmissen, indem daß er gesagt hat: »Ha, jetz do schaug her! Der neue feine Herr Hochwürden fahrt ja glei mit'n ganz großn Gschütz auf. Ex-kommniziert, schreibt er, exkommniziert, also aus'n

Glaubn ausgschlossn, Lenzl, kunntst do werdn, schreibt er ... Ex-kommu-nizieren, schreibt er ... Der gibt's scho gar a bißl z'gach, der Herr! Der muaß ja froh sein, wenn eahm do d' Leut noch in sei Kirch genga, wenn er so weitermacht! Ja, Herrgottsakrament-sakrament, wos is denn jetz dös für a Benehmität von dem feina Herrn gegn an Feldzügler vo Sieberzg und Oanasieberzg und an zahlenden Bürger? Do täuscht er sie aba, der hochwürdige Herr! Nana, Lenzl, geh nur her zu mir!« Gesagt hat er zu dem, er soll sein Weinen aufhören, und ihn alsdann halbwegs verwarnt: »So schikaniern hätt er di net braucha, aba zu an Pfarrer sogt man net, leck mi am Orsch, dös ghört sich net, verstehst mi? No amoi wenn er so grob zu dir is, nacha derlebt er vo mir wos! Dös konnst eahm sogn, dem feina Herrn! Kreizhimmiherrgottsakrament-sakrament, beim Pfarrer Johst hot's so wos nia gebn, und jetzt auf amoi waar's nimma recht!« Da haben wir alle schier dankbar zu unserem Vater hinaufgeschaut.

Ausdrücklich hat sich der Pfarrer in seinem Brief verbeten, daß der Lenz zur nächsten Christenlehre kommt. Das hat den weiter nicht geschmerzt, im Gegenteil, froh ist er gewesen. Hingegen in der Sonn- und Feiertagsschule hat das selbige Mal der Hauptlehrer Männer den Unterricht geleitet, und gleich drauf ist der Pfarrer gekommen. Die zwei haben dem Lenz eine schreckliche Strafpredigt gehalten. »Und Generalbeichte mußt du ablegen, verstanden, du niederträchtiger Gottesräuber!« hat der Pfarrer zum Schluß gesagt, alsdann haben er und der Lehrer dem Lenz je zwölf Tatzen gegeben, daß ihm gleich seine Hände aufgeschwollen sind. Trotzdem hat er das Weinen verbissen, und wie er vor dem Katheder knien hat müssen, hat der Pfarrer noch einmal beim Fortgehen giftig gesagt: »Da, schaut ihn euch an, den gottlosen Kerl!« Kurz nachdem er draußen war aber, hat der Hauptlehrer Männer gesagt: »Graf, steh auf und setz dich.« Erst da ist das Weinen über den Lenz gekommen.

Wie man weiß, muß man bei einer Generalbeichte noch einmal die ganzen Sünden von seinem Leben beichten, sonst bringt man den Gottesraub nicht an. Diese hat der Lenz am darauffolgenden Samstag abgelegt, und am

Sonntag hat er dann kommunizieren, das heißt, die heilige Hostie empfangen dürfen. Bis dahin hat er nichts essen dürfen, damit die Hostie, in welcher der heilige Leib vom lieben Gott enthalten war, in seinen absolut nüchternen, noch nicht verunreinigten Magen gekommen ist. Damit der Lenz bloß ja rechterzeit ins Hochamt zur heiligen Kommunion gekommen ist, habe diesmal ich für ihn das Brotaustragen gemacht. Deswegen hat mich unsere Mutter schon um fünf Uhr in der Frühe geweckt, und wie ich über die Stiege heruntergekommen bin, haben der rote Kaschpa und der Lenz grad die letzten Brezen herausgebacken. Der Lenz hat in einem fort die gekochten, noch teigigen Brezen aus der Sodalauge geschaufelt, und der Kaschpa hat sie alsdann in den Ofen geschoben. In der Stiegenmitte hat mir der Lenz aus der Ofengrube ganz fidel zugeschrien: »Oskar, do geh her! Do schaug!« Und wie ich hinschau, sehe ich, daß er in einem fort eine knusprige, frischgebackene Breze ißt und grad beißt und bampft auf Hautsdrein. Gleich einen Riß hat es mir gegeben, fast überschreckt hab ich ihn angeglotzt, aber er hat frech und lustig gelacht und saukalt gesagt: »Jetz glaab i überhaupt nix mehr! Jetzt friß i Brezn, soviel wia i mog vor der Kommunion, wenn mi aa später vielleicht der Teifi holt! Der damische Pfarrer konn mir an Buckl naufsteign! Mir is jetz ois gleich!«

»T-ja-ja!« habe ich bloß herausgebracht, denn vor Angst und Schrecken hat es mir das Wort verschlagen, und ich bin schnell in die Kuchl gelaufen. Beim Brotaustragen und nachher habe ich mir in einem fort die furchtbarsten Sachen ausgemalt, die dem Lenz passieren, wenn er die heilige Hostie einnimmt, aber schon, daß alle vom Hochamt heimgekommen sind und nichts dergleichen berichtet haben, hat mich stutzig gemacht. Nach dem Mittagessen bin ich aus dem Dorf und auf dem Aufkirchner Weg den Feiertagsschülern entgegengelaufen, und wie ich den Lenz gesehen hab, bin ich auf ihn zu und hab ihn ängstlich gefragt, ob er denn gar nichts spürt und so.

»Spürn? Wos denn? A dumms Zeug, dumms ... Dös is lauter Schwindl«, hat er mich saukalt angelacht: »I glaab gor nix mehr. Du siechst ja, gor nix is mir passiert.« Er hat mich weitergezogen und gemeint, herumreden braucht man das ja grad nicht, damit es nicht wieder Verdruß gibt.

»Do hot er's jetz, der damisch Pfarrer, der damische!« hat er zum Schluß gemeint: »Hätt er mi net so schikaniert, nacha hätt i net sovui Brezn gfressn! Beim Johst hätt i dös nia gmacht.«

Mir ist gar nicht wohl dabei gewesen, und noch wochenlang habe ich recht seltsam gespannt gewartet, ob dem Lenz nicht doch noch was recht Arges zustößt, aber nichts, gar nichts ist passiert. Trotzdem habe ich mich nicht getraut, dasselbe wie er zu machen. Ja, insgeheim habe ich ihn doch für einen »Gottesräuber« gehalten, den das Unglück schon einmal erwischt. Hier und da habe ich sogar Mitleid mit dem Lenz bekommen, weil der Friedinger uns immer so eindringlich gelernt hat, daß sich der Teufel schon lang, ehvor so einer stirbt, denselbigen genau notiert, damit ihm ja keiner auskommt. Dieses hat sich erst verloren, wie der Lenz schon lang in der Fremde war. ...

Was es mit dem Militär, dem Glauben und dem Krieg auf sich hat

1

Wenn wir auch, sobald wir gemerkt haben, daß dabei was herausspringt, zu den Herrschaften und Sommerfrischlern recht freundlich waren – die alte Bißgurn, die Frau Hauptmann Retter, ist da in bezug auf uns ganz anderer Auffassung gewesen. Oft und oft hat sie zu unserer Mutter im Laden gesagt, sie kann gar nicht begreifen, daß wir zu ihr und ihrem Mann – »zu meinem Gatten« hat sie immer gesagt – so respektlos sind. Grad aufgerichtet ist sie dagestanden, diese Vogelscheuche mit ihrem Mordskropf, ihrer brettflachen Brust und ihrem hängenden Bauch, ihr goldener Zwicker hat gewackelt, und ihr hochaufstehendes, graues Haardurcheinander, das wo immer ausgeschaut hat, als wie wenn sie sich überhaupt nie kämmt, hat gezittert.

»Erst neulich wieder, wie mein Gatte in seiner Paradeuniform zum Veteranenaufmarsch gegangen ist, haben sie ihm ganz frech nachgelacht«, hat sie beleidigt geklagt. Die Warze neben ihrer Mopsnase ist ganz rot geworden, und ihr Kropf unter dem Stäbchenkragen ist angeschwollen, daß sich gleich die Stäbchen gebogen haben. »So etwas Flegelhaftes und Unerzogenes, Frau Graf, das sollten Sie als Geschäftsfrau nicht dulden«, hat sie unsere Mutter siebengescheit belehren wollen, aber die hat bloß immer »ja« gesagt und gemeint, wenn so viele Kinder sind, da kann man nicht jedem einzelnen dahinter sein. Grad arg respektvoll hat auch sie die Frau Hauptmann nicht angeschaut, und das nicht bloß deswegen, weil sie wegen jedem Pfifferling dahergekommen ist und sich beschwert hat, sondern weil sie beim Retter den ganzen Sommer alles aufschreiben haben lassen und alsdann, wenn sie im Herbst, ehvor sie in die Stadt gezogen sind, die Rechnung viel zu hoch gefunden, gejammert, um jeden Pfennig gefeilscht und meistens noch ganz ordinär abgehandelt haben.

Der Hauptmann, wenn er in seiner Paradeuniform dahergekommen ist, über den hat schon fast jeder lachen müssen, so komisch hat er ausgeschaut. Dahergezottelt ist er mit seinen O-Beinen, daß man gemeint hat, er hat Rheumatismus, mit seinem Schleppsäbel hat er nichts Rechtes anzufangen gewußt, und immer wieder ist ihm sein buschiger Helm von hinten nach vorn bis übers Hirn heruntergerutscht, wahrscheinlich weil er ihm zu schwer und zu groß war. Samt seinem Eisernen Kreuz und noch verschiedener Orden auf seiner Brust hat er eher wie ein Maschkerer als wie ein Militärmann ausgeschaut.

Mich hat er immer an ein Vorkommnis erinnert, der Hauptmann, das wo schuld dran gewesen ist, daß ich überhaupt keinen Respekt mehr vor Uniformen und Militärsleuten aufbringen habe können. Nämlich zur selbigen Zeit, wie ich aus der Werktagsschule gekommen bin und jede Nacht in der Backstube mitgearbeitet habe, sind in unserer Gegend einmal Manöver gewesen.

Kriegerisch hat das insbesondere für uns Kinder gar nicht ausgesehen, eher schon krachlustig und ein wenig fasnachtsmäßig. Und selbstredend sind wir überall herum, wo es was zu sehen und zu hören gegeben hat. Reiter sind plötzlich dahergesprengt und an uns vorbei wie der Wind, alsdann sind wieder ganze Gruppen über die Felder galoppiert, Schüsse haben irgendwo gekracht, schrill gepfiffen hat es, und haufenweise sind die Soldaten vom Boden aufgesprungen und dahin und dorthin gerannt. Alsdann hat man Trompetenblasen gehört wie das von unserm Postillion von Aufkirchen.

Das Allerschönste aber ist gewesen, wie die ganzen Soldaten nach Feierabend, um und um voller Staub und Dreck, aber doch noch farbig in ihren hellblauen Uniformen und glänzenden Messingknöpfen, ins Dorf einmarschiert sind. Trommeln und Trompetenmusik voran, und ihre gleichmäßigen festen Stiefelschritte haben dahinter getrappt. Ganz vorn an der Spitze sind drei blitzblanke, ordensgeschmückte Offiziere geritten. Stolz und gerade sind sie in ihren Sätteln gesessen und haben manchmal leutselig herabgenickt auf uns. Und wir? Wir haben sie angeschaut wie was ganz Großartiges, das wo es im gewöhnlichen Leben überhaupt nicht, sondern bloß beim Militär und am königlichen Hof gibt.

Ein solcher Offizier ist zu uns ins Quartier gekommen, und ich weiß nicht mehr, ob er ein Major oder ein Hauptmann gewesen ist. Alles an ihm hat bloß so geglänzt und geblitzt, und übergroß ist er mir vorgekommen, wie ich zu ihm hinaufgeschaut habe. Lange Reitlackstiefel mit blitzenden Sporen hat er angehabt, breite rote Streifen auf seiner dunkelblauen Hose, alsdann ist die engansitzende hellblaue Litewka mit den silbrigen Knöpfen und schmalem Gurt gekommen, wo ein langer Schleppsäbel darangehängt ist. Allerhand Orden haben an seiner Brust geprangt, und dann erst der buschige Helm – einfach schier unaussprechlich schön. Und laut und kurz, aber kaum zum Verstehen hat er geredet, daß uns fast angst geworden ist. Ganz schwummelig ist uns Kindern vor dieser gebieterischen Erscheinung geworden, und daß wir vor ihr nicht aufs Knie gefallen sind, hat mich direkt gewundert.

Nacht ist es geworden; wie wir zur Arbeit aufgestanden sind, haben die Trompeten wieder geblasen, und die letzten Soldaten sind aus der Wirtschaft »Zum Tutzinger Hof« heraus und eilsam ihren Quartieren zugelaufen.

»Dös ist der Zapfenstreich gwen ... Do wenn net jeder Soldat in der Kasern oder im Quartier is, geht's eahm schlecht«, hat der rote Kaschpa erklärt, und, sagt er, bei den Offizieren ist's natürlich anders, die können ausbleiben, solang wie sie mögen, er wundert sich bloß, daß der unsrige schon in den Federn ist. Der Kaschpa und der Mischer haben den Teig gemacht, wir haben die Semmeln geschliffen und sie auf den Brettern noch gehen lassen. Ich hab unsere Brotzeit und das Bier aus dem Keller geholt, aber wie ich heraufkomm, ist auf einmal unser Herr Offizier mit verschlafenem Gesicht und unordentlich zerzaustem Haar, in einem Trikothemd, bloß notdürftig in seiner Biesenhose und in Pantoffeln, eilsam die Stiege heruntergerannt und hat mich ziemlich verdattert, aber arg dringlich nach dem Abtritt gefragt. Mir hat es im Augenblick direkt das Wort verschlagen, und ganz entgeistert habe ich auf die gekräuselten Brusthaare von dem

Herrn Offizier geschaut, die aus seinem Trikothemd herausgespitzt haben, hab seinen gespannten Bauch angeglotzt und Maul und Augen aufgerissen wie geschreckt.

»Na, na, Kleiner!« hör ich da den Herrn Offizier noch dringlicher, fast wehleidig fragen: »Kleiner, so sag mir doch geschwind, wo ist denn euer Häuschen, aber hurtig, hurtig ...« Gleich geschlottert hat er dabei wie ein nasser Hund im Schnee.

»Hu-hurtig, schne-schnell!« keucht der Herr ungeduldig und kann's kaum erwarten, bis ich: »Da-da hinten draußen überm Hof«, sage, vorbei saust er an mir wie aus der Kanone geschossen. Ich bin dagestanden, wie wenn mir einer den Bierschlegel auf den Kopf gehaut hätte. So kann's einem vielleicht sein, wenn ihm plötzlich ein unheimlicher Geist erscheint.

Erst wie jetzt der Kaschpa aus der Backstubentür gekommen ist und gesagt hat, wo ich denn bleib mit der Brotzeit, bin ich wieder zu mir gekommen.

»Hobts'n gsehng?« hab ich gefragt.

»Tja«, sagt der Kaschpa: »Der, moan i, hot aa an hübschn Durchmarsch. Gsaust is er wia mit der volln Hosn.« Dieses hat mir in bezug auf den Herrn Offizier radikal den Garaus gemacht. Aus ist's gewesen mit meiner Bewunderung und meinem Respekt vor seiner blitzblank strahlenden Aufmachung, die wo ihn so gebieterisch gemacht hat – auch er ist nichts anderes gewesen wie wir alle, und samt seinem kraftprotzerischen, martialischen Militärischsein ist er nicht einmal gegen einen windigen Durchfall aufgekommen, ja, wenn er womöglich unsern Abtritt nicht zur rechten Zeit gefunden hätte, wäre er noch zum Hosenscheißer geworden.

2

Auch bei einer anderen Wunderbarkeit ist es mir so ähnlich gegangen, bloß hat dabei kein Glanz und keine Pracht mitgespielt. Die Kohlhäusler-Trautl von Walchstadt ist nicht bloß in unserer Pfarrei, sondern weit darüber hinaus, bis ins Gebirg hinauf, als die sicherste und beste Wunderdoktorin von jedem Menschen angesehen, ja man kann schon fast sagen, beinahe abgöttisch verehrt worden. Die hat mit ihren Kuren oft noch Leute gesund gemacht, die wo von den größten, berühmtesten Ärzten aufgegeben waren.

Sogar ganz hohe Herrschaften und Geistliche, hat es geheißen, kommen zu ihr, und jedem hat sie noch geholfen.

Die Trautl, hat man bei uns herum gesagt, die kennt den menschlichen Körper in- und auswendig wie ein Professor, die weiß alle die geheimen Sachen gegen die Leiden und Krankheiten.

»Die? Die stirbt überhaupt nie, weil s' alles dagegen hat«, ist die allgemeine Auffassung gewesen. Und da – auf einmal hat sie der Schlag getroffen, und maustot war sie!

Es läßt sich denken, wie das jeden, der die Trautl gekannt hat, getroffen hat. Und gleich ist das schlechte Nachreden aufgekommen: »Do! Gell, samt ihrer ganzen Wunderbarkeit hot s' weg müassn wie a jeder vo üns! Ös muaß doch net sovui wert gwen sei, ihr ganz's Kuriern, wenn sie si net amoi selba helfa hot kinna . . .«

Ich hab öfter zu der Trautl nach Walchstadt hinüberradeln müssen, um für unsere Mutter eine Salbe für ihre offenen Füße zu holen. Gern habe ich das nie getan, denn die Trautl ist mir unheimlich gewesen, weil sie mich beim ersten Mal zu sich an den großen Ohrenstuhl, auf dem sie immer wie eine aufgeschwemmte Blunsen drinnengesessen is, gezogen, mir mit ihren kohlschwarzen stechenden Augen in die meinigen geschaut und gesagt hat: »Aus dir werd amoi wos recht wos Gscheites, Bua, aber du hast z'viel Lumpereien im Kopf. Dös verdirbt dir oft ois.« Und jedesmal, wenn ich wiedergekommen bin, hat sie mich so hingezogen, meine Hand festgehalten und mich so hintersinnig angeschaut, daß es mir ganz angst geworden ist.

»Hmhmhm«, hat sie alsdann gesagt: »Bist scho wieder auf lauter Lumpereien aus, du Rotzbua, du lausiger. Ich sog dir's, dös geht net guat naus mit dir.« Das Ekelhafte dabei ist gewesen, daß ich, wenn ich kurz drauf allein oder mit der Nanndl und dem Martl was getrieben habe, immer wirklich aufgekommen bin und vom Lehrer Tatzen und daheim Schläg bekommen hab.

In ihrem schwarzen, bis zum kurzen dicken Hals hinauf geschlossenen Gewand mit dem langen, wallenden Rock, ein handgroßes goldenes, mit roten Steinen besetztes Kreuz auf der Brust, mit ihren krausen, graumelierten, drahtigen Haaren, den raupendicken, struppigen Brauen über ihren glanzdunklen Augen, die einem durch und durch gestochen haben, mit ihrem Flaumbart über der dicken, wulstigen Oberlippe, ihren kleinen Mauszähnen, an einem Ohr einen goldenen Ring, und endlich wegen ihrer seltsam heiseren mannsbildergroben Stimme ist sie mir immer wie eine Zigeunerin, die wahrsagen kann, oder eine Hexe vorgekommen, mit der ordentliche Menschen am liebsten nichts zu tun haben wollen.

Vier fette graue und gelbbraune Angorakatzen hat sie gehabt, die überall herumgelegen, aber sofort, wenn sie aufgestanden und an ihren hohen nußbaumenen Medizinkasten gewatschelt ist, mitgelaufen sind, und der uralte Papagei im Käfig hat, wenn ein Besuch gekommen ist, gleich zu krächzen angefangen:

Trautl, du hilfst an jedn,
do is aa beim Herrgott koa Zweifi,
aber wer dir net glaubt,
den holt pfeilgrod der Teifi.

Erst wenn ihm die Trautl: »Sei staad jetzt, Hansl. Ma versteht ja sei eigns Wort nimma!« zugerufen hat, ist er still geworden. Rundherum an den holzgetäfelten Wänden sind Heiligenbilder gehängt und in einer Ecke ein großes, gut geschnitztes Kreuz. Die ziemlich große Stube mit den feinpolierten Nußbaummöbeln und dem dicken, echten Teppich hat fast herrschaftsmäßig ausgeschaut, bloß hat es darin immer nach Gift, Staub, Moder und Katzenurin gestunken.

Mir ist es also ganz recht gewesen, daß die Trautl gestorben ist, aber unsere Mutter hat ihr wegen der Salbe sehr nachgetrauert, wenn von derselben ihre Füße auch nie besser geworden sind. Mit unserem Vater bin ich bei der Trautl ihrer Leich gewesen. Wunderschön hat der Pfarrer Johst gepredigt am Grab, berghoch sind Kränze um dasselbe gelegen, und der ganze Gottesacker ist voller Leute gewesen.

»Dösmoi«, habe ich zu meinem Vater beim Heimgehen gesagt, »hot er aber scho ganz schön predigt, der Pfarrer.«

»Noja, sie hot ja ihr ganz Geld da Kirch vermacht. An hübschn Batzen«, hat der Vater gesagt: »An dö sieberzgtausnd Mark, hob i ghört. Do is's ja der Müah wert gwen, daß er a so a schöne Grobred ghoitn hot, der Johst. Do wenn d' Trautl aa a rechte Lumpnschix gwen waar – ganz gnau so schön hätt er predigt ...«

»So? Bloß wegn dem Geld macht er dös?« habe ich verwundert gefragt und ihn angeschaut: »Und kimmt nacha deswegn d' Trautl an Himmi?«

»Tja, an Himmi?« hat er leicht aufgelacht: »An Himmi? Dös is natürli an andere Frog. Do irrn sie dö Pfarrer oft recht arg ... Am Grob redn s' ja über jedn guat, bloß über den oan kürzer und den andern länger. Und wenn oana natürli wia d' Trautl der Kirch sei ganz Geld vermacht, do redn s' am meistn. Do konn ma net vui drauf gebn. Do ist's aa ganz gnau wia's bei der Trautl gwen is. Do hobn d' Leit aa glaubt, dö stirbt net, und jetzt is s' samt ihrer Kuriererei einganga. Oans mußt dir merka, Oskar, man muaß net glei ois glaubn, aa wenn's vom Pfarrer kimmt ...«

Da ist der Wagner Neuner zu uns gestoßen, und die zwei haben von was anderem geredet. Ich aber habe über das vom Vater in einem fort nachsinniert und ihm ganz recht gegeben: Bei der Trautl muß sich der Johst arg geirrt haben, die offenen Füße von meiner Mutter sind nie nicht besser geworden, und diese boshafte Hex, die Trautl, die mir immer meine Lumpereien vorausgesagt und mir auch gleich die Strafen dafür zugewünscht hat, die ist sicher in die Hölle gekommen.

Im Winter, wenn in unserer Bäckerei wenig Arbeit war, hat man den Kaschpa und den Lenz meistens erst um elf oder halb zwölf Uhr in der Nacht geweckt, weil sie auch da noch leicht bis in der Frühe fertig geworden sind. Ich bin damals zehn oder elf Jahre alt gewesen und habe jedesmal, wenn alle andern ins Bett gegangen sind, zum Wecken mit unserm Vater aufbleiben dürfen. In der Kuchl ist's mollig warm gewesen, der Herd hat von den großen Buchenscheiten gekracht, der Vater hat langsam sein Bier getrunken, und ich habe irgendein Geschichtenbuch gelesen. Draußen hat der Eiswind den Schnee herumgetrieben, und ganz leicht haben hie und da die Fensterscheiben gezittert. Die schwarze Katze ist im Kanapeeeck zusammengerollt gelegen und unser großer Hund, der Nero, flach auf dem Kuchlboden. Mitten im Schnarchen hat er manchmal gezuckt und kurz aufgebellt.

»Wos lest d' jetz do?« hat der Vater nach einer langen Weile gefragt, und ich habe ihm Antwort gegeben und den Buchtitel gezeigt.

»Is's schön zum Lesn?« hat er wiederum wissen wollen, und nach meinem »jaja« und »arg interessant« ist er aufgestanden, ein paar Mal hin und her gegangen, hat die Ringe von der Herdplatte genommen, im Feuer herumgestochert und ein neues Scheit nachgelegt. Wenn der Nero zufällig aufgestanden ist, hat er ihn eine Zeitlang gestreichelt und zärtlich auf ihn eingeredet. Er ist endlich wieder ans Tischeck gegangen und hat sich ins Kanapee gesetzt, einen Schluck Bier genommen und nebenher zu mir gesagt: »Lesn is oiwai guat, do lernt ma wos«, und ist zufrieden gewesen, wenn ich genickt oder bloß eine ganz kurze, abwesende Antwort gegeben habe. Er hat oft eine ganze Stunde so dasitzen können und irgendwo hingeschaut. Vielleicht ist ihm dabei allerhand durch den Kopf gegangen. Er hat nie ein Buch gelesen und höchstens seine Zeitung jeden Tag überflogen, aber trotzdem hat er, wenn die Rede auf Politik oder auf irgendwas aus der Geschichte gekommen ist, seine besonderen Auffassungen gehabt. Außerdem hat er, grad damals in denselbigen Winternächten, wahrscheinlich weil das unterhaltsam für ihn war, die Angewohnheit gehabt, mich, wenn ich ein Buch ausgelesen gehabt habe, nach dem Inhalt zu fragen, und er hat interessiert zugehört, wie ich alles vorbringe.

Alsdann hat er hinwiederum die besondere Gewohnheit gehabt, mir auf das hin eine lange und große Belehrung zu machen.

Wie ich endlich mein Buch, welches die großen Taten der zwei Feldherrn Tilly und Wallenstein geschildert hat, ausgelesen gehabt und hingelegt habe, fang ich also an, ihm voller Begeisterung alles zu erzählen, aber – sonderbar – nachdem ich fertig gewesen bin, scheint das dem Vater durchaus nicht gefallen zu haben. Fast spöttisch hat er gelächelt und ziemlich wegwerfend gesagt: »Ah, wos dö net ois schreibn! 's Papier is ja geduldig. Dös is doch ois gor net wohr, Bua! Dös is doch ganz anderst gwen.« Da bin ich stutzig geworden und hab ihn groß angeschaut.

»Der Tilly«, sagt er drauf, »der hot nämli im Böhmischn drentn viel Holz ghabt, und der Wallenstein noch weit mehra bei üns an Boarischn herinn. Wegn dem san's ins Streitn kemma, die zwoa, und der Kriag is nacha glei beinand gwen.«

Baff und ganz und gar enttäuscht habe ich den Vater angeschaut, denn von alldem ist doch in meinem Buch nicht das geringste gestanden.

»Ja«, hab ich endlich ein bißl zaghaft und zweifelnd gefragt: »Ja, Vata, nacha glaubst du, daß dö zwoa bloß wegn dem Holz Krieg gführt hobn?«

»Bloß wega dem Holz, verloß di drauf«, hat mein Vater genickt: »So mir nix, dir nix fangt ma doch koan Kriag o. Do geht's oiwai um so was, ob's jetz a Holz is oder wos anders ...«

Das hat mir gar nicht gefallen, aber schließlich – meinen Vater habe ich doch für viel gescheiter gehalten als wie mich. Auf das hin bin ich recht nachdenklich geworden, und immer wenn ich so ein Geschichts- oder Kriegsbuch gelesen habe, ist mir der letzte Satz von meinem Vater eingefallen. Vollauf bin ich nach und nach draufgekommen, daß es wirklich immer bloß ums »Holz« geht, es hat bloß immer einen anderen Namen.

Den Hilfslehrer Jakob Steineberger haben wir bekommen, wie ich noch als Abc-Schütz in die zweite Klasse gegangen bin. Schon sein umständlicher Name mit dem holperigen »e« dazwischen hat uns geniert, wenn wir ihn sagen haben müssen. Meistens haben wir dabei das »e« übersprungen, was den Lehrer immer so geärgert hat, daß wir seinen Namen oft drei- oder viermal wiederholen haben müssen. Alsdann aber haben wir uns noch dümmer gestellt und grad mit Fleiß nicht Steine-, sondern Steinenberger gesagt, auch wenn er noch so zornig geworden und an die schwarze Holztafel gegangen ist und ihn hinaufgeschrieben hat.

»Ihr Esel! Ihr Hornochsen!« hat er uns angeschrien, weil wir es auch da noch oft falsch heruntergelesen haben, bloß damit er noch bäriger geworden ist. Für uns war das bloß lustig. Der Lehrer nämlich hat noch allerhand Eigenschaften gehabt, über die wir insgeheim gespottet und gelacht haben. Auffallend klein und so dick wie aufgeschwollen ist er gewesen, hat O-Beine gehabt und einen viel zu großen Kartoffelkopf mit dichten schwarzen Strudelhaaren, die wo immer, wenn er sie beim Unterricht gekämmt hat, wieder in die Höhe gestanden sind. Drum hat er jeden Tag nach Haarpomade gerochen.

Weil er fast gar keinen Hals gehabt, aber immer einen hohen, steifen Stehkragen und eine Fliegenkrawatte umgehabt hat, ist es gewesen, als wie wenn man ihm den Kopf hinaufgesteckt hätte. In seinem teigblassen Gesicht, welches gleich immer krebsrot angelaufen ist, wenn er fuchtig geworden ist, hat er viele rote Wimmerl gehabt. Vielleicht weil er gemeint hat, das macht sich gut für einen Lehrer und trägt ihm Respekt ein, hat er in der Schule immer einen Zwicker auf seiner kurzen, dicken Mopsnase gehabt, der ihm oft heruntergefallen ist. Deswegen hat er ihn an ein schwarzes Bandl gebunden gehabt. Wir haben immer lachen müssen, wenn das passiert ist, alsdann hat er den Zwicker wieder energisch aufgesetzt, uns grimmig angeschaut und gesagt: »Was gibt's da zu lachen, ihr Dummköpfe? Seid froh, daß ihr noch gesunde Augen habt!«

Komisch ist es bloß gewesen, daß er außerhalb der Schule den Zwicker nie getragen hat.

Wir haben schon deswegen keinen Respekt nicht vor ihm gehabt, weil er bald den Strengen gespielt, alsdann aber auf einmal wieder Dummheiten mit uns gemacht hat. Weil wir diesen Wechsel immer nicht gleich gespannt haben, ist er fuchtig geworden und hat mitunter sogar Tatzen ausgeteilt.

Dem Steineberger habe ich immer zwei frische Maurerlaibl in die Schule mitbringen müssen. Das war aber nicht deswegen, weil er die besonders gern mögen hat, nein, nein, sondern – wie ich schnell herausgebracht habe – bloß darum, weil er alsdann jede Woche von Aufkirchen nach Berg in unseren Laden hat kommen können, um die Rechnung zu zahlen und dabei immer mit meiner älteren Schwester zu spenzeln. Da ist er die Freundlichkeit selber gewesen, wie geschmiert ist ihm der Schnabel gegangen, und oft sind die zwei gleich über eine halbe Stunde im Laden gestanden. Wenn die Nanndl und ich hineingekommen sind, ist die Emma rot geworden und hat uns hinausgejagt. Von da an haben wir sie immer »Fräulein Steineberger« oder »Frau Lehrer« geheißen. Das hat sie arg gefuchst. Für mich hat das Maurerlaiblbringen, aber wahrscheinlich noch mehr das mit der Emma, einen Vorteil gehabt: Der Steineberger hat mir viel hingehen lassen, gegen das er bei anderen recht streng gewesen ist. Trotzdem habe ich ihn genausowenig leiden können. Die Maurerlaibl nämlich habe ich nicht in meinen Schulranzen tun dürfen und sie immer, schön in glattes, dünnes braunes Papier eingewickelt, in der Hand tragen müssen. Da hätte ich mich nie, wenn wir mit den Unterbergern ins Raufen gekommen sind, verteidigen können. Folgedessen habe ich sie, je nachdem wie es grad hergegangen ist und pressiert hat, schnell an den Straßenrand gelegt oder einfach hingeschmissen.

Bei so einem Raufen hat mir der Müller-Steffl einmal einen Renner gegeben, daß mir die Laibl mitten auf der

Straße in den feuchten Dreck gefallen sind. Das Papier war geplatzt, und die Kalamität war da. Ich bin grad noch dazugekommen, sie mit dem Fuß auf den Wiesenrand zu schutzen. Wie ich endlich über den Steffl Herr geworden bin und er davon ist, habe ich aber wegen der Laibl doch einen argen Schreck bekommen. Voller Dreck und halb aufgeweicht waren sie, weil es geregnet hat. Wenn es auch schon zu spät gewesen ist, bin ich schnell heimgelaufen, habe gesagt, ich bin ausgerutscht und hingefallen. Geschwind hat mir unsere Mutter neue Laibl eingewickelt, und ich bin davon wie der Wind.

Gott sei Dank bin ich schon nach dem Morgengebet in der Schule angekommen, und weil ich so abgehetzt ausgeschaut habe, hat der Steineberger nichts gesagt.

Von jetzt ab habe ich aus Vorsicht immer ein frisches braunes Einwickelpapier in meinen Schulranzen gesteckt. Wenn das Raufen angegangen ist, habe ich sofort die Laibl weit weg geschmissen. Leider ist davon nicht bloß das Einwickelpapier kaputtgegangen, sondern auch die Maurerlaibl, die ja, wie jeder weiß, beim Backen oben aufspringen müssen, was recht appetitliche, zackige, rösche Krusten abgibt. Wieder und wieder heimlaufen und neue holen, das hat sich nicht machen lassen. Not, heißt es, macht erfinderisch. Das ist gewiß wahr, weil ich es seitdem weiß. Ich bin also mit den Laibln – dreckig sind sie ja wegen dem, weil ich sie jedesmal auf einen sauberen Wiesenplatz geschmissen habe, nicht gewesen, aber leicht demoliert und aufgesprungen – ich bin also in die dichte Tannenhecke von unserem Feldkreuz gekrochen, habe in die Risse gespieben und die Krusten wieder sauber hinaufgepappt, habe die Laibln frisch mit meinem mitgenommenen Einwickelpapier eingewickelt und sie dem Steineberger gebracht. Weil der Laibleig auch nach dem Ausbacken unter der Kruste zähfeucht bleibt, hat der Lehrer nie was gemerkt und sie in der Pause mit dem größten Appetit gegessen. Verstohlen habe ich auf ihn hingeschaut und mir voller Schadenfreude gedacht: Wissen wenn du es tätest, du überspannter Emma-Spenzler, da täte dir vielleicht der Appetit vergehen!

Selbigesmal, wo der Martl Keuchhusten gehabt hat und

deswegen nicht in die Schule hat gehen dürfen, sind die zwei Unterberger, der Ambros-Beni und der Toni, der, wie alle gewußt haben, daheim jede Nacht ins Bett genäßt und sogar manchmal in der Schule das Wasser nicht halten hat können, mit dicken Prügeln hinterrücks auf mich her, weil ich den Toni immer »Bettsaicher« geheißen habe. Zum Wegschmeißen von meinen Lehrerlaibln bin ich gar nicht gekommen, sie sind mir einfach aus der Hand gefallen. Die zwei sind mit ihren Prügeln in der Übermacht gewesen, auf dem Kopf, im Gesicht und an den Händen hab ich schon geblutet und bin auf und davon, in den Wiesenfußweg unterhalb der Aufkirchner Linde hinein. »So, du Hundling, deine Loabln konnst aus'm Dreck holn. Dö ham ma da dertretn!» haben mir die zwei nachgeschrien und recht niederträchtig gelacht und sind Aufkirchen zu.

Das Bluten hat mir samt meiner Wut nichts ausgemacht, ganz arg aber ist es mir gewesen, daß dem Steineberger seine Laibln beim Teufel waren. Angsthastig ist mir allerhand durch den Kopf gegangen, aber nichts Gescheites. Geschwitzt und geschnauft habe ich vom Laufen, und das Herz hat mir gepumpert, hinhocken habe ich müssen bei der Haselnußstaude am Rand vom Ullmann seinem Acker, so durcheinander bin ich gewesen, daß es mir ganz gleich war, wie es jetzt in Aufkirchen acht Uhr geschlagen hat, und bloß eins habe ich in einem fort überlegt: Was mach ich bloß wegen der Maurerlaibl?

Wiederum muß ich sagen, daß es mit den Sprichwörtern oft haargenau stimmt, denn jetzt, wo die Not am höchsten war, ist mir auf einmal eingefallen, daß ich ja für die Schule jeden Tag zwei Semmeln oder Laibln mitgekriegt habe, und diesmal – was für ein Glück in meinem Unglück – habe ich in meinem Schulranzen zwei Laibln gehabt.

Schnell hab ich sie rausgezogen. Vom Prügeln und Raufen sind sie zwar gesprungen, und da und dort ist der Rand von der Kruste abgesprungen gewesen, aber zur Not hat sich das doch richten lassen. Ich bin etwas seitwärts an die Haselnußstaude gekrochen und hab mit dem Speichel das Flicken angefangen, papp und drück, und alles schaut viel besser für mich aus. Die Laibln haben zusammengehalten. Ich habe sie wieder sauber eingewikkelt, hab mir, so gut das gegangen ist, mit dem Sacktuch das Blut abgewischt und bin eilsam Aufkirchen zu.

»Herr Lehrer«, habe ich gesagt, »ich bin, ehvor ich daheim weg bin, in unseren Kellerschacht gerutscht und hab mich überall aufgekratzt.«

»So«, hat der gesagt, seine picklige Stirn gerunzelt und mich gemustert: »Es heißt nicht ›ehvor‹, sondern ›bevor‹. Tut dir sonst was weh?«

»Nein, Herr Lehrer.« Deutlich habe ich gesehen, wie der Beni und der Toni gegrinst haben, aber ich habe mir nichts anmerken lassen und bin auf meinen Platz in der Schulbank gegangen.

»Da, das wird abgeschrieben«, hat der Lehrer gesagt und auf die schwarze Tafel gezeigt. Gleich habe ich meine Schiefertafel herausgezogen, den Griffel genommen und eifrig abgeschrieben: »Unsere Kirche ist schon über vierhundert Jahre alt. Sie hat einen Turm und sieben farbige Fenster. Außen ist sie weiß gestrichen und innen prächtig geschmückt. Der Hauptaltar ist blau, rot und vergoldet. In seiner Mitte befindet sich die heilige Mutter Gottes. Vier Stufen führen zu ihm empor. Die kleinen Altäre an den zwei Seiten sind auch sehr schön, aber kleiner und haben bloß zwei Stufen. Oben an der Kirchenwand sind die zwölf Apostel angebracht. Unten stehen zwei Beichtstühle. Daneben sind die Betstühle für die Männer und Frauen und Kinder. Oben auf der Hinterseite ist die Empore und darüber der Chor mit der Orgel, welche der Herr Hauptlehrer bei den heiligen Messen und Hochämtern spielt. Um ihn stehen die Sänger und Sängerinnen und singen mit, wenn der Priester auf dem Hochaltar aufhört. Wenn die heilige Messe angeht, läutet es. Bei der heiligen Wandlung wird zweimal geläutet, und wenn die heilige Messe aus ist, läutet es auch noch einmal. Dann gehen die Leute heim.«

Derweil, wo wir geschrieben haben, hat der Steineberger den Erstklaßlern die Buchstaben gelernt. Dann ist die Pause gekommen. Da haben wir laut reden und das, was wir mitbekommen haben, essen dürfen. Der Lehrer ist zum Katheder gegangen, hat sich hingesetzt und die Laibl ausgewickelt. Ich habe, wenn mir auch der Reddelin-Alfred was von seinem Lebkuchen gegeben hat, nicht essen können und bloß immer auf den Steineberger hingeschaut und gleich was gespannt. Der nämlich hat zuerst ein bißchen baff auf die Laibl geschaut, und wie er sie angebrochen hat, sind sie wie von selber abgebröckelt. Da sind seine Augen noch baffer geworden. Er hat gestutzt, ein finsteres Gesicht bekommen und nicht gegessen, sondern sofort auf mich geschaut und ziemlich kritisch gerufen: »Graf Oskar, komm einmal her zu mir!« Im Nu haben alle zu reden und zu essen aufgehört und mich angeschaut, wie ich zum Katheder gegangen bin.

»Da, schau das an«, hat der Steineberger zornstreng gesagt und auf die auseinandergefallenen Laibln gezeigt: »Was hast du denn damit gemacht? Da ist ja Blut drinnen!« Ganz verschreckt habe ich gar nicht gleich ein Wort herausgebracht, aber deutlich gesehen, daß mir das beim Zusammenpappen passiert sein muß. Gleich das Schnaufen hat es mir verschlagen, wie der Steineberger angeekelt die Laibln weggeschoben hat und aufgesprungen ist.

»Du Saukerl, du elendiger!« habe ich bloß gehört, wie er mich fürchterlich abgewatscht hat. Gleich der Kopf hat mir gebrummt, ganz damisch bin ich davon geworden, und immer hat der Lehrer noch mehr geschrien: »Pfui! Pfui Teufel! Pfui, pfui, du Dreckfink, du! Hand her, marsch!« Schlotternd und zitternd hab ich gefolgt, und er hat meine Fingerspitzen fest gehalten und mir auf jede Hand sechs Tatzen mit seinem frisch geschnittenen Haselnußstecken hinaufgehauen. Siedheiß ist jede davon geworden, und gemeint habe ich, ihre Haut muß platzen.

Da hab ich das Weinen nicht mehr verhalten können, und weil die Kratzer in meinem Gesicht davon feucht geworden sind, ist auch das Blut wieder daraus geronnen. Endlich hat sich der Steineberger ausgetobt und ausgeschimpft gehabt und mich vor dem Katheder, mit dem Gesicht allen anderen Schülern zu, davor knien lassen, indem daß er grimmig gesagt hat: »Da, schaut ihn euch an, den niederträchtigen Dreckfink. Bloß noch Verachtung ist er wert!« Wenn auch sicher nicht alle gespannt haben, was ich eigentlich mit den Laibln gemacht habe, außer dem Ambros-Beni und dem Schäfer-Toni mit ihrem hinterlistigen Geschau, haben mich alle ganz und gar abweisend gemustert, als wie wenn ich etwas furchtbar Arges, wo man sich sein Leben lang schämen muß, getan hätte. Da hab ich das Weinen verbissen und bloß noch blindwütig ans Rachenehmen gedacht.

Wie die Schule aus gewesen ist, habe ich noch eine Stunde droben bleiben müssen, und wie der Steineberger die Türe zugeriegelt hat, hat er noch einmal zorngiftig gesagt: »Gleich geh ich nach Berg und melde es deinen Eltern, du abscheulicher Saukerl, du! Pfui, pfui Teufel!« Dabei hat er ausgespuckt und die Türe fest zugeschlagen. Die Knie haben mir schon weh getan, ich habe gelust, bis ich nichts mehr von ihm gehört habe, und mich auf den Rand vom Podium, auf welchem der Katheder gestanden ist, hingehockt. Herrgott, Herrgott, bin ich ins Überlegen gekommen, das muß ich gleich dem Martl sagen, das muß die ganze Hundsbande richtig büßen, aber der Beni, der Toni und dieser ekelhafte, saugrobe Steineberger am meisten.

Daheim bin ich besser weggekommen, als wie ich gefürchtet habe. Weil nämlich grad der Monatserste gewesen ist, wo unser Vater auf dem Rentamt in Starnberg immer seine Kriegerrente abgeholt hat, ist er diesmal, wie er es manchmal getan hat, mit der Mutter hinübergefahren und da drüben mit ihr in ein Wirtshaus gegangen. Da sind die zwei immer ganz lustig in der Nacht heimgekommen.

Der Steineberger hat bloß die Emma im Laden getroffen, welches ihm bestimmt recht gut gepaßt hat. Nach dem Heimkommen hat die Emma bloß zu mir gesagt: »Du bist ja a schöner Lausbua! Schaamst di denn gor net? Wiast d' bloß auf so was Eklhafts, Gräusliches kemma bist, in'n Herrn Lehrer seine Loabln speibn, pfui Teifi. Du brauchst iahm koane Loabln mehr bringa.«

Vor der Emma haben wir uns noch nie gefürchtet, im Gegenteil, gleich habe ich recht frech aufbegehrt und ihr hingerieben, wir wissen schon, daß sie »Frau Lehrerin« werden will, mit dem Steineberger, da erwischt sie schon was Rechtes, der ist ja um und um voller Wimmerl. Das hat sie sehr beleidigt, sie ist rot geworden und hat gedroht, sie sagt es dem Vater. Ich bin noch frecher geworden und hab auf meine zerschundenen Hände, auf mein Gesicht und meinen Kopf gezeigt und gemeint, so saugrob wie ihr feiner Herr Steineberger kann der Vater gar nicht sein, der gibt mir höchstens ein paar Watschen, die sind bald verschmerzt.

»Der hätt mi ja boid umbrocht, der Hundling«, habe ich vom Lehrer gesagt: »I bin froh, daß i eahm koane Loabln mehr bringa muaß. Jaja, gell, jetzt schaugst. So hot er mi zuagricht, der Grobian. Glatt umbringa kunnt er oan in seim Gachzorn.« Alles vom Beni und Toni habe ich auf ihn geschoben, und da ist die Emma doch stutzig geworden und hat sogar halbwegs Mitleid mit mir gekriegt.

»Hm ... Ja, mein Gott, er hot si hoit so geärgert«, sagt sie und hat versprochen, sie verklagt mich nicht beim Vater. Ich hab ihr vom Gesicht herunterlesen können, daß ihr in dem Moment der Steineberger nicht mehr so sympathisch gewesen ist.

Den Schäfer-Toni habe ich einmal vom langen Steg beim Liedl in Unterberg drunten in den See gestoßen, und wenn ihn nicht die zwei Siebenhüter-Buben, die wo grad mit ihrem Ruderboot dahergekommen sind, noch zur rechten Zeit erwischt hätten, wäre er vielleicht ersoffen. Wie der Martl endlich gesund gewesen ist, haben wir dem Ambros-Beni, welcher immer nach Feierabend die Milch vom Müller holen hat müssen, aufgelauert, ihn furchtbar durchgehauen und seine zwei Kübel Milch ausgeschüttet. Das alles ist schon in den Schulferien gewesen, da haben sie uns beim Lehrer nicht verklagen können. Der Ambros und der Schäfer haben bloß gesagt, sie hauen uns so durch, daß wir nicht mehr gehen und stehen können, wenn sie uns erwischen. Sonst ist uns nichts passiert wegen dem Beni und dem Toni, und erwischt sind wir auch nicht worden.

Beim Steineberger ist das Rachenehmen, jetzt in den Ferien, nicht mehr so leicht gewesen. Er ist auch, seit ich ihm keine Laibln mehr bringen habe müssen, viel seltener zu uns nach Berg in den Laden gekommen. Da hat es aufpassen geheißen, daß wir ihn erluren. Das erste, was wir gegen ihn gemacht haben, ist ziemlich leicht gegangen. Wir haben gewußt, daß ihm die Mesnerin von Aufkirchen immer die Wäsche wascht und dieselbe hinter ihrem Haus, im kleinen, viereckigen Hof, der wo von der angrenzenden Gottesackermauer umgeben war, jedesmal aufhängt. Durch die Mauer ist eine Türe gegangen, welche zum Gottesacker hineingeführt hat. Drüberhalb war die Türe zur Sakristei. Die Mesnertüre ist immer offen gewesen, und wenn man in dem kleinen Hof gewesen ist, hat einen niemand gesehen. Da sind die Nanndl, der Martl und ich einmal an einem Nachmittag, wie die Mesnerin drüben im Schulhaus beim Putzen und der Mesner auf dem Feld gewesen ist, hinein, haben mit unseren Messern jedes von den feinen weißen Hemden ein paar Mal von oben bis unten zerschnitten, und die Nanndl hat mit der Schere dem Steineberger seine Unterhosen abgeschnitten. Viele Sacktücher und Kragen haben wir fast alle durch den vergitterten Gullydeckel gestopft und nachgeholfen, bis sie tief drunten ins Wasser geplatscht sind. Alsdann sind wir wieder durch die Türe in den Gottesacker, um die Kirche herum und beim hinteren Tor neben dem Kloster hinaus, auf die Straße vom Kreuzweg, der nach Leoni hinuntergeführt hat. Kein Mensch hat gemerkt, daß wir in Aufkirchen gewesen sind. Nichts ist aufgekommen, samtdem daß die Mesnerin überall davon herumgeredet hat.

Etliche Wochen drauf – alle sind draußen auf dem Feld gewesen, bloß die Emma ist daheim geblieben und in den Laden gegangen – da kommt die Nanndl zu mir und sagt: »Du, da damisch Steineberger kimmt! Er geht grodaus auf ünsern Lodn zua!«

Die Emma ist in der Stube an der Nähmaschine gesessen.

Wir sind in aller Schnelligkeit in den Laden geschlichen und in das leere Viereck unter der Ladenbudel geschloffen, wo daneben die Bänder, die offnen Haar- und Hutnadelschachteln gestanden haben, und sind mäuserlstad geblieben. Die Ladenglocke hat gebimmelt, die Emma ist aus der Stube gekommen und hat gesagt: »Ah, grüß Gott, Herr Lehrer, das ist aber nett, daß Sie auch einmal wieder kommen.«

Der Steineberger hat auch so freundlich gegrüßt und süßmäulig gesagt, so ein hübsches Fräulein wie sie zieht ihn immer wieder nach Berg.

»Soso«, hören wir die Emma leicht lachen, »Sie können aber schmeicheln, Herr Lehrer ...« Wie der Steineberger gesagt hat, das ist gar nicht geschmeichelt, das ist sein Ernst, da haben wir vorsichtig ein paar lange Hutnadeln aus der Schachtel gelangt, weil die Holzwand von der alten Ladenbudel da und dort hübsch breite Risse gehabt hat. Ganz deutlich haben wir beim Durchlinsen dem Lehrer seine gestreifte Hose gesehen. Das Schnaufen haben wir verhalten.

»Sehen Sie, Fräulein Emma, Sie sind mein Ideal. Mein Ehrenwort«, sagt der Herr Lehrer und fragt, ob sie heut etwa allein daheim ist.

»Hm, jaja. Die andern sind alle aufm Feld«, gibt die Emma Antwort, und der Steineberger sagt: »Endlich also unter vier Augen, Fräulein Emma. Das Glück hab ich mir schon lange gewünscht. Vielleicht Sie auch, ja?«

Wir hören, wie seine Schuhe knarzen, und sehn, wie seine Hose sich bewegt. »Vielleicht schon. So lang sind S' schon nimmer dagewesen«, hat jetzt die Emma mit einer veränderten Stimme gesagt.

»So? Haben Sie mich vielleicht vermißt?« fragte er: »Das tät mir viel bedeuten. Ehrenwort! Mir geht's genauso, Fräulein Emma.« Auch er hat jetzt auf einmal bloß noch halblaut geredet, und öfter haben die zwei im Reden ausgesetzt.

»Sie, Emma«, sagt da auf einmal der Lehrer: »Sie? Einen Beweis, einen Kuß, wenn ich jetzt krieg. Tag und Nacht denk ich an Sie.« Wir haben ihn deutlich schnaufen gehört, und seine Schuhe haben wieder geknarzt, als wie wenn er sich streckt: »Emma, liebe Emma.« Auch der Emma ihr Rock ist viel näher an der Ladenbudel gewesen und hat unser halbes Viereck verdeckt.

»Hm, nein. Ja – nein, Herr Lehrer«, hat sie gestottert und über uns auf der Ladenbudel haben wir was, wie ein

Schieben, gehört. Da habe ich meine Hutnadel durch die Ritze gestochen und fest gestoßen. »Au! Au! Was ist denn das!« hat der damische Steineberger aufgeschrien, aber schon hat ihm auch die Nanndl ihre Nadel fest hineingestochen, daß er bloß noch zum Aufschreien und Hüpfen gekommen ist und auf einmal wie nicht mehr recht im Hirn aus dem Ladentürl hinaus ist. Einige Augenblicke lang ist die Emma stockstumm stehengeblieben und hat ihm baff nachgeschaut. Da sind wir herausgeschloffen aus unserem Versteck und haben sie recht frech angespöttelt: »Hällapätsch, jetz hot er's, dei Herr Lehrer ...«

Das hat sie so getroffen, daß sie vor lauter Schämen laut aufgeweint hat und davongelaufen ist.

Etliche Sachen über den »roten Kaschpa«

Der »rote Kaschpa« oder, wie er sich geschrieben hat, der Kaspar Pflanzelter aus Laberweinting im Niederbayerischen ist als magerer Mensch zu uns als Bäckerschießer gekommen, und wie er wegen einem Streit mit unserem älteren Bruder Max nach sieben Jahren weg ist, hat er über zweieinhalb Zentner gewogen. Er ist mittelgroß gewesen, hübsch breit und festknochig gebaut, hat rote Haare gehabt, von welchen er immer nach dem Frisieren zwei dünne Strähnen vorne ins Hirn hineingekämmt hat, daß sie ausschauten wie zwei rundliche, schön geschwungene Sechser; genauso brandrot war sein kleiner, an den spitzen Enden aufgedrehter Schnurrbart. Sein breites Gesicht ist voller Roßmucken – so heißen bei uns die Sommersprossen – gewesen, eine kurze Sattelnase und kleine, recht geschlitzte, flinke, lustige blaue Augen hat er gehabt, die aufgeglänzt sind, wenn er zuviel Bier gehabt hat oder wenn ihm eine fidele Idee eingefallen ist.

Daß der Kaschpa bärenstark war, hat man ihm auf den ersten Blick nicht angesehen, aber wie er beim Wiesmaier zum ersten Mal mit Leichtigkeit ein Hektoliterfaß Bier auf den Schenkbock gehoben und, wenn's grad dazu gekommen ist, beim Fingerhackeln das stärkste Mannsbild, wie zum Beispiel den Bierführer Bichler von Starnberg, schon nach einer knappen Minute hingezogen hat, da ist das jedem aufgegangen. Fünfmal hat es der Bichler, der wo sehr eingebildet auf seine Kraft gewesen ist, mit ihm probiert, und fünfmal hat ihn der Kaschpa besiegt. Seitdem hat ihn der Bichler nicht mehr leiden können.

Eingebildet ist der Kaschpa nicht gewesen. Er war ein recht verträglicher, gutmütiger und meistens lustiger Mensch, aber wenn er zornig geworden ist, hat ihn jeder gefürchtet. Da hat er sich selber nicht mehr gekannt, und es wäre sicher Mord und Totschlag dabei herausgekommen. Zum Glück hat ihn da jeder in Ruh gelassen – bis auf den großsprecherischen Friedl-Xaverl und den schwatzhaften Reindl-Ludwig, welche damals grad vom

Militär rausgekommen sind und getan haben, als wie wenn ihnen keiner mehr ankann. Sie sind in den ersten Wochen hübsch oft in den Wirtshäusern rumgehockt und haben recht soldatenkraftmeierisch und großmäulig renommiert. Wie der Kaschpa einmal an einem ruhigen Nachmittag in der Windlwirtschaft neben uns mit dem Weinzierl und dem Kern Tarock gespielt und etliche Male nacheinander verspielt hat, haben die zwei zu spötteln und zu sticheln angefangen, alles besser wissen wollen und sind nicht weggegangen, wie die drei Spieler gesagt haben, sie sollen sie in Ruh lassen. Erst recht aufsässig hat der Xaverl bierheiser zum Kaschpa gesagt: »Nana, wir wolln dei Pfuscherei schon noch sehng, bis du dei Hosn verspielt host.« Da auf einmal ist der Kaschpa aufgesprungen und hat ihn und den Ludwig durch die offene Tür geschmissen, daß sie draußen auf der Straße gestreckterlängs liegengeblieben sind. »So«, hat er gesagt, »jetz hobn sie's«, hat die Tür zugemacht und weitergespielt. Ohne einen Muckser sind die zwei demolierten Reservisten davongeschlichen. Sie haben nichts mehr hören und sehen lassen.

Mit der Zeit hat der Kaschpa schon fast zu unserem Haus gehört, wenn wir auch, wie das üblich gewesen ist, zu ihm wie zu jedem Bäckergesellen immer »Sie« sagen haben müssen, weil sie ihr eigenes, besseres Essen in der Backstube aufgetragen bekommen und ihr Leben für sich gehabt haben. Bloß beim Kaschpa ist es nach und nach zum »Du« gekommen, denn der hat – was nie ein Geselle tun hat brauchen – gern von selber in der Hausarbeit mitgeholfen, nachts beim Kälberziehen im Stall und manchmal im Sommer sogar beim Einheuen auf dem Feld. Und zu allem ist er ein ausgezeichneter, durchaus zuverlässiger Bäcker gewesen. Jeder von uns hat ihn gern mögen, und wir Buben ganz besonders, weil er immer zu jedem Spaß aufgelegt gewesen ist. Er hat uns das »Feuerspeien« gelernt und das Schnurziehen, daß uns der Moar-Valentin nicht mehr erwischt hat, wenn wir beim Obststehlen vor ihm auf und davon sind. Er hat die Fasanen und Hasen, wo wir, wie der Lenz noch unser Häuptling gewesen ist, beim Wildern geschossen haben, im Backofen gebraten und in der Nacht mit uns verzehrt, und aus ihm ist, wenn der Starnberger Gendarm oder gar der Wachtmeister Saur selber gekommen ist, nichts herauszubringen gewesen. »Dös? Dös is mir vollkommen unbekannt, Herr Schandarm«, hat er jedesmal gesagt: »Dö Neuigkeit erfahr ichs erste moi von Eahna, Herr Wachtmoasta.« Das ärgste Alibi hat ihn nicht aus der Ruhe bringen können. In dieser Hinsicht hat er es durchaus mit unserer Mutter gehalten, die immer und immer der felsenfesten Auffassung gewesen ist, dem »Deckl« – das war der Gendarm – darf man nichts verraten, nicht das kleinste Wort, das ist keine Sünde nicht. Für Sünden und Schlechtigkeiten ist der Beichtstuhl da, basta.

Kommt da einmal der Saur mit einer wunderschönen Fasangockelfeder zwischen Daumen und Zeigefinger in unsern Laden, dreht, recht spöttisch lachend, die Feder immer zwischen den Fingern und sagt: »Eine sehr eine schöne Fasanfeder, Frau Graf, net wahr? ... Eine prachtvolle Gockelfeder, net wahr? Sagn Sie's net selber, Frau Graf? Wunderschön, was? Und wissen S', wo ich die gfunden hab? Auf Ihrem Misthaufen hinten. Haufenweise liegen da so wunderschöne Federn, Frau Graf.«

»So«, sagt unsere Mutter, wie wenn sie absolut nicht versteht: »Soso ... Jaja, dö werd hoit wer hingschmissen hobn ...«

»Hingschmissen?« bohrt der hinterlistige Saur weiter: »Jaja, von selber sind die ganz gwiß net hingflogen, net wahr? Hingschmissen schon, aber wer? Wer hot denn in Berg eine Jagd und wirft dö Fasanfedern ausgerechnet auf Ihren Misthaufen. Wer könnt denn das sein, hm, Frau Graf?«

»Tja, dös woaß doch i net«, lügt unsere Mutter weiter: »Vo üns hot doch koana Zeit, daß er aufpaßt, wos ma auf ünsern Misthaufa wirft. Vo üns san dö Federn gwiß net ...«

»Soso, Sie wissen dös absolut net, Frau Graf, soso. Na, nacha müßt ich halt einmal ein bißl nachvisitieren, net wahr? Vielleicht stellt sich alsdann raus, wo die Federn herkommen«, hat da der ekelhafte Saur gesagt, ist mitten am Nachmittag, wo die Gesellen wegen der Nachtarbeit geschlafen haben, in ihre Kammer hinauf, hat sie aufgeweckt, zuerst den Kaschpa und alsdann den Mischer und den Lenz vernommen und, nachdem die genauso geleugnet haben, hat dann die Kleiderkästen, die Strohsäcke und Bettdecken, den Kommodkasten und die Tischschublade recht genau durchsucht, aber gefunden hat er nichts. Der Lenz hat nämlich seinen und unsere Teschingstutzen samt den blechernen Patronenschachteln in einem alten, hohlen Eichbaum drunten im Enztalerholz versteckt gehabt. Nachdem der Saur also gesehen hat, es ist nichts nachzuweisen, hat er wiederum recht siebengescheit gesagt: »An der Hauptverdachtsstelle ist also nix zu finden, und ihr sagts übereinstimmend, daß keiner nichts weiß? Da will ich's bei einer Verwarnung lassen, aber gnad euch Gott, wenn später was rauskommt ...« Dabei hat er sein amtsmäßiges Wachtmeistergesicht gemacht, hingegen Kaschpa, Mischer und Lenz haben ihn bloß recht verschlafen und verbrummt angeschaut, und unsre Mutter hat zu ihm gesagt, jetzt kann sie das ganze Durcheinander wieder aufräumen, und wir haben keinen Schlaf nicht mehr, ob denn so was noch »einen Vernunft« hat?

»Jajaja, Frau Graf, jajaja«, sagt da der Saur und grinst recht dreckig: »Es ist halt arg, wenn die Gendarmerie wachsam ist, was?« Alsdann ist er wieder abgezogen.

Ungut hat unsere Mutter den Lenz angeschaut und bekümmert gesagt: »Warum trefft's denn wieda wos o? Paßt's doch auf! I woaß ja gor nimmer, wos i oiwai zum Deckl sogn soll.« Hinwiederum auch bei ihr, wenn es auch gleich zum Greifen war, daß sie lügen, haben die drei alles abgeleugnet.

Auf das hin hat der Lenz mit uns etliche Wochen lang nicht mehr gewildert. Es war auch der höchste Sommer, alle Herrschaften haben am Seeufer ihre Villen bezogen gehabt, auch sonst hat es in vielen Häusern Sommerfrischler gegeben, mit jedem Dampfschiff sind haufenweis Ausflügler aus der Stadt herausgekommen, die großen, schattigen Gärten vom Berger Seehotel und vom Hotel Leoni und alle umliegenden Wirtshäuser waren Tag für Tag voll. Da hat es in der Bäckerei Arbeit über Arbeit gegeben, die Bestellungen haben überhaupt den ganzen Sommer nicht aufgehört. Auch ich habe da schon oft nachts beim Backen mithelfen müssen. Alle im Haus haben zusammenhelfen müssen, damit es überall gestimmt hat. Zu derer Zeit ist der rote Kaschpa kaum einmal ins Wirtshaus gegangen, er hat höchstens nach dem Mittagessen, ehvor er sich niedergelegt hat, beim Windl drüben ein paar Maß Bier getrunken und ist alsdann ein bißl im Dorf herumgegangen. Dieses harmlose Umeinandergehen hat aber seinen haargenauen Grund gehabt, denn da hat sich der Kaschpa alle Obstbäume in der Nachbarschaft angeschaut, schier so, wie wenn er abtaxieren wollte.

Wir nämlich haben keinen einzigen Obstbaum gehabt und bloß einen kleinen Gemüsegarten, und das fremde Obst, dieses hat – wie man bei uns sagt – den Kaschpa jedesmal »bremsig gemacht«. Da, hat er jedesmal gemeint, heißt es genau aufpassen, bevor alles ganz zeitig wird, damit wir's erwischen. Die zwei, drei Dutzend fast kinderkopfgroßen Alexanderäpfel und die großen Bergamottbirnen aus dem Moargarten, die Champagneräpfel und Herzkirschen vom Gärtner Kern, die Lederäpfel, welche sich den ganzen Winter halten, und die besten Zwetschgen vom Kramerfeicht haben uns gehören müssen, sogar die wunderschönen, erst später reifenden Spalierbirnen, die sich an der hinteren Hauswand vom Bürgermeisterhof hinaufgerankt haben, haben dem Kaschpa keine Ruhe nicht gelassen, wenn auch beim Bürgermeister ein scharfer Hund frei im Garten rumgelaufen ist. So was Freundliches, wie der Kaschpa den ganzen Sommer zu diesem »Bello« war, hat es nicht leicht gegeben. Jedesmal, wenn er vorbeigegangen ist, hat er ihm einen fleischigen Knochen oder eine Roßwurst hingeschmissen. So zutraulich ist der bissige »Bello« schließlich zu ihm geworden, als wie wenn er ihm gehört.

»Überhaupt«, hat er zu uns gesagt, »die Hundsviecher müssen mit der Zeit engelsanft werden, keinen Muxer dürfen sie mehr tun, wenn wir in der Nacht daherkommen.« So und alsdann ist es langsam gegen die Augustmitte zugegangen, und schließlich haben sich schon die

Bäume leicht gefärbt. Wir sollten weitermachen, sagt der Kaschpa, er will ein bißl spekulieren. Nicht ein Hund rundherum hat angeschlagen, und der Mischer, der Lenz und ich haben wie verschlafen zu singen angefangen ›Still ruht der See – die Vöglein schlafen‹ oder sonst ein recht wehleidiges Lied, und die Backstubenfenster sind offen gewesen. »Grad so laut, daß man's nicht arg weit hört, aber doch merkt, daß wir alle beisammen sind«, hat uns der Kaschpa angegeben gehabt: »Dös lenkt a bißl ob und is ünser Alibi ...« Ganz so haben wir es gehalten, und so sanft hat sich das angehört in der Nacht draußen, daß sogar die bissige Hauptmann Retterin, die wo immer gleich alle »Ruhestörungen« bei uns im Laden bekrittelt hat, am andern Tag nicht drüber klagte. Bei der vierten Strophe ist der Kaschpa mit seinem Sackl voll Alexanderäpfel dahergekommen. »In vier, fünf Tog, wenn s' im Heu drinnen liegn, san s' zeitig«, hat er gesagt, hat uns etliche von den prachtvollsten Äpfeln gezeigt und ist in die Tenne hinauf.

Am andern Tag ist der Moar ganz baff vor seinem leeren Baum gestanden, hat in einem fort den Kopf geschüttelt und gezetert: »Aba i derwischn, den Lumpn. I derwischn, und wenn i koa Nocht nimmer schlaf ...«

Hingegen nichts mehr hat sich gerührt bei der Nacht in seinem Obstgarten, aber der Gärtner Kern ist pfeilgrad zu uns gekommen, weil seine zwei jungen Herzkirschbäume und der halbe Baum mit den Champagneräpfeln abgeplündert gewesen sind. Da nämlich haben der Lenz und der Kaschpa zusammengeholfen, und heim sind sie gekommen, schnaufend und schwitzend und abgehetzt mit den Säcken und gleich wieder in die Tenne hinauf. Dummerweise ist der Kern auf unsern Vater gestoßen und sagt ganz barsch zu dem: »Dös könna koane andern gwesn sei wia deine Bäcka. Wer is denn sunst auf in der Nocht!« Aber da hat er den kürzeren gezogen. Was, hat unser Vater zorngiftig gemeint, er soll sich fein ein bißl zurückhalten, eh er einfach andere Leut verdächtigt, er kann ja den Gendarm kommen lassen, aber so eine niederträchtige Anzeigerei soll er sich überlegen. Alsdann hat den Kern das krachlaute Fluchen zur Tür hinausgejagt. Er hat nichts angezeigt, aber etliche Tage drauf hat er zwei Tafeln an seinen Gartenzaun gemacht: »Vor Legbüchsen wird gewarnt.«

Im Sommer drauf ist es herausgekommen, daß das gar nicht wahr gewesen ist. Seine Herzkirschen und Champagneräpfel sind wieder bei uns tief im Heustock gewesen. Der Kramerfeicht hat soviel Zwetschgenbäume gehabt, daß es nicht weiter aufgefallen ist, und schließlich haben doch noch die Bergamottbirn vom Moar dran glauben müssen, freilich, der Baum war zu groß, und die Birnen sind schon reif gewesen, da haben wir bloß einen kleinen Sack voll geholt, und weil der Kaschpa nach den Alexanderäpfeln fast zwei Wochen verlaufen hat lassen, hat uns der Nachbar samt seiner angedrohten Aufpasserei nicht gehört, wahrscheinlich wird er halt doch geschlafen haben. Uns freilich, den Martl, die Nanndl und mich, hat der Moar, wie wir mitten am Nachmittag auf seinen kaum mannshohen, schwer vollen Zwetschgenbaum los sind, gleich erlurt, aber erwischt hat er uns doch nicht samt seinem Daherrennen mit dem Ochsenfiesel. Nämlich die Nacht voreh' haben der Lenz und ich, wie es uns der Kaschpa angeraten hat, von Baum zu Baum im hohen Gras Spagatschnüre gespannt, und da ist der Moar im größten Laufen hängengeblieben und gestreckterlängs hingefallen. Ganz wehleidig hat er sich wieder aufgerichtet, uns grimmig die Faust gemacht und geschimpft wie ein Rohrspatz.

Dieses Obststehlen hat der Kaschpa jedes Jahr im ausgehenden Sommer mit uns betrieben, da hat kein Hund und keine Legbüchse was geholfen. Angezeigt hat uns keiner bei der Gendarmerie, außer dem wichtigmacherischen Kern, aber das hat ihm jeder im Dorf übelgenommen, weil man wegen solcher Bagatellen einfach so was nicht macht. Rausgekommen ist aber dabei nichts, wahrscheinlich weil sich der Wachtmeister Saur, wenn er im staubigen Stroh und Heu herumgekrochen wäre, seine schöne Montur dreckig gemacht hätte.

In dem Sommer, wo ich nach der Werktagsschule als Lehrling in unsre Backstube gekommen bin, sind wir eine Zeitlang arg bei unsren Beutezügen gestört worden. Da nämlich haben wir eine Dirn bekommen, die rote Resl von Gelting, ein Weibsbild, hinter dem wo die meisten ledigen Burschen hergewesen sind. Ein hübsch großes, festes Gestell war sie, hinten und vorn gut beieinander und sauber im Gesicht mit – wie der Kaschpa gesagt hat – »einem couragierten Maulwerk wie ein Schwert und Hosentürlaugen«. Arg gern hat sie mit den Mannsbildern gespenzelt, aber in der Arbeit ist sie durchaus nicht schlecht gewesen. Ihre Kammer ist direkt über unserm Hausgang gewesen, und da ist in der Woche oft zwei- und dreimal ein Bursch zum Fensterln gekommen, hat geklopft und ganz wehleidig gebettelt und weiß Gott wie süßmäulig dahergeredet, oft eine ganze Stund. Dabei sind unser Vater und unsre Mutter oft aufgewacht, aber ihr Schimpfen hat gar nichts geholfen und das, daß die Resl nie aufgemacht hat, erst recht nichts.

»Wia dö läufign Hund hänga s' drobn, und nix konn s' vertreibn«, hat unser Vater dem Kaschpa geklagt und gefragt, ob ihm denn das nicht auch bald zu dumm wird. Schon, meint der, aber er will sich in fremde Sachen nicht einmischen, hinwiederum, wenn er dagegen ist, unser Vater, das ist schnell abgeschafft.

»Noja, guat. Du brauchst ja so an Kerl net glei maustot schlogn«, hat der gesagt, weil er ja den Kaschpa gekannt hat, wodrauf der gleich versprochen hat, nein, nein, das ist ihm gar keinen Zorn nicht wert, er macht es ganz zahm und gemütlich.

In der zweiten Nacht drauf haben wir in der Backstube schon wieder einen Burschen bei der Resl droben wimmern und betteln gehört. Da hat der Kaschpa halblaut zu mir gesagt: »So, Oskarl, du wirkst dö Kaisersemmel gor auf.« Und dem Mischer hat er einen Wink gegeben, er soll gehen. Gleich drauf ist allerhand Sonderbares passiert. Zum ersten ist die Resl ganz und gar angezogen zu uns heruntergekommen, hat dem Mischer gewinkt und ist mit ihm in die Mehlkammer vorn gegangen. Zum zweiten hat der Kaschpa mich angehalten, ich soll nur ein bißl lauter rumarbeiten, daß es nicht auffällt, und zum dritten ist auf einmal der Mischer in einem weißen Weiberhemd über die Stiege hinauf.

»So, jetz paß gnau auf, Oskarl«, hat der Kaschpa gesagt: »Du schleichst di jetz an Hausgang naus. D' Tür ist ja offn. Da wartst und schaugst, wenn der Kerl beim Fenster drinn is. Nacha schmeißt d' Loata um und gehst wieder rei in d' Backstubn. Host mi verstandn, ja?«

»Jaja«, sag ich, und auf das hin ist auch der Kaschpa über die Stiege hinauf, aber die Resl war verschwunden. Ganz aufgeregt hab ich in einem fort gelust und auf einmal ein Poltern und Rumpeln von droben her gehört und auch ein paar stumpfe Schreier, die Tür droben hat gequietscht, und kurz drauf haben der Kaschpa und der Mischer einen Menschen, ganz und gar in ein weißes Leintuch eingeschlagen und mit dicken Stricken auf ein Brett gebunden, keuchend über die Stiege heruntergetragen. Schleppen und schleppen und tragen ihn aus dem Haus. Beim Goldner droben und bei der alten Schreinerin haben die Hunde angeschlagen. Ich habe verschreckt und gespannt gewartet, alsdann ist mir sogar der Angstschweiß aus den Achseln gerieselt. Endlich sind der Kaschpa und der Mischer dahergekommen, jedem ist der Schweiß heruntergelaufen wie einer Sau, aber alle zwei sind ganz alert gewesen.

»Wo-wos is's denn?« habe ich mich nicht mehr zurückhalten können und auf den Kaschpa geschaut: »Hobt's den derschlogn?«

»Jaja, maustot is er, der Hundling«, meint der Kaschpa, aber sein Gesicht ist nicht danach gewesen. So saukalt kann doch kein Mörder dreinschauen, habe ich gedacht, wenn es mir auch arg unheimlich geworden ist. In dem Augenblick ist die Resl draußen vorbei und über die Stiege hinaufgelaufen und hat geschwind hereingelacht.

»Schön host es gmacht mitm Loataumschmeißn«, hat mich der Kaschpa belobigt und ist an den Ofen hinausgegangen, der Mischer ist mit den zwei Armen in den Weckenteig gefahren und hat wie nebenher gesagt, ob ich eine Leich sehn will?

»Wos? A Leich: Tj-ja hobt's 'n denn wirkli umbrocht?« habe ich gestottert.

Ganz kalt ist mir geworden.

»Jaja, freili! Geh nur naus auf d' Straßn, do liegt er

maustot«, hat der Mischer gesagt: »Schaug dir's o, wennst du dir traust.« Mir ist zwar fast schlecht geworden, aber ein Feigling habe ich auch nicht sein wollen, und neugierig war ich erst recht.

»Is's denn gwiß wohr? Is er tot?« Ganz groß sind meine Augen geworden.

»Freili! Der rührt si nimmer, wirst scho sehng! So geht's dö saufrechn Kerl jetz, wenn wieder oana fensterlt«, hat der Kaschpa an der offenen Türe gesagt: »Jetz is's üns amoi z'dumm wordn.« Einen Moment habe ich gezögert und mir in meiner Angst schon die ärgsten Sachen ausgemalt: Der Saur mit noch einem Gendarm kommt, sie nehmen die zwei mit, und alle Nachbarn rundherum stehn an den Gartentürln und schauen die zwei Mörder an, und wenn unsre Mutter und der Vater aus der Tür kommen, wird die alte Schreinerin sagen: »Do hobt's ös jetz, weil bei enk so wenig in d' Kirch ganga werd ...« Und – mein Gott, ganz durcheinander bin ich auf die Straße hinausgelaufen, mondhell war es, und wirklich, mitten auf der Straße ist die eingebundene weiße Leiche gelegen und hat sich nicht gerührt, und zurück in die Backstube bin ich gekommen, weiß wie eine Wand, und den Kaschpa und den Mischer hab ich angeglotzt mit offenem Maul, und wie der Kaschpa absolut, als wie wenn das eine Bagatelle wär für ihn, auch noch gesagt hat: »Jaja, und morgn werd er z' Aufkirch eingrobn«, da hab ich zu stottern und zu jammern angefangen und herausgeplappert, der Saur kommt und holt sie, eingesperrt werden sie, und der Kopf wird ihnen abgehaut, mein Gott, mein Gott, und was werden denn da der Vater und die Mutter sagen.

»Jaja, konn scho sei, daß dein Vater und dei Muatta aa noch mitnehma«, hat mich der Kaschpa ganz und gar verschreckt, und saukalt sagt er: »Und mir? Noja, mir werdn hoit köpft. Jetz is's scho, wia's is ...«

Sonderbar ist mir bloß vorgekommen, daß er und der Mischer ganz ruhig weitergearbeitet und, scheint es, sich über diese ganze Furchtbarkeit fast gefreut haben.

»No, jetz hob i immer gmoant, du bist dös vo dö Indianerbüacher gwöhnt. Do geht's doch jedsmoi so bluiti zua«, hat der Mischer zu spötteln angefangen, und der Kaschpa hat gesagt, ich soll bloß die Arbeit nicht vergessen. Durch und durch schwach hab ich den Teig, den wo der Mischer auf die Tafel geschmissen hat, zusammengebalgt, aber dabei gezittert wie Espenlaub. Draußen haben die Vögel dünn zu wispern angefangen, heller ist's geworden, und auf einmal hat man den Kramer-Jakl, der zum Gebetläuten gegangen ist, gehört und gleich drauf die alte Schreinerin, wie sie aufgekeift hat, und lauter ist es geworden, zuerst noch recht schimpferisch, aber bald drauf ist ein Lachen aufgekommen. Der Kaschpa hat schief zum Fenster auf die Straße hinübergeschaut und glucksend gesagt: »Guat is's ganga, dö Auferstehung! Auf und davo is er, der Franzl.« Daß er geknebelt unter den Leintüchern nicht erstickt ist, war ein Wunder.

Am andern Sonntag hingegen wäre es beim Wiesmaier drunten fast lebensgefährlich ausgelaufen, weil der Franzl mit dem Messer auf den Kaschpa und den Mischer los ist. Die zwei aber sind flinker gewesen und haben ihn so gehaut, daß er sich wochenlang nicht mehr hat sehen lassen können. Wenn die Mannsbilder den Kaschpa nicht gehalten hätten, wär er ganz gewiß eine wirkliche Leiche geworden. Nach diesem Vorfall, und weil der Franzl das Gespött nicht mehr ausgehalten hat, ist der Bursch Knall und Fall vom Gerhaker weg und in die Stadt hinein. Seitdem hat auch das Fensterln bei der Resl aufgehört, aber noch lang haben die Leute weit herum über die »Berger Leich mitten auf der Straßn« gelacht.

Wie der Kaschpa bald drauf in einer Nacht über die Spalierbirnen vom Bürgermeister her ist, hat er zu uns gesagt, das kann bloß einer allein machen, sonst hört man es, so direkt an der Hauswand hinauf, das ist nicht so einfach. Barfuß und mit einem Sackl ist er davon. Seltsam lang ist er ausgeblieben. Wir haben immer wieder gelust, sind schließlich unruhig geworden und haben rumgeraten. Nichts, nichts hat sich draußen in der schwarzen Nacht hören lassen, aber auffallend, auf einmal hat der ›Bello‹ vom Bürgermeister und der Hund vom Gärtner Kern angeschlagen.

»Holla, do is wos passiert«, hat der Mischer gesagt:

»Der Bello kennt an Kaschpa do.« Endlich haben wir draußen ein Laufen gehört, das arg eilsam war und schnell näher gekommen ist. Auf einmal ist die Tür hinten aufgerissen worden, und – heiliger Herr Jesus! – der Kaschpa ist aufgetaucht, aber wie! Um und um mit einer braunen, dreckigen Sauce war er überlaufen, und gestunken hat er wie ein ganzer Saustall.

»Himmi-Himmiherrgott, glatt umbringa kunnt i'n, den Dreckhund! Kreuzkruzifix!« hat er schlotternd geflucht: »Oskar, schnell a poor Kübl Wasser, mach, schnell, schnell! Und du, Hans, hol mir a anders Hemerd und a Hosn von der Kammer oba. Weita, marsch! I hoit den Gstank nimmer aus!« Hinter in den dunklen Hof ist er und hat sich alles vom Leib gerissen. Pudelnackt hab ich ihn übergießen müssen, und wie wild hat er sich mit der Schmierseife abgeseift: »Pfui Teifi! Pfui Teifi! Zefix, der hot mi schön derwischt! Den wenn i rausbring, hi' muaß er sei!« In einem fort hat er keuchend gespieben und sich mit den Fingern den Rotz aus der Nase geschneuzt: »Herrgott, der muaß ja direkt a ganze Ladung vom Scheißhäusl rauf hobn ... Pfui Teifi, pfui Teifi!«

In derselbigen Nacht haben wir den Kaschpa zum ersten Mal ganz und gar niedergeschlagen gesehen, bloß das Allernotwendigste hat er gesagt, aber hie und da ist sein Gesicht gefährlich rot geworden. Die Zähne hat er zusammengebissen und fort und fort rumgeraten: »Der wampert Bürgermoasta und sei Bäurin san's net gwen, dö schlaffa doch vornraus. A Dirn oder dö poor Knecht könna's aa net gwesn sei. Dö schlaffa doch in dö Kammern drunt neberm Stoi.« Er hat den Kopf gereckt: »Hm, und der Pauli ist doch beim Militär, der Valli studiert in der Stodt drinn. Hmhm, ob's eppa glei gor d' Kathl und d' Moni gwesn san? Herrgott, Herrgott, dö kunnt i doch nix toa aa.«

Er hat es nie herausgebracht, denn beim Bürgermeister ist man so gescheit gewesen und hat kein Wort drüber verloren, und der Kaspar hat auch nichts verlauten lassen, und selbstredend haben wir es genauso gehalten. Erst wie der Kaschpa von uns weg gewesen ist, hat es der Bürgermeister-Pauli einmal dem Max erzählt, daß seine couragierte Schwester Kathl sich das ausgedacht und gemacht hat. Sie nämlich muß es schon lang gespannt haben, daß der Kaschpa auf die Spalierbirnen aus war, weil sie einmal zur Kernin gesagt haben soll: »Dem hilf i, daß er nimmer kimmt. Koa oanzige Birn derwischt er ...« Gegluckst hat sie vor Lachen, nachdem ihre Heldentat bekannt geworden ist, ihre Kugelaugen hat es ihr herausgetrieben, und gemeint hat sie, einen zweifachen Nutzen hat ihr Übergießen dazumal gehabt: Dem Kaspa ist's ein ganz richtiger Denkzettel gewesen und für die Birnen ein recht guter Dung.

Der damische Mischer

Von der Traunsteiner Gegend ist er hergewesen, derselbige Mischer, der wo im Sommer, in meinem ersten Lehrjahr in der Backstube, zu uns gekommen ist. Xaver Berzler hat er sich geschrieben, und ein Sohn von einem dortigen Bäckermeister ist er gewesen. Meistersöhne, das weiß man, sind bei gewöhnlichen Gesellen nicht grad beliebt, und so wie der ist noch keiner bei uns eingestanden. Vom Starnberger Lohnkutscher Simmeringer hat er sich herfahren lassen, weil er einen mordsgroßen, funkelnagelneuen Schiffskoffer gehabt hat. Ganz hochmodern ist er angezogen gewesen, einen breiten Borsalinostrohhut hat er auf- und einen hohen steifen Stehkragen umgehabt, das schwarze Flaumbärtchen in seinem runden Milchgesicht hat man kaum gesehen, stramm ist er um und um gewesen, und ein holperiges Hochdeutsch hat er geredet, als wie wenn er von Preußen oder gar von einer Weltreise gekommen wäre. Unsre älteren Schwestern und die Dirn, die rote Resl, haben gleich die Köpfe zusammengesteckt und getuschelt, wahrscheinlich weil er ihnen gefallen hat, und wegen seiner komischen Forschheit ist auch unser militärbesessener Bruder Max sofort für ihn eingenommen gewesen.

Wie er in unsere Gesellenkammer hinaufgekommen ist, hat er zum kurz aufwachenden Kaschpa: »Servus, Kolleg«, gesagt, mich überhaupt nicht angeschaut und gleich das Auspacken angefangen, wenngleich der Kaschpa schlafverbrummt gemeint hat, das kann er doch später auch tun, er soll sich hinhauen und uns schlafen lassen. »Das geht bei mir eins, zwei, drei«, sagt er. Der Kaschpa hat sich umgedreht, bald wieder weitergeschnarcht, und ich hab so getan, als wie wenn ich schlafe, aber dem neuen, feinen Herrn zugelinst. Lauter neue Sachen hat der gehabt und einen ganzen Haufen: vier neue Anzüge, zwei Hüte, vier Paar Schuhe, eine Masse Stärk- und Arbeitshemden und schneeweiße Schürzen und ein dickes Buch ›Der perfekte Bäcker‹. Ich habe nicht schlecht gestaunt, wie er das alles in unserem schmalen Kleiderkasten verstaut hat.

So, und dann ist also alles mit ihm angegangen. Arbeit über Arbeit hat es in dieser Hochsaison gegeben. Wie es der Brauch war, hat der feine Mischer in der ersten Nacht seinen »Einstand« leisten und von mir bei der Frau Selzle Bier holen lassen wollen, hingegen der Kaschpa ist nicht dafür zu haben gewesen und hat gesagt, daß laßt sich am besten morgen nach der Arbeit machen. »Na, auch gut. Geht in Ordnung«, sagt der neue Mischer. Seinem Gesicht nach muß ihm das und vor allem unser pressantes Draufloswerkeln nicht gefallen haben. Schon da hat sich gezeigt, daß er ein recht langsamer Kerl war und nicht einmal richtig Teigmachen hat können.

»Naja, naja, man muß sich eben erst einarbeiten«, hat er zum mürrischen Kaschpa gesagt, wie der ihn bekrittelt hat. Das Ärgste hinwiederum ist bereits in der zweiten Nacht rausgekommen.

Der Mischer hat sich nach dem Mittagessen nicht wie wir hingelegt und geschlafen, sondern sich fein gemacht und ist fast den halben Nachmittag spazierengegangen. Infolgedessen ist er natürlich nachts hundsmiserabel schläfrig gewesen und noch langsamer.

»Du, mein Liaba, dös geht fei net!« hat ihn da der Kaschpa ungut angeredet und gemeint, er hält uns ja eher auf, als daß er uns eine Hilfe ist. Sich bei unserem Bruder Max beschweren, war ihm zuwider, aber weil wir uns bei dem Mischer gleich doppelt so hetzen haben müssen, hat er doch, wie ihn der Max über denselbigen gefragt hat, gesagt: »I hob scho bessere Mischer gehabt ...« Was aber passiert drauf? Der Max, dem der forsche Mischer einfach gefallen hat, nimmt den ins Gebet, und der steht halbwegs stramm und sagt: »Herr Bäckermeister, mein Wort. An mir wird's nicht fehlen.« Von da ab hat sich der Kaschpa ausgekannt. Die schleimige Anbiederei vom Mischer ist ihm zuwider gewesen, er hat seine Feindschaft verbissen, aber einmal zu mir gesagt: »Dös vertrog i nimmer lang. Jetzt werd's mir z' bunt.« Mir ist es genauso gegangen, aber ich hab Angst gehabt vor dem Kaschpa seinen Zorn, da wär es dem Mischer arg schlecht gegangen. Wiederum kommt mir da ein Sprichwort in den Sinn, nämlich »Wenn die Not am größten, ist Gottes Hilfe am nächsten«. Dieses hat sich schon am Anfang der zweiten Woche für uns schier wie das reinste Wunder erfüllt.

Unser Vater hat eine jüngere Schwester gehabt, die ist ein schwachsinniger Zwerg gewesen, kaum dreiviertel Meter groß, mit einem Froschgesicht und hängenden Froschaugen. Gesagt ist worden, unsere Großmutter hat die ›alte Resl‹, wie wir den Zwerg geheißen haben, vor Schreck beim Einsturz von unserem Backofen verloren. Die »alte Resl« ist fast den ganzen Tag in der Kanapeeecke gehockt, hat irgendwas, das wo kaum einer verstanden hat, vor sich hingeplappert und ist, wenn es Nacht und Zeit zum Schlafengehen war, nie ins Bett gegangen. Da hat man sie einfach in der dunklen Kuchl gelassen, wo sie nach einer Weile endlich aufgestanden und über die Stiege hinaufgekrabbelt ist. Da droben, im langen dunklen Gang, von dem auf der einen Seite die Türen zu den verschiedenen Kammern und auf der anderen eine in die Heutenne geführt hat, sind Warentruhen und verschiedene Säcke mit Reis, Grieß und so weiter gestanden. Dort hat sich die »alte Resl« meistens noch lang bis nach Mitternacht aufgehalten, ist ein bißl herumgetappt und hat dabei vor sich hingeplappert. Wer das nicht gewohnt war, dem ist das unheimlich vorgekommen, weil ja der Gang stockdunkel und also nichts vom Zwerg zu sehen war. Und richtig, in einer Nacht, wie der Mischer, den wir ja fast immer zwei- und dreimal haben wecken müssen, in die Backstube herunterkommt, ist er wandweiß, zittert rundum, hat ganz verschreckte Augen und sagt: »Tja, hm, tja, was ist denn da drobn? Da-da geistert's ja . . .«

»Geistern?« fragt der Kaschpa und verzieht keine Wimper: »Jessas, ja, dös hobn mir ja ganz vergessen, daß mir's dir gsogt hobn. Jaja, do drobn geht's oft in der Nocht um, do geistert's . . . Mir san dös scho gewöhnt.«

»Was? Richtig geistern tut's da?« glotzt uns der Mischer an, und gleich das Schwitzen kommt ihm auf die Stirn, aber der Kaschpa bleibt eisern ruhig und redet weiter, als wiewenn gar nichts dabei wär: »Jaja, hie und do is's scho a bißl eklhaft aa. Gell, Oskarl, woaßt ös no. Neuling an Keller druntn?«

Gleich hab ich ihn verstanden und mitgelogen: »Ja, do mog i gor nimmer drodenka. Dös is scho a bißl gor arg gwen. Seitdem is's mir oiwai a bißl unheimli, wenn i ünser Brotzeit vom Keller raufholn muaß.«

»Ah, geh! Mir san's doch scho gewöhnt«, hat der Kaschpa wie nebenher gesagt, hinwiederum ich habe noch mal den Ängstlichen gespielt: »Jaja, schon, schon. Aber an Keller druntn, wenn's geistert, do is's viel ärger wia an Gang drobn.«

»Ah, dös bildst du dir bloß ei«, sagt auf das hin der Kaschpa, und wir haben weitergearbeitet. Komisch, in derselbigen Nacht hat der spinnerte Mischer viel flinker und fleißiger zugegriffen, und noch lustiger ist für uns gewesen, daß der Feigling von jetzt ab jedesmal gleich mit uns aus dem Bett ist und hinunter in die Backstube.

»Hörst'n«, hat ihn der Kaschpa einmal kurz aufhalten wollen und in den dunklen Gang gedeutet, aber angsteilsam ist der Mischer über die Stiege hinuntergerannt. Ich habe ein paar Tag lang die Brotzeit geholt wie immer, nichts hat »gegeistert« im Keller. Der Mischer ist wieder ruhiger, sicherer und – langsamer geworden.

In einer Nacht ist ein Zettel, den ich ungefähr wie unsre Mutter hingekritzelt habe, auf dem Tisch in unsrer Backstube gelegen: »Bier keins da, der Oskar soll's bei der Frau Selzle holen, Brotzeit im Keller.«

Der Semmelteig ist aufgearbeitet gewesen, die Semmeln waren im Ofen. Der Kaschpa hat mich ums Bier fortgeschickt und zum Mischer gesagt: »Geh, Xaverl, sei so guat und hol du d' Brotzeit ausm Keller.« Der Mischer hat zwar ein wenig gestutzt, sich aber zusammengenommen. Kaum war er draußen, ist der Kaschpa hinten bei der Tür hinaus, und ich hab ihm die großen Kalbsknochen gegeben, die wir schon lang parat gehalten haben. Herum ist er ums Haus wie der Wind und vorn an den Kellerschacht hin, von dem ich schon voreh' das Gitter weggehoben gehabt habe. Alsdann hat er nichts wie mit aller Wucht die Knochen hinuntergeschmissen.

Gleich hab ich das Schreien vom Mischer gehört, und

wie ich mit dem Bier zurückgekommen bin, ist der saudumme Kerl ganz und gar verschreckt, schlotternd wie ein verfrorener Hund im Schnee in der Backstube herumgelaufen und hat gottesjämmerlich herausgejammert: »Nein-nein, ausgeschlossen! Ausgeschlossen, daß ich da noch bleib, ausgeschlossen! Tja-tja, einfach furchtbar, einfach grau-grauenhaft, einfach ... tjahja, wenn ich das gewußt hätt. Nein-nein, gleich geh ich, gleich ...«

Schlecht war's bloß, daß wir ihn kaum noch zum Arbeiten gebracht haben, und gleich, wie der Max in der Frühe über die Stiege heruntergekommen ist, ist er auf ihn hingeschossen: »Herr Graf, ich geh, ich geh auf der Stelle. Da geistert's ja. Gleich geh ich, gleich.«

Der Max hat ihn zuerst gar nicht recht verstanden, aber wie er nach und nach alles so unsinnig herausgebracht hat und absolut nicht umzustimmen war, hat er ihn grob angefahren und gehen lassen. Insgeheim haben wir nachher der Mutter erzählt, wie wir den spinnerten Taugenichts losgebracht haben. Sie hat gelacht und gesagt: »Dös hobt's ganz gscheit gemacht. Mir hot der überspannte Kerl scho glei net gfalln. Do siecht man's wieder, daß der Maxl überhaupts net versteht, ob oaner wos taugt.«

Nach einer arg schweren und zuwideren Woche, wo der Max jede Nacht mitarbeiten hat müssen, haben wir einen viel besseren Mischer aus der Stadt bekommen.

Das verpfuschte Theaterspielen

Alle Jahre in der Zeit zwischen Weihnachten und nach Neujahr hat es in unserer großen Pfarrei allerhand Christbaumfeiern gegeben. Die sind immer im großen Saal vom Klostermaier seinem »Gasthof zur Post« abgehalten worden. Zuerst ist der Veteranen- und Kriegerverein gekommen, alsdann der Gesangverein, hernach haben die katholischen Burschen, dann die christlichen Jungfrauen gefeiert, und endlich als letzte ist für uns Kinder eine abgehalten worden. Die Vereine haben immer ein Theaterstück aufgeführt dabei, aber wir nicht. Das ist erst anders geworden, wie nach unserem guten Pfarrer Johst der arg eifrige Friedinger nach Aufkirchen gekommen ist. Da haben auch wir was aufführen müssen. Selbstredend der Veteranen- und Kriegerverein, die Sänger, die Burschen, die haben meistens weltliche und recht lustige Stücke aufgeführt, aber die Jungfrauen und wir Kinder, wir haben von jetzt ab jedes Jahr was Biblisches aufführen müssen. Das war dem Friedinger sein besonderer Ehrgeiz.

Ich weiß es noch gut, wie wir damals das dramatische Marienspiel ›Die Verkündigung Mariens‹ aufgeführt haben. Da ist nämlich was vorgefallen, was mich lange sehr geärgert hat, weil es mir die Leute und meine Schulkameraden immer vorgeschmissen haben.

Ich habe dabei den Erzengel Gabriel spielen müssen, der wo der Maria, ehvor sie was von ihrem himmlischen Glück weiß, erscheint. Und die Maria, das ist selbigesmal die Amschuster Genovev von Mörlbach gewesen.

Also gut, ich renne hinter den wackligen Kulissen hervor, in die Kammer von der Maria, die wo grad gebetet hat, und sage zu ihr: »Maria, Frau des Joseph, erschrecke nicht! Mich schickt Gott selber! Du wirst ein Kind empfangen, und das sollst du Jesus heißen.« Und auffallend schön hat die Amschuster Genovev geantwortet: »Wie ist das möglich?« Gleich einen Riß hat es ihr gegeben. Ich bin aber gar nicht drausgekommen, weil ich gewußt habe, daß uns der hochwürdige Herr Pfarrer gesagt hat, so muß es gespielt werden.

»Wie ist das meeglich?« hat also die Genovev als Maria noch einmal ausgerufen, und gleich habe ich ihr als Erzengel Gabriel auf das hin geantwortet: »Fürchte dich nicht, Maria, bei Gott ist kein Kind unmöglich!«

Auf das hin haben die ganzen Leute im Saal drunten zu lachen angefangen, wenn es gleich sehr ernst gewesen ist, und ich habe mich nicht mehr recht ausgekannt.

»Ding! Ding!« hat der Herr Pfarrer im Souffleurkasten fort und fort gewispert und mir immer Zeichen gemacht, aber ich habe absolut nicht verstanden warum und bin auf einmal wegen dem Lachen der Leute hinter die Kulissen gelaufen und habe zu plärren angefangen wie am Messer. Dieses hat das ganze schöne Theaterspiel verpfuscht.

Die Rose von Jericho oder Religion schwach

Warum es bei uns Berger Bäckerkindern mit der Religion nicht weit her gewesen ist, wo wir doch eine wirklich fromme, aber durchaus nicht bigotte Mutter gehabt haben, das ist von unserem Vater gekommen. Der ist zwar auch, wie es der Brauch und Anstand verlangt haben, jeden Sonntag zum Hochamt nach Aufkirchen gegangen, aber daß er einmal gebeichtet und kommuniziert hat, davon weiß ich nichts. Wahrscheinlich hat sein sonntägliches Kirchengehen, außer daß er nach der Kirche beim Klostermaier wie die meisten Bauern sein Bier getrunken hat, hauptsächlich bloß den Grund gehabt, weil da die Leute unsere damals schon großgewachsenen Schwestern Emma und Resl bei ihm immer gelobt haben, wie sauber sie sind und wie schön sie sich anzuziehen verstehen. Auf das ist er stolz gewesen, wenn er es auch nie nicht gezeigt und immer einen Witz darüber gemacht hat.

Mit uns zwei jüngsten Kindern, meiner Schwester Nanndl und mir, ist er sogar jedes Jahr an einem schönen Junitag nach Maria Eich, einer kleinen, uralten Gnadenkirche bei Planegg, wallfahrten gefahren, aber wir sind in dem Kirchlein immer bloß ein ›Vaterunser‹ lang geblieben, alsdann hat uns der Vater von irgendeinem Verkaufsstandl ein Gebetbuch, einen Rosenkranz oder ein Lebkuchenherz gekauft.

»So, Kinder, jetzt kimmt dös Schönste«, hat er gut aufgelegt gesagt: »Jetzt kaaf ma üns an Schweizer Kaas und gehnga zum Bier in d' Planegger Brauerei.« Das dortige Bier nämlich war weitum als das beste bekannt, und den schattigen Wirtsgarten hat er gern gehabt.

Da hat er sich alsdann von der Kellnerin einen Suppenteller und Salz und Pfeffer geben lassen, ein Messer dazu und zwei Maß Bier bestellt. Mit dem Messer hat er den frischen Schweizer Käs – es ist immer ein Pfund gewesen – in kleine viereckige Stücke zerschnitten, ihn gesalzen und gepfeffert und Bier darüber geschüttet.

»So, Kinder, jetz eßts und trinkts dazu. Dö Maß Bier is

für enk«, hat er lustig gesagt, und wir drei haben langsam die biernassen Kässtücklein gegessen. Halbbitter und salzig scharf haben sie geschmeckt, und die frischen Salzbrezen dazu haben hübsch Durst gemacht. Wir haben unsre Maß Bier bald drunten gehabt und von da ab bloß noch immer beim Vater mittrinken dürfen, aber da sind wir auch nie zu kurz gekommen. Die Augen hat es uns mit der Zeit schon herausgetrieben, unser Kopf ist heiß geworden, in einem fort haben wir gelacht und geplappert, und unser Vater ist auch recht lustig geworden. Oft und oft hat er gerülpst und schließlich gesagt: »So, jetzt müaß ma geh, Kinder, sunst kriagn ma an Zug nimmer.« Auf einer Seite bin ich, auf der anderen Seite ist die Nanndl gegangen, und unser Vater hat unsre Hände gehalten, weil er meistens schon hie und da geschwankt hat. Dann ist er manchmal stehengeblieben, hat gelacht, wiederum gerülpst und lustig gesagt: »Gell, dös is schön gwen. Den guatn Kaas und dös Bier kriagt man net leicht woanderst.«

In der Bahn hat er bis nach Starnberg immer mit seiner Hand über unsre Köpfe gestreichelt und uns bierschwer geschmeichelt: »Ös seids mir die liabern, ös zwoa. Aufs Johr fahrn ma wieder wallfahrten.«

Kreuzfidel sind wir daheim angekommen, und unsre Mutter hat uns gar nicht ungut gemustert und gesagt: »Ös, moan i, seids aa mehrer beim Bier gwen, ois wia in der Kirch.«

»Aber drinn gwen san ma, und bet hobn ma aa«, hat sie der Vater leicht angelacht und uns Kinder angeschaut: »Gell, Kinder, dös is wohr.«

»Jaja, ganz gewiß Muatter«, haben wir zugestimmt. Lustig hat sich unser Vater aufs Kanapee gehockt, aufgeschnauft und gespöttelt: »Gor z'vui Gottseligkeit, dös schlogt koan Menschn guat o ...« Auf das Maria-Eich-Wallfahrten haben wir uns immer gefreut.

Recht viel ernst ist ihm also das Kirchengehn, das Beten und die Religion nicht grad gewesen, unserm Vater, und einen besonderen Respekt vor den Pfarrern hat er nie gehabt, aber er hat sie gelten lassen, weil sie nach seiner Auffassung ein sicheres Geschäft betrieben haben wie jeder andere, und wenn einer dieses verstanden hat, ist es ihm recht gewesen. Von einem Aufkirchener Pfarrer hat er uns oft erzählt, den wo er sehr gern mögen hat, das war der Pfarrer Jakob Klostermaier. Der nämlich hat die Ökonomie, die zum Pfarrhaus gehört hat, noch wie ein echter Bauer selber betrieben. Nach ihm ist dieselbe, weil die drauffolgenden Geistlichen nichts mehr damit zu tun haben wollten, zur Hälfte dem Mesner und zur anderen Hälfte unserem Karmeliterkloster übergeben worden.

»Aber der Klostermaier, mei Liaber, wenn der mit seine gespreiztn Haxn auf'n laarn Loaterwogn gstandn is und aufs Feld naus is – grod gut zum oschaugn is er gwen«, hat ihn unser Vater gerühmt: »Und sei Goaßl hot er gschnoizt wia a Junger. Grod a Freud is's gwen. Und Roß hot er ghabt, an Fuchsn und an Rappn, do hat ma weitum net leicht wos Schöners gsehng.« Ganz wie ein Einheimischer hat er geredet und sogar hie und da geflucht, was ihm keiner übelgenommen hat, im Gegenteil, jedem hat das gefallen.

»Aber in seiner Kirch, wenn er gwen is, der Klostermaier, do host eahm nix mehr okennt. Do is er wieder a ganz richtiger Pfarrer gwen, und predigen hot er kinna wia koa zwoater«, ist nicht bloß das Urteil von unserem Vater gewesen.

Auch unseren guten Pfarrer Joseph Johst hat er noch recht gut leiden können, weil derselbige – wie es allgemein geheißen hat – ein hochgelehrter Mensch war und samtdem durch und durch leutselig und leger. Eiferei hat der Johst nicht gekannt. Am liebsten ist er nach Feierabend in der Bierstube vom Klostermaier bei seinem Bier gewesen und hat mit etlichen Leuten tarockt. Ganz und gar zuwider sind ihm bigottische Mannsbilder und wichtigmacherische Betschwestern gewesen, und wie einmal zwei Protestanten bei uns Katholiken geworden sind und in einem fort wegen jeder Kleinigkeit den Pfarrer ausgefragt haben, hat der Johst geklagt: »Herrgott, die mit ihrer ewigen Fragerei und ihrem Eifer! Da könnt einem ja gleich unser liaber Herrgott und da ganze schöne Glaubn zuwider werden.«

In anderer Leute Sachen hat sich der Johst nie eingemischt, und wenn wir beim Religionsunterricht etwas nicht gewußt haben, hat er meistens gesagt: »Das brauchst du nicht wissen, mein lieber Sohn. Du vergißt es doch wieder. Vergiß nur den lieben Gott nie.« Zornig haben wir den Johst nie gesehen, und Tatzenausteilen hat es bei ihm nicht gegeben. Das ist alles bei seinem Nachfolger, dem Friedinger, ganz anders geworden und hat uns bockig gemacht. Wir sind scheinheiliger geworden, aber in allen kirchlichen Sachen viel nachlässiger, hie und da, wenn er gar zu hartköpfig gewesen ist, auch frech und aufsässig und schließlich insgeheim ganz und gar gleichgültig.

Aufsässig hat uns auch unser Vater gemacht, weil er sich über die ewige Schimpferei vom Friedinger auf den Luther und die Protestanten geärgert hat.

Unsere Mutter hat sich darüber sehr gegrämt, aber aufgekommen ist sie dagegen nicht, und wie sie der Friedinger einmal wegen uns zur Rede gestellt hat, hat sie bloß bekümmert drauf geantwortet: »Ja, mein Gott, Hochwürden, bei sovui Kinder, do kon i nix mehr macha. Do muaß ebn nachher i für sie betn. Wenn s' aufgwachsn sind, werden s' scho an Verstand kriagn.«

Für sie ist alles, was mit dem gutkatholischen Glauben zusammengehängt hat, absolut rechtschaffen und himmelsauber gewesen. Auf das lästerliche Reden vom Vater hat sie nicht gehört oder höchstens einmal gesagt: »Wiast du dir bloß net Sünden fürchst«, und ihn dann weitergranteln lassen.

Im Herbst sind in unserer Gegend öfter Kuttenmönche aufgetaucht, die für ihr Kloster oder für sonst was Frommes gesammelt und den Spendern etliche farbige Heiligenbilder gegeben haben, wo auf der Hinterseite ein kurzes Gebet aufgedruckt war, für welches man beim Nachbeten – je nachdem – dreißig, fünfzig oder hundert Tage Sündennachlaß versprochen bekommen hat. Ein solcherner Mönch mit einer Brille und einem langen, breiten Vollbart, großmächtig und mit einem ziemlichen Bauch, daß sich vorne seine Kutte arg gespannt hat, ist jedes Jahr zu uns in den Laden gekommen. Hat er dabei zufällig unseren Vater angetroffen, der hat sich gleich umgedreht, ist ohne Gruß hinausgegangen und hat der Mutter gerufen. Den Kuttenmönch hat das nicht weiter geniert, standhaft ist er stehengeblieben. Gleich drauf ist unsere Mutter mit einem verkümmerten, demütigen Gesicht hereingekommen, hat sich bekreuzigt und die Hände gefaltet. Der Mönch hat eine Zeitlang halblaut irgendwas Frommes hergesagt, sie zum Schluß gesegnet und gefragt, wieviel Personen und Kinder im Haus sind. Genausoviel Heiligenbilder hat er ihr hingezählt, mit einer gekrönten, blauen Muttergottes auf den Wolken droben und dem Jesuskind auf dem Arm, darunter ist – weiß Gott warum – ›Die Rose von Jericho‹ gestanden. Dafür hat ihm unsere Mutter alsdann Geld gegeben, und nach seinem zufrieden-freundlichen Gesicht zu schließen, hat er wahrscheinlich nirgends soviel bekommen.

Diese ›Rose von Jericho‹-Bilder sind bei uns überall herumgelegen, in den Tisch-, den Kuchlschrank- und den Nachtkastlschubladen, und keiner hat sie näher angeschaut. Zufällig hat unser Vater beim Tabaksdosensuchen in seinem Nachtkastl einmal einen ganzen Haufen gesehen und das kurze Gebet »Heilige Muttergottes Maria, sei unsere Hilfe und Hoffnung, jetzt und in der Stunde unseres Absterbens« überflogen. Darunter war zu lesen »Hundert Tage Ablaß«. Vielleicht aus Ärger, weil er seine Dose so lang nicht gefunden hat, ist ihm auf einmal der Zorn aufgestiegen. Er hat die ganzen Bilder beim Fenster hinausgeschmissen, ist in die Kuchl gekommen und hat in unsere Mutter hineingeschimpft: »Ja, Herrgottsakrament, wo ma hinglangt, derwischt ma dö saudumma Bildl mit deiner Rose von Jericho! Du muaßt doch beim Kuttenbruada haufaweis obkauft hobn von dem heilign Glump! Und der Schwindl hintn – Hundert Tage Ablaß – gega dös is doch zu seiner Zeit der Luther gegen dö staubigen katholischen Ablaßpfaffen auftretn. Und jetzt treiben s' dös noch genau wia zur selbign Zeit! Dös is doch a ganz ausgschaamts Zeug! Vo hundert Tog loßt sie ünser Herrgott, wennst Geld hergibst, dei Schlechtigkeit abhandln. Höher geht's doch nimmer! Dö elendigen Kuttenbrunzer macha ja ünsern Herrgott direkt zum ›billigen Jakob‹. Pfui Teifi! Noch amoi wenn mir oana mit deiner gschissna ›Rose von Jericho‹ daherkimmt, der derlebt wos vo mir, daß er nimmer kimmt ...«

»Jaja, Beck! Beck, wia ma bloß a so daherredn konn!« ist ihm unsere Mutter voller Sündenangst ins Wort gefallen, aber er ist bloß noch zorniger geworden, hat die Tisch- und die Küchenkastenschubladen aufgerissen und alle Heiligenbilder ins Herdfeuer geworfen, indem daß er geschimpft hat: »I hob mein Glaubn, basta, aba an Herrgott, der wo si mit ara poar windige Markln wos abhandln loßt, an den glaab i ganz gwiß net!« Und giftig hat er auf die durchtriebenen Machinationen von den Pfaffen geflucht.

Seltsam, sein Wort »abhandeln« ist mir, ich weiß nicht warum, im Kopf geblieben, und wie uns der Friedinger für die erste heilige Beichte unterrichtet hat, ist es mir auf einmal wieder eingefallen.

»Und merkt euch eins«, hat er streng und ernst zu uns gesagt, der neue Pfarrer: »Wer bei der heiligen Beichte dem Priester als Gottes Stellvertreter auf Erden nicht ganz und gar die Wahrheit sagt, wer auch bloß ein klein wenig lügt dabei, der begeht einen Gottesraub. Mit dem geht's früher oder später schnurstracks in die Hölle, und das auf ewig! Mit seinem nackten Körper fliegt er ins höllische Feuer und muß brennen und leiden, leiden und brennen, und keine Erlösung von diesen Qualen gibt es für ihn.« Wirklich rein zum Fürchten grausig hat er geschildert, daß so ein Todsünder dabei aber keineswegs ganz verbrennt, nein-nein, der Teufel sorgt schon dafür, daß seine Opfer immerfort das glutheiße Feuer spüren und prutzeln und sieden, aber durchaus nie ganz eingehen.

Alsdann hat er wieder die einzelnen Sünden durchgenommen, und wie er zum Stehlen gekommen ist, hat er uns scharf eingetrichtert, daß wir alles Gestohlene nach der heiligen Beichte selbstredend zurückgeben müssen. Das hat mich schier furchtbar getroffen, und angst und bang ist mir geworden. Nämlich das Stehlen dem Priester wahrheitsgemäß sagen, das war ja leicht, aber das Zurückgeben nachher, unmöglich! Stehlen hat nicht bloß bei uns im Haus, sondern überall als was ganz Schandbares gegolten, einem Dieb hat man einfach nicht mehr getraut, hat ihn verachtet und verabscheut. Öfter, wenn ich vom Brotaustragen heimgekommen bin, hab ich zur Mutter gesagt: »Die haben kein kleines Geld gehabt, und ich hab nicht wechseln können. Sie zahlen das nächste Mal.« Unsere Mutter hat nie was aufgeschrieben und viel vergessen. Von dem unterschlagenen Geld habe ich mir in Starnberg einen zerlegbaren Flobertstutzen und einen einschüssigen Flobertrevolver, ein vernickeltes Taschenmesser, das wo man feststehend machen hat können, einen Kompaß, ein Fernrohr und noch allerhand für unsere Indianerausrüstung gekauft. Das alles haben wir immer im Enztal drunten in einem Felsloch versteckt. Wenn ich jetzt vom Beichten heimgekommen wäre, die Sachen geholt und meine Lumpereien gestanden hätte, mein Gott, Vater und Mutter – ich hab gar nicht dran denken und es mir ausmalen können, was das für ein Schlag für sie gewesen wäre. Ihr Oskar ein Kerl, der nicht ehrlich ist, dem man nicht mehr trauen kann und in einem fort auf die Finger schauen muß. Ich einer, genauso wie die Kagerbauern-Kinder, über die man im ganzen Dorf gesagt hat, die sind durch und durch verdorben, sie stehlen und bringen das nie mehr an, gradso, als wie wenn sie einen ekelhaften, ansteckenden Ausschlag gehabt hätten.

Nein-nein, den Verdruß, die Schande Vater und Mutter und mir selber antun – ausgeschlossen, wirklich ganz und gar unmöglich!

So, und der Beichttag ist immer näher gerückt. Ich hab meinen Kopf zermartert wie der große Edison in Amerika drenten. Immer unruhiger bin ich geworden und hab hin und her, her und hin gedacht. Mittendrinnen ist mir da auf einmal wieder das Schimpfen vom Vater auf die ›Rose von Jericho‹ eingefallen und daß er vom Sündenablaß gesagt hat, unser Herrgott laßt sich doch nichts abhandeln. Vielleicht, bin ich ins Überlegen gekommen, hat er da, weil er's mit der Religion überhaupt arg leichtgenommen hat, doch nicht so recht gehabt wie unsere Mutter, die fest dran geglaubt hat. Unser Herrgott ist doch so himmelweit weg, und ich leb doch noch hübsch lang – vielleicht, wenn ich nach dem Beichten recht brav und fromm bin, nimmt er es diesmal nicht gar so genau und wird mich verstoßen, und überhaupt, wie soll ich denn das aushalten, daß mich Vater und Mutter und alle Leute als einen unsicheren Dieb anschauen?

Ganz zerknirscht hab ich manchmal insgeheim gewispert: »Lieber Himmelvater, ich tu's ganz gewiß nicht mehr, nein, nein, ganz gewiß nicht mehr, auf Ehr und Seligkeit, und wenn man's recht anschaut, ich hab doch gar nicht gestohlen, ich bin doch nicht in den Laden geschlichen, hab die Schublade aufgezogen und insgeheim Geld rausgenommen, ich hab doch das Geld nach dem Brotaustragen bloß behalten, und die Mutter hat's vergessen! Behalten ist doch nicht gestohlen! Und zurückgeben kann ich's doch auch nicht mehr! Was sollen denn Vater und Mutter mit meinem Stutzen, dem Revolver und all dem Indianerzeug anfangen?«

Jetzt ist mir schon ein bißl leichter gewesen. Hinwiederum, das Gewissen hat mir doch noch immer geschlagen, und ich hab mir ausgerechnet, wenn ich gar nichts vom Stehlen beim Beichten sage, wird vielleicht der mißtrauische Friedinger fragen: »Und gestohlen hast du gar nie? Gar nichts?« Alsdann knie ich vor ihm und weiß nicht weiter, und er fangt das Bohren an. Und da ist mir – wie es oft ist, wenn man sich gar nicht mehr auskennt – auf einmal was eingefallen, das wo sicher den Herrgott auch zufriedengestellt hat, und beim Friedinger im Beichtstuhl komm ich da über meine ganze Verlegenheit weg.

Recht reumütig und brav habe ich also beim Beichten zum Pfarrer gesagt: »Ich habe vierundzwanzigmal gestohlen!« Der Friedinger hat sein weißes Tuch vom Gesicht genommen und mich ganz baff und scharf durch das Gitter angeschaut: »So? Gleich vierundzwanzigmal? Und was hast du gestohlen?«

Ich habe einen Schnaufer gemacht und alsdann aufgezählt: »Schokolad und Kuchen in unserem Laden und und auch sonst noch allerhand ...«

»Sonst noch allerhand? Was war das?« fragt der Pfarrer streng. Nicht hat er mich aus seinen Augen gelassen, und da hab ich noch zerknirschter dreingeschaut und weitergezählt: »Minzenkugeln im Laden und Marzipan von unserer Konditorei und Alexanderäpfel, Bergamottbirn bei unserm Nachbarn und Zwetschgen und Nüß beim Kramerfeicht.« Die Herzkirschen vom Gärtner Kern habe ich nicht vergessen und sogar die Schwertlilien, die wir aus Rache im Reddelingarten herausgerissen haben, weil uns der Forstner verklagt hat, auch die habe ich aufgezählt, und endlich hat der Friedinger »gut, gut!« gesagt. Mir ist schnell leichter geworden, erstens, weil er nach dem Haufen, was ich gestanden habe, nicht mehr weitergefragt hat und auf das Geld gar nicht gekommen ist, und zweitens – wo war der Schokolad, der Kuchen, die Minzenkugeln, das Marzipan und das ganze Obst jetzt? Gegessen und in meinem Magen und also beim besten Willen nicht mehr zurückzugeben. So bin ich über alle meine Bedrängnisse weggekommen.

Bei der Schlußbelehrung hat der Pfarrer gemeint, ich muß aufrichtig bereuen und dem lieben Gott versprechen, daß ich nichts mehr aus dem Laden und Nachbarsgärten stehle.

»Hast du verstanden? Tust du's nicht mehr?« hat er mich noch einmal gefragt, und: »Jawohl, das verspreche ich Ihnen, Priester, an Gottes Statt«, habe ich recht schön drauf geantwortet. Alsdann hat er mir zwölf Vaterunser als Buße aufgegeben. Die habe ich schnell in der Kirche heruntergewispert. Von da ab habe ich mir vorgenommen, bei jeder Beichte immer eine viel höhere Zahl von dem, was ich wirklich gestohlen habe, anzugeben, aber lauter Sachen zum Essen, und, habe ich mir gesagt, so gleicht sich alsdann das mit dem Geld aus.

Die Christmette

Die schönsten Sachen, die wo ich als Schulbub mitgemacht habe, hängen gar nicht mit unseren Indianerspielen und unserem sonstigen Umtreiben zusammen. Bei diesen wunderschönen Sachen ist auch eigentlich gar nichts Richtiges passiert, wir haben uns bloß immer sehr darauf gefreut, und wir haben uns noch lang nachher ungemein wohlig daran erinnert. Da war zum Beispiel das Mettengehen in der Weihnachtsnacht. Nachdem wir schon eine Zeitlang unseren helleuchtenden Christbaum mit dem künstlichen Schnee, den Silberfäden und den farbigen Kugeln, den daran hängenden Nüssen, Äpfeln und den Mürbeteigplätzchen bewundert gehabt und unser Spielzeug, die Indianerbücher oder was wir sonst noch zum Christkindl bekommen, halbwegs ausprobiert und durchgeschaut haben, hat es geheißen, jetzt geht's nach Aufkirchen in die Mette. Da sind wir, wenn es auch schon spät nach zehn Uhr in der Nacht gewesen ist, sofort wieder lebendig geworden, haben uns in aller Schnelligkeit unser dickes Winterzeug angezogen und sind hinaus aus dem Haus. In der tiefverschneiten, eiskalten Dunkelheit haben wir Dorfkinder uns gesammelt und allesamt auf die breite, hölzerne, von vier Rössern gezogene Schneeschloapf (Schneepflug) gehockt, die wo der Schatzl-Knecht in unser Pfarrdorf hinaufgefahren hat, um den Weg zu bahnen.

Je mehr wir Kinder gewesen sind, um so besser ist es gewesen, weil alsdann die Schloapf wegen dem Gewicht tiefer gegangen ist. Endlich haben die prustenden Rösser angezogen, und die in den mannshohen Schnee gesteckten Windlaternen außerhalb vom Dorf haben gelbe Linien wie lange Schwerter in die Finsternis geworfen, die rundherum bis in den Himmel kohlschwarz, kalt und stad um uns gewesen ist. Wir Kinder haben gelacht, ineinandergeplappert, uns von unseren Christkindlgeschenken erzählt und auch zwischenhinein gesungen, und wenn wir bei unserm Feldkreuz angekommen sind, haben die Windlichter aufgehört, und auf einmal war bloß noch die schwarze Nacht da, wo keiner mehr weitergefunden hätte. Droben aber, vom Aufkirchner Berg herunter, haben die hohen, schmalen, märchenhaft schön bemalten Fenster von unserer uralten Kirche geleuchtet und schier wie überirdisch gestrahlt, und je näher wir gekommen sind, um so deutlicher sind die Umrisse von der Kirche selber aufgetaucht. Auf einmal waren die Mauern, das Dach und der Turm zu sehen, so fest und ruhig und gottesmächtig wie seit ewiger Zeit ...

Wie die Schloapf endlich im Pfarrdorf haltgemacht hat, sind wir heruntergesprungen und samt dem tiefen Schnee hinter das Pfarrhaus gelaufen, und nichts hat man mehr gehört als wie unser fast juchzendes: »Ah! Ah! Do schaugt's obi, do kemma dö Farchner! Und do, ah, ah! Do drenten die Bachhauser! Und sehchts ös, do ganz weit weg, do hintn die Mörlbacher. Ah, wia schön ois dös is!«

Da sind sie dahergestapft, aus dem weiten, breiten Farchach-Bachhauser-Tal herauf, die Bauern und Weiber und Kinder; durch die schwarze Nacht und den tiefen, tiefen Schnee wateten sie mit ihren Windlaternen, und das hat ausgeschaut, als wie wenn wirkliche Sternketten dahergewandert wären.

Vor lauter Frieren haben unsere Zähne aufeinandergeklappert, der bissige Wind und die Eiskälte haben durch unser dickes Zeug geweht bis auf die Haut. Aber wir haben bloß fort und fort auf die näher kommenden Sternketten geschaut, geschaut und geschaut, und die Zehen oder die Hände haben wir uns oft dabei erfroren, bloß Augen haben wir noch gehabt.

Und wenn dann beim tiefbrummenden Glockenläuten so nach und nach die strahlend erleuchtete, steil ins Gewölbe aufstrebende Pfarrkirche sich dicht und immer dichter mit den Mettenbesuchern gefüllt hat, wir Kinder mitten drinnen, wenn der Pfarrer im schönsten, goldstrotzenden Ornat und hinter ihm die klingelnden Ministranten aus der Sakristei gekommen und über die von einem roten Teppich belegten Stufen zum Hochaltar hinaufgegangen sind, wenn in dem Augenblick, fast wie noch mal so laut als wie sonst, die Orgel erklungen ist und Chorstimmen eingefallen sind – wahr und wahrhaftig, das ist jedesmal gewesen, als wie wenn unser allmächtiger Herr und Gott selber dieses prangende, prunkende Inwendige von unserer Pfarrkirche aus Licht und Farben und Gold, aus Orgeltönen und Gesang wie ein märchenhaft prachtvolles Schmuckkästlein mitten in unsere tiefverschneite, eiskalte, stockdunkle Weltkugel herabgestellt hätte, und ich glaub, nicht bloß uns Kinder, sondern jeden, der wo da frierend und vom langsam aufgleimenden Schnee durch und durch naß in den Betstühlen gekniet oder auf dem rutschigen, nassen Pflasterboden gestanden ist, hat es da wie ein Wunder überkommen. Ganz und gar aber hat uns alle schier verzaubert, wenn am Schluß der Mette – von den rostigen, tiefbassigen Mannsbildern, den heller singenden Weibern bis zu den dünnen Stimmen von uns Kindern – das gemeinsame Tedeum gesungen worden ist, dieses gewaltig zum Himmel hinauf brausende ›Großer Gott, wir loben dich ...‹

Beschreiben kann ich das nicht mehr. Mir ist es aber jedesmal so vorgekommen, als wie wenn der ganze Stimmenfluß sich so mit dem Orgelspiel vermischt hat, daß man gemeint hat, das Singen und das Spiel schweben auf einem samten weichen, aber unsichtbaren Teppich über uns empor, immer höher, das Kirchengewölbe bricht oben auf, und der klingend leuchtende Teppich wird im Schneien und in der stockdunklen Nacht sichtbar – er steigt und steigt, und auf einmal tut sich rund und groß der Himmel über uns auf und zeigt uns in einem kurzen Augenblick seine ganze strahlende, heilige, unermeßliche Pracht.

Wahrscheinlich muß es allen in der Kirche so ergangen sein, weil jeder seltsamerweise sein Gesicht himmelswärts gehoben hat. Wir Kinder haben da unser Frieren vergessen, und die Gesichter der ausgewachsenen Leute um uns herum haben fast wie verklärt ausgeschaut, vielleicht weil sie in den paar Schnauferlängen wirklich bloß noch an unseren großmächtigen lieben Gott und seinen Himmel gedacht haben ...

Ach, und daheim hat es alsdann Leber- und Blutwürste mit Kraut gegeben und später den schweren Punsch mit Christbaumgebäck, und aufbleiben haben wir dürfen bis lang, lang nach Mitternacht.

Die Gratulation

Die Taufpaten von meiner jüngeren Schwester Nanndl und mir sind die Hotelbesitzerseheleute Anna und Oskar Strauch von Leoni gewesen. Von ihnen haben wir auch die Namen gekriegt, wenn auch Oskar ein protestantischer Name ist und es gar keinen heiligen Oskar nicht gibt. Ich weiß nicht warum, aber unser Vater war immer drauf aus, seltsame Namen für seine Kinder ausfindig zu machen, wie zum Beispiel Eugen, Emma und Maurus, vielleicht bloß, damit sich der Herr Pfarrer geärgert hat. Hingegen der Johst hat sich nichts geschert drum. »Naja, Herr Graf, nachher gibt's eben für den Buben nie einen Namenstag, genau wie für ihren Eugen und Maurus. Die Namen stehn nicht in christkatholischen Kalendern«, hat er aber doch bei mir zum Vater gesagt: »Und einen Schutzpatron hat ihr Oskarl auch nicht.«

»Dafür hot er an so an noblen Paten, wia man net leicht wieder oan bei üns rum findt«, hat ihm unser Vater auf das hin geantwortet. Das hat auch gestimmt. Die Strauchs von Leoni sind sehr vermöglich gewesen und so fein wie die besten Herrschaften in unserer Gegend, was die Strauchin – sie war eine recht zierliche, hübsche Person – auch noch durch ihr ständiges Elegantsein tagtäglich gezeigt hat. Für uns sind sie überhaupt das Allerfeinste gewesen, der Strauch und sie, weil sie immer hochdeutsch redeten und im Herbst, wenn fürs Hotel ruhigere Zeiten gekommen sind, oft mitten am Werktag in einem funkelnagelneuen Landauer spazierengefahren sind, und vor allem deswegen, weil wenn wir Patenkinder das Brot zu ihnen gebracht haben, immer ein paar Regensburger oder zwanzig Pfennig bekommen haben.

Auffälligerweise hat die Strauchin, nicht wie es katholisch der Brauch ist, nie ihren Namens-, aber immer ihren Geburtstag sehr festlich gefeiert. Der ist jedes Jahr am 20. Dezember gewesen. Wegen der Verwandtschaft und weil das Hotel Leoni unsere beste Kundschaft gewesen ist, haben meine Schwester Nanndl und ich ihr immer feierlich gratulieren müssen. Unsere Mutter hat zu diesem Zwecke jedes Jahr einen schönen Gockel geschlachtet, sauber gerupft und ausgenommen, und unser Bruder Max hat eine wunderschöne Torte gemacht. Alles wurde schön auf je einen Teller gelegt, mit blauen und Silberbändern verziert und in den Korb gepackt. Alsdann haben wir zwei Gratulanten unsere Sonntagsgewänder anziehen müssen und sind nach einigen Belehrungen kurz vor dem Dunkelwerden fortgeschickt worden. Kalt war es meistens, und an demselbigen Tag, von dem ich jetzt herzähle, ist dünner Schnee gefallen. Sehr vorsichtig haben wir zu zweit den wachstuchüberzogenen Korb getragen, und wenn es uns recht arg gefroren hat, haben wir ihn hingestellt, die Wachstuchdecke gelüftet und nachgeschaut, ob ja nichts verschoben war. Alsdann wärmten wir uns die Hände ein wenig.

Jedes Jahr ist es das gleiche gewesen, trotzdem hat uns immer das Herz geklopft, voller Spannung waren wir, und im Dahingehen haben wir in einem fort den Geburtstagsvers vor uns hingesagt, damit wir auch ja keinen Fehler machen konnten. Dieses Verslein war auch immer dasselbe und hat kurz und bündig geheißen: »Soviel Stern am Himmel stehen, soviel Jahre sollst du noch leben.« Auf das hin ist dann die Gratulation gekommen: »Wir wünschen Ihnen Glück und Segen zum Geburtstag.«

Je näher wir Leoni gekommen sind, um so aufgeregter sind wir zwei geworden.

»An Gockel muaßt du ihrer gebn«, hat die Nanndl unterhalb des Leoniger Berges zu mir gesagt.

»Na! Is net wohr!« habe ich dagegengeredet: »I bin der Greßer (Größere), und d' Muatta hot gsogt, dö Tortn muaß i ihrer gebn. Ganz gewiß, sie hot's extra zu mir gsogt.«

»Is gor net wohr! Dö Tortn muaß i ihrer gebn! Lüag net a so!« hat die Nanndl zu benzen angefangen und dazugesetzt: »D' Strauchin is mei Taufpatin und net dö dei! I gib ihrer d' Tortn!« Das wurmte mich nicht schlecht.

»Ja, Herrgott, d' Muatta hot doch extra noch gsagt,

daß's i ihrer gebn muaß und du an Gockl!« habe ich geschimpft: »Du konnst überhaupts dö Tortn gor net derhebn.«

»Luagnschippi!« ist auf das hin die Nanndl zornig geworden und hat schon fast geweint: »I woaß schon, worumst du d' Tortn hinhebn mächtst. Daß d' mir wieda ois obettln konnst, wos i kriag! Aba wart nur! I sog's schon dahoam. Dös geht di überhaupts gor nix o, wos i mit meiner Taufpatin mach! Du derfst ja bloß mitgeh, weil i net ois alloa dertrogn konn.«

So haben wir gestritten bis vors Hotel Leoni. Dort, vor der Türe, aber sind wir auf einmal wieder dasig geworden, und die Aufregung hat uns wieder gepackt. Das Herzklopfen hat wieder angefangen, geschluckt haben wir und schnell noch einmal das Geburtstagsversl wiederholt. Wenn die Angst und das Bangen auf die Gurgel drücken, da wird man plötzlich weich und versöhnlich. Deswegen habe ich schnell noch halblaut zur Nanndl gesagt: »Noja, nachher gibst hoit du ihrer d' Tortn! I nimm nacha an Gockl. Net daß's hoaßt, i hob wieder ois verpfuscht.«

Schlotternd vor Erwartung sind wir durch den spiegelglatten Hausgang bis zur Türe des prunkvollen Empfangszimmers gegangen, wo uns die Strauchin bei einer solchen Feierlichkeit immer erwartet hat.

»Also d' Tortn heb i hin! Ganz gwiß fei!« hat sich die Nanndl noch einmal vergewissert, und »jaja!« sag ich. In der Aufregung aber muß eins von uns geklopft haben, denn da hat die Strauchin schon die Türe aufgemacht und ist uns freundlich lachend entgegengekommen. Ein weit ausgeschnittenes, glanzschwarzes Taftseidenkleid hat sie angehabt, um ihren Hals funkelt eine Brillantkette, ihre Finger sind voller Ringe gewesen, und gerochen hat es rundherum wie ein ganzer Rosengarten. Voller Zierpflanzen, großer Blumensträuße war das Zimmer, und überall haben die gläsernen Lüster an der Decke herabgestrahlt auf uns. Ganz benommen hat uns die märchenhafte Pracht gemacht.

»Ah, das ist aber nett, daß du kommst, Annerl!« sagt da die Strauchin geschmeichelt, wo sie doch genau gewußt hat, daß wir kommen. Ihre beringten Hände hat sie uns hergestreckt: »Grüß euch Gott, Kinder! Grüß dich Gott, Annerl! Grüß dich Gott, Oskar!« Das war recht dumm, denn wir konnten ihr doch unsere Hände nicht geben und den Korb einfach fallen lassen. Wir tappten also einige Schritte weiter ins Zimmer, die Strauchin hat die Türe zugemacht und ist auf uns zugekommen. Vor lauter Benommenheit ist uns schon alles zuwider gewesen, denn der erste Fehler war schon gemacht. Mir ist knieweich geworden und das Herz in die Hosen gefallen, und ganz bestimmt wird es der Nanndl genauso ergangen sein, weil sie auf einmal brandrot, alsdann wieder käseweiß geworden ist. Verdattert und eilsam haben wir den Korb hingestellt und der Patin die Hand hingestreckt. Die hat ein wenig gelächelt und sie alsdann gedrückt, indem sie gefragt hat: »Na, Annerl, was bringst du mir denn da Schönes, hm?«

Dieses erinnerte uns alsogleich an unsere Pflicht, und wie mit falsch eingehängten Füßen sind wir auf den Korb zu, haben ein bißl zu hastig die Wachstuchdecke weggehoben und gleicherzeit auf den Inhalt hinabgegriffen. Dabei aber, weil wir es so schnell und überzwerch machten, sind wir mit unseren Köpfen heftig aneinandergerennt, daß es einen dumpfen Krach getan hat, und mit den Händen ist es uns noch schlechter gegangen. Wir griffen alle zwei daneben, und ausgekannt haben wir uns jetzt überhaupt nicht mehr. Ich habe dabei unglückseligerweis einen dicken Fahrer über die verzierte Schokoladentorte gemacht, und die Nanndl ist mit dem Finger drinnen steckengeblieben. Das war so fürchterlich, daß wir im Moment einfach ganz bockstarr in den Korb geglotzt haben. Rein das Hirn hat es uns umgedreht vor lauter Schrecken.

»Na, also Kinder, was habt ihr denn Schönes?« hörten wir die Strauchin, und das hat uns wieder lebendig gemacht. Ich habe endlich den Gockelteller erwischt, und zitternd holt die Nanndl die verhunzte Torte heraus.

»Ah! Ah, schön, sehr schön!« sagt die Strauchin, als wie wenn sie das ganze Unglück nicht sieht. Mit aller Festigkeit stellten wir uns stramm und haben stockend und stotternd herausgebracht:

Sov-vie-iel Stern am Hi-himmel stehen,
so-so-vie-viel Ja-jahre sollst du noch le-leben,
wir wü-wünschen dr ... wir wünschen I-Ih-Ihnen
zum Geburtstag Glück u-und Segen ...

Ganz gleich haben wir es herausgebracht und nach Luft geschnappt. Grad wollten wir der Patin unsre Geschenke hintragen, da ist auf einmal hinter uns die Türe aufgegangen, und – Kreuz und drei Teufel – so erschrocken sind wir deswegen, daß der Nanndl plötzlich die schöne Torte aus der Hand gefallen ist. Patsch – lag sie auf dem glattgewichsten Parkettboden, der Teller war zersprungen, und da pappte die ganze Schönheit wie ein auseinandergespritzter Kuhfladen.

Einen Augenblick lang starrt die Strauchin, starrt der hereingekommene Strauch und starren wir. Die Nanndl hat wie hinfällig geschwankt und alle Kraft verloren, ich bin mit meiner linken Hand über meinen Teller gefahren und hab den gerupften, kalten Gockel fester draufgedrückt, und wie jetzt die Strauchin gesagt hat: »Tja, um Gottes willen, hm!«, da ist es mit der Nanndl ganz und gar geschehen gewesen. Schrill weinend hat sie aufgeplärrt und vor lauter Verdatterung in den Rock genäßt, daß es an ihren Füßen herunter- und auf dem Parkettboden herumgeronnen ist.

Jetzt hat sie noch ärger geplärrt, schnell hat mir die Strauchin meinen Gockel genommen und ist zu ihr hin und hat ihr freundlich zugeredet: »Nana, Annerl, nana, brauchst nicht so weinen. So arg ist das nicht. Sei nur ruhig, Annerl. Du kriegst auch was Schönes. Sei nur ruhig, armes Kind!« Mein Pate, der Strauch, hat mir den runden Kopf gestreichelt und auch so was Ähnliches gesagt, und da ist mir der Mut wieder gekommen, und mannhaft habe ich herausgeschmettert: »Soviel Stern am Himmel stehen, soviel Jahre –«, und bei dem Wort hat die Nanndl mitgewimmert: »– sollst du noch le-leben. Wi-wir –«

»Ist schon gut. Ihr seid schon brav, schon gut«, sagt da die Strauchin wieder ganz gefaßt, und dieses war, muß ich sagen, unsere Rettung, denn der Nanndl ihr Gewimmer hätte mich bestimmt wieder drausgebracht. Recht zutunlich sind Patin und Pate geworden, sie hat die Nanndl und er mich gestreichelt, und wie das Mädchen hereingekommen ist zum Aufputzen, ist die Nanndl schon wieder ruhiger geworden. Ob sie sich abwischen lassen möchte, sie ist doch patschnaß, hat die Strauchin gemeint, aber wir sind gleich auf die Türe zugegangen und auf und davon.

Wenn die Nanndl auf dem Heimweg auch sehr gefroren hat, ich habe es doch so weit gebracht, daß sie bloß noch ein paarmal kurz aufgeweint, aber gleich wieder aufgehört hat, weil ich ihr in einem fort in den prächtigsten Farben ausgemalt habe, was wir für die drei Mark, die wir gekriegt haben, auf der nächsten Dult in Aufkirchen alles kaufen können. Sogar halbwegs lustig ist sie geworden, und gmeint hat sie, sagen tun wir nichts daheim, was ihr passiert ist.

»Ah, woher. Auf deim Rock siecht man ja gor nix«, habe ich sie getröstet, sie braucht sich bloß nichts anmerken lassen, und geschworen habe ich ihr, daß ich nichts verrate. Auf das hin ist sie ganz zutraulich geworden, und da habe ich ihr recht hinterlistig die Schokoladenplätzchen, die wo sie extra noch von ihrer Patin bekommen hat, abgebettelt. Kurz ehvor wir aber daheim angekommen sind, ist sie wieder kritisch geworden und hat in mich hineingebenzt, sie möchte sie wieder haben, ich bin überhaupt ein ganz falscher Kerl. Hingegen dieses hat mich geärgert, und da habe ich gleich wieder andere Seiten aufgezogen und gesagt, sie soll nur ganz stad sein, sonst sag ich es nicht bloß daheim, sondern überall, daß sie bei ihrer Patin in den Rock genäßt hat.

»Und der Maxl, wenn's derfahrt, daß du d' Tortn hinfoin host lassen, do paß auf, wos do passiert!« bin ich noch drohender geworden. Das hat gewirkt.

Der Schillertag

Dieses ist am 9. Mai 1905, wie ich schon in der großen Schule, in der fünften Klasse gewesen bin, passiert, und warum ich das Datum so genau weiß, wird sich bald herausstellen. An dem Tag hat in der Frühe die Sonne frisch und blank geleuchtet, im Lehrergarten hat der dickdoldige Flieder geduftet, und lustig haben die Vögel überall gesungen. Wir sind nach der Messe aus unserer Pfarrkirche gekommen und ins Schulhaus hinüber, sind polternd und schwätzend im hellen Treppenhaus über die Stiegen hinaufgestürmt und in unser Schulzimmer gekommen. Und da auf einmal ist uns jedes Wort steckengeblieben, und jeder hat bloß noch ganz verdutzt geschaut.

Was war denn jetzt das heute für ein besonderer Tag? Unsre Schlußprüfung am ersten Mai haben wir doch schon hinter uns gehabt, und so festlich hat es bei derselben nie ausgeschaut? Warum sind denn an den Wänden und Fenstern frische Blumengirlanden gewesen, und was war denn das für ein Bild zwischen zwei Rosensträußen auf dem Katheder? Näher hingehen haben wir uns gar nicht getraut, wenngleich der Männer noch gar nicht dagewesen ist. Ganz feierlich benommen sind wir gewesen und auf unsere Bankplätze gegangen, haben uns hingesetzt und wieder neugierig auf das eingerahmte Bild auf dem Katheder geschaut. Es hat ein hageres, vorgebeugtes Gesicht mit einer spitzen, arg herausspringenden Hakennase, zwei großen Augen, einer hohen Stirn und langen, dichten, nach hinten gekämmten Haaren gezeigt. Der altmodische Mantelkragen ist am Hals hochgestülpt und vorne offen gewesen, und da heraus ist was bauschiges Weißes gehängt, ungefähr so wie bei den feinen Blusen vorne von der Nanndl ihrer Taufpatin, der Strauchin. Unter das Bild ist was hingekritzelt gewesen, was kein Mensch lesen hat können, und wir haben in einem fort hin und her geraten, ob das da vorne jetzt ein Mann oder eine Frau ist, denn dem Gesicht nach hat es nicht wie eine solche ausgesehen. Da endlich ist unser Hauptlehrer mit zwei großen, sauber gepackten Paketen zur Türe hereingekommen und geschwind an den Katheder gegangen. Über den haben wir uns erst recht gewundert, denn er ist heute ganz feiertäglich wie bei der Prüfung, zu Ostern oder Pfingsten angezogen gewesen. Ich habe voller Spannung immer auf seine schön gebundene Krawatte mit der Perlennadel, auf seinen grauen Cutaway und in sein ernstes, hageres Spitzbartgesicht mit dem silbernen Zwicker geschaut. Sehr aufgelebt haben seine Augen geglänzt, und sogar seine alten, blassen, eingefallenen Wangen sind leicht rot gewesen.

Wie mir muß es auch allen anderen gegangen sein, denn wir haben vor lauter Staunen ganz das Aufstehen und »Guten Morgen, Herr Lehrer«-Sagen vergessen, und er hat nichts dergleichen verlangt. Erst nachdem er seine zwei Pakete abgestellt gehabt hat, ist er neben das blumengeschmückte Bild hingegangen und hat sich feierlich gerade aufgerichtet, und alsdann hat er mit einer leicht bewegten Stimme »Guten Morgen, Kinder!« gesagt. Mit »Kinder« hat er uns fast zärtlich angeredet, und das hat er noch nie getan.

»Kinder!« haben wir gehört und sind auf einmal mit einem Ruck aufgestanden und haben den Morgengruß gesagt. Sonderbar, der Männer hat uns diesmal nicht das Hinsitzen befohlen, und wir sind voller gespannter Erwartung stehen geblieben. Keiner hat einen Muckser getan, gewispert oder sich gerührt, mäuserlstill haben wir uns verhalten und bloß den Lehrer angeschaut. Der hat ganz kurz gehüstelt, sich noch grader aufgerichtet und ganz mild und wunderschön gesagt: »Heute ist ein großer Tag, ein Tag, der nicht nur in ganz Deutschland, sondern auf der ganzen Welt gefeiert wird. Heute vor hundert Jahren ist der Mann, den ihr hier auf dem Bild seht, gestorben. Er hieß Friedrich von Schiller und war einer unserer größten Dichter. Setzt euch, auch wir wollen diesen hundertsten Todestag feiern, und ich will euch erzählen, wer Friedrich Schiller war, was er uns für schöne, unvergeßliche Werke hinterlassen hat und wie wir ihm am besten dafür danken können.«

Es mag schon sein, daß sie woanders auch sehr schön über den Schiller geredet haben, aber so wunderschön wie bei unserm Lehrer ist das bestimmt nicht gewesen. Mir ist alles, was er gesagt hat, so ins Ohr und ins Inwendige hineingegangen, daß ich mir jedes Wort gemerkt und nimmer vergessen habe. Angefangen hat er mit dem Schiller seiner stillen Jugend in Marbach, einem »Schwabenstädtchen« – wie der Männer gemeint hat –, nicht recht viel größer wie unser Bezirksort Starnberg, aber mit vielen altertümlichen Fachwerkhäusern, in Marbach zwischen Heilbronn und Stuttgart am Neckar, im jetzigen Königreich Württemberg, das damals noch Herzogtum gewesen ist.

»Aber heute«, hat der Männer stolz und laut gesagt, »heute steht dort vor dem Geburtshaus des Dichters, und ihr müßt euch denken, das ist ein ziemlich ärmliches Haus, es hat auch den Eltern Schillers gar nicht gehört, sie wohnten darin in einer einzigen Kammer, weil der Vater unseres Dichters ein armer pensionierter Militärarzt war, der oft kaum die Miete aufbringen konnte – heute stehen vor diesem unscheinbaren Haus mit dem hohen Giebel und den kleinen Fenstern Fürsten und Minister und die berühmtesten Leute aus allen Ländern und ehren das Andenken Friedrich von Schillers!«

Da hat er eingehalten, schier so, wie wenn er sich ein bißl wegen seiner Begeisterung genieren täte, aber er hat sich nicht geschneuzt und auch nicht geschnupft, wie er es manchmal getan hat bei einer Verlegenheit. Er hat bloß mit dem Schnupftuch ein paar Mal über seine Nase gewischt, dasselbe eingesteckt und sich wieder grad aufgerichtet.

»Friedrich von Schiller war also nicht das Kind von feinen Herrschaften«, ist er alsdann ruhiger fortgefahren in seiner Rede: »Er war arm und von Kind auf sehr mager und kränklich. Er hat sein Leben lang an Brustschmerzen gelitten, und weil er so schwächlich war und Talent hatte, wollte er wenigstens Geistlicher werden. Sein Vater aber konnte ihn erst studieren lassen, nachdem er beim damaligen Herzog Karl Eugen von Württemberg in Ludwigsburg Hofgärtner geworden war. Der Herzog nahm die

Söhne seiner Beamten meistens in sein militärisches Institut, in die Karlsschule, auf. Dort aber ging es sehr soldatisch und grob zu. Das vertrug der junge, zarte Schiller nicht. Er vertrug auch etwas anderes nicht: Auf der Karlsschule waren meistens die Söhne von adeligen und reichen Leuten, und die lernten schlecht, waren faul und eingebildet. Es zeigte sich auch bald, daß es auf der Karlsschule gar nicht so sehr aufs Lernen ankam, die Hauptsache war, daß einer recht schmeicheln und kriechen konnte vor den Lehrern und dem Herzog.«

Jetzt auf einmal ist mir in den Sinn gekommen, daß ich das alles schon daheim gelesen hatte, und immer interessierter, fast wie besessen habe ich beim Erzählen vom Männer auf das nächste Wort gewartet und plötzlich angefangen, dem Lehrer fort und fort zustimmend zuzunicken. Das muß ihn irritiert haben, vielleicht war es aber auch anders. Er hat sich kurz besonnen und ist von da ab viel lebhafter geworden. Finster hat er auf einmal seine Stirn gerunzelt und streng, wie strafend, gesagt: »Dieser Herzog Karl Eugen war ein schlechter Fürst, ein unbarmherziger, verschwenderischer Mensch, der alle Steuergelder seines armen Volkes gewissenlos verpraßte und ein wahres Schreckensregiment führte. Er konnte nur die leichtsinnigen Schmeichler leiden. Leute, die ihm die Wahrheit sagten, ließ er einkerkern oder hängen!«

Sicher ist es da allen eingefallen, daß er uns im Winter beim Erzählen vom ›Schmied von Ochsenfurt‹ und vom ›Robinson Crusoe‹ die Bösewichte auch immer so geschildert hat. Wir haben es ihm dabei direkt ansehen können, daß er selber auf diese Burschen wütend geworden ist, und uns ist es natürlich alsdann auch so gegangen wie ihm. Drum haben wir diesen Herzog Karl Eugen jetzt auch gehaßt und die reichen, eingebildeten Mitschüler vom Schiller verabscheut und die Schmeichler am Hof des Herzogs von ganzem Herzen verachtet. Ich habe mir mit aller Schnelligkeit schon ausgedacht, was ich denen alles insgeheim angetan hätte, diesen ekelhaften Lumpen und Feiglingen, aber weit bin ich damit nicht gekommen.

»Unter dieser Schlechtigkeit und Ungerechtigkeit«, hat der Lehrer bereits drüberweggesagt, »hat der junge Schiller schwer gelitten. Es nagte an ihm, er hat es sein Leben lang nicht vergessen, denn er hatte ein zartes Herz voll Mitleid für die Armen, er war ja selber ein Armer. Den Titel ›von‹ hat er erst viel später bekommen, da war er schon zweiundvierzig Jahre und Professor in Jena, aber schon drei Jahre darauf hat er sterben müssen. Er war nur fünfundvierzig Jahre alt geworden.«

Wir schnauften fast hörbar und schauten schier bitthaft auf den Lehrer, weil jeder gemeint hat, die schöne Geschichte ist jetzt zu End, und wir freuten uns alle, daß er gleich wieder weitererzählte und uns ausdeutschte, was für einen schweren Lebenskampf Schiller gehabt haben muß, wenn er schon mit fünfundvierzig Jahren sterben mußte. Jetzt ist er überhaupt erst richtig in Schwung gekommen, und Herrgott, wie mir das gefallen hat, die abenteuerliche Flucht aus der Karlsschule vom Schiller, seine flammende Empörung gegen die Ungerechtigkeit und die Tyrannen, alsdann die notigen, harten Jahre als Theaterdichter in Mannheim und die Aufführung seines ersten Theaterstücks ›Die Räuber‹, seine Bekanntschaft mit dem Theodor Körner, endlich seine Anstellung als Professor in Jena und zuletzt seine Freundschaft mit dem allergrößten Dichter Johann Wolfgang Goethe in Weimar. Hie und da hat der Lehrer auch was aus dem ›Lied von der Glocke‹ vom Schiller zitiert, und recht genau hat er erklärt, um was es in seinen Theaterstücken ›Kabale und Liebe‹ und ›Wilhelm Tell‹ geht.

»Da seht ihr also, und merkt euch das in eurem Leben«, hat er dabei gesagt, »als armer, geknechteter Mensch fing Schiller an, alle Ungerechtigkeit und Fürstenwillkür zu bekämpfen. Der schwächliche, kranke Mensch hat keine andere Macht besessen als sein Talent und seinen festen Charakter. Diese beiden Eigenschaften haben ihn mächtiger gemacht als alle Fürsten und Reichen der Welt. Er hat geglaubt, daß es ein ewiges Reich für jeden Menschen gibt, ganz gleich, wie klein und arm dieser Mensch auch sein mag. Darum heißt es im ›Wilhelm Tell‹:

Wenn der Gedrückte nirgends Recht kann finden,
wenn unerträglich wird die Last,

greift er hinauf getrosten Mutes in den Himmel
und holt herunter seine ew'gen Rechte,
die droben hangen unveräußerlich
und unzerbrechlich wie die Sterne selbst ...«

Damit hat er aufgehört und noch eine Weile gradaus in die sonnige Luft von unserm Klassenzimmer geschaut. Seine Wangen waren rot, und seine Augen hinter den Brillengläsern haben fast sternblank geglänzt, grad und steif ist er dagestanden, und stumm haben wir ihn angeschaut, als wie wenn er ein ganz anderer Mensch wäre. Endlich hat er sich gerührt, ist auf die Pakete zugegangen und hat sie aufgewickelt. Da sind auch wir wieder aufgegleimt.

»Und jetzt will ich euch sagen, wie wir Friedrich von Schiller am besten danken können«, hat er wieder ganz wie immer gesagt: »Ich habe da schöne Büchlein mit Bildern, die sein Leben und seine Werke beschreiben. Das königliche Ministerium hat sie zur Erinnerung an den hundertsten Todestag des Dichters drucken lassen. Ein Büchlein kostet zwanzig Pfennig. Wer will eins?« Auffällig ist es mir gewesen, daß sich sogar die Dümmsten an den Katheder gedrängt haben und jeder eins wollen hat. Zurück sind wir in unsere Bänke und haben eifrig in dem Büchlein geblättert und die vielen Bilder angeschaut.

»Aber das ist unser Dank noch nicht ganz«, hat der Lehrer mittenhinein gesagt: »Wir wollen von heute ab eine Schulbibliothek einrichten. Jedes von euch hat in der Woche zwanzig Pfennig zu entrichten. Fragt eure Eltern, und wenn wir genug Geld haben, werden dafür Bücher bestellt, die ihr bei mir ausleihen könnt. Habt ihr mich verstanden?«

»Ja!« haben wir alle überlaut geantwortet, daß schier die hohen Fenster gezittert haben.

»Gut! Das ist schön«, sagt der Männer, und da habe ich – vor lauter Unruhe und Begeisterung ist kein Unterricht mehr zusammengegangen – den stolzesten Augenblick meiner ganzen Schulzeit erlebt. Wieder nach einer Weile nämlich hat der Lehrer freundlich zu fragen angefangen, wer von uns Schülern und Schülerinnen daheim schon eigene Bücher besitzt. Da ist es im Nu rundum stockstumm geworden, denn außer dem Meßbuch hat keines eins gehabt. Mir aber – durch meinen älteren Bruder Maurus bin ich damals aufs Klassikerlesen verfallen – ist das Blut ins Herz gestoßen, gezittert habe ich, und über und über rot bin ich aufgestanden und habe übereifrig und keck gesagt: »Ich, Herr Lehrer! Ich habe das, was Sie uns heute erzählt haben, schon alles gelesen, ich habe schon neunzehn Bücher, drei vom Schiller ...«

Alle haben sich nach mir umgedreht und mich seltsam angeschaut. Der Männer hat mich ganz kurz gemustert, und ich glaub, alles was er bis dahin gegen mich gehabt hat, ist in dem Augenblick bei ihm verflogen.

»Soso?« hat er bloß gesagt und mich noch mal ganz ins Auge genommen: »Soso. Gut! Setz dich!«

Oskar Maria Graf:

der wiederentdeckte bayerische Balzac

Oskar Maria Graf entpuppt sich – je mehr Bände der Gesamtausgabe vorliegen, um so deutlicher wird dies – als ein großer realistisch-gesellschaftskritischer Romancier deutscher Sprache im 20. Jahrhundert. Kein Geringerer als Maxim Gorki hatte ihn schon früh – vollkommen zu Recht! – mit Grimmelshausen verglichen.

Bayerische Staatszeitung

Anton Sittinger
Das bayerische Dekameron
Das Leben meiner Mutter
Der große Bauernspiegel
Der harte Handel
Die Chronik von Flechting
Die Ehe des Herrn Bolwieser
Die Flucht ins Mittelmäßige
Die gezählten Jahre
Gelächter von außen
Kalendergeschichten
Unruhe um einen Friedfertigen
Wir sind Gefangene
Oskar Maria Graf in seinen Briefen
Neu:
An manchen Tagen

Süddeutscher Verlag